Studies in
Contemporary Economics .16.)

Karlheinz Pohmer

Mikroökonomische Theorie
der personellen Einkommens-
und Vermögensverteilung :

Allokation und Distribution
als Ergebnis intertemporaler Wahlhandlungen

Springer-Verlag 1985. IX, 214 S.

Editorial Board

D. Bös   G. Bombach   B. Gahlen   K.W. Rothschild

Autor

Dr. Karlheinz Pohmer
Universität des Saarlandes, Fachbereich 2
Fachrichtung Wirtschafts- und Sozialpolitik
Dienstgebäude: Bau 31
D-6600 Saarbrücken, FRG

ISBN 3-540-15174-5 Springer-Verlag Berlin Heidelberg New York Tokyo
ISBN 0-387-15174-5 Springer-Verlag New York Heidelberg Berlin Tokyo

Für Doris, Katrin und Martin

Vorwort

Die Theorie der personellen Einkommensverteilung stand über viele Jahrzehnte hinweg im Schatten der Theorie der funktionellen Einkommensverteilung: Ökonomen interessierte weniger, wie das Volkseinkommen auf Personen, Haushalte oder sozioökonomische Gruppen verteilt ist als vielmehr wie es sich auf die verschiedenen Produktionsfaktoren verteilt. Sie entwickelten mit der Theorie der Faktorpreise und der Theorie der Verteilungsquoten Erklärungsansätze, die in das neoklassische Theoriegebäude integriert waren. Die Theorie der personellen Einkommensverteilung indes befand sich in einem beklagenswerten Zustand.

In den letzten Jahrzehnten haben sich die Schwerpunkte verschoben: Ökonomen erkannten die größere wirtschafts- und gesellschaftspolitische Relevanz der personellen Einkommensverteilung und wandten sich verstärkt diesem vernachlässigten Forschungsgebiet zu. Ihr Ziel war ein ökonomischer Erklärungsansatz. Vorläufige Höhepunkte dieses Bemühens, die personelle Einkommensverteilung entscheidungstheoretisch zu erklären, bildeten die Arbeiten von Becker (Human Capital, New York 1964), Mincer (Schooling, Experience, and Earnings, New York 1974) und Blinder (Toward an Economic Theory of Income Distribution, Cambridge Mass. 1974). Diese Arbeiten rückten ins Bewußtsein, daß neben der Verteilung von Periodeneinkommen - Monatseinkommen oder Jahreseinkommen - die Verteilung von Lebenseinkommen ein zweites, nicht minder wichtiges Untersuchungsobjekt der personellen Verteilungstheorie ist.

Die vorliegende Arbeit knüpft an diese Bemühungen an. Sie faßt die Ansätze von Becker, Mincer und Blinder in einem mikroökonomischen Modell des intertemporalen Arbeits- und Kapitalangebots zusammen, das für eine Modellbevölkerung simuliert wird. Auf diese Weise wird die personelle Verteilung von Arbeitseinkommen, Kapitaleinkommen, Lebenseinkommen und Vermögen neoklassisch als Reflex vieler einzelwirtschaftlicher Entscheidungen über die Allokation knapper Ressourcen erklärt.

Die vorliegende Arbeit wäre nicht möglich gewesen ohne vielfältige Hilfestellungen. Zu großem Dank fühle ich mich Professor Dr. Hermann Albeck und Professor Dr. Olaf Sievert (beide Universität des Saarlandes) verpflichtet, in deren Seminarveranstaltungen ich frühe Entwürfe vortragen und zur Diskussion stellen durfte. Professor Dr. Hermann Albeck bin ich zusätzlich sehr dankbar, daß er mich auf das Forschungsgebiet der personellen Einkommensverteilung aufmerksam gemacht hatte und meine Pläne in sehr großzügiger Weise förderte.

Großer Dank gilt auch Professor Dr. Hans Joachim Oberle (Universität Hamburg) für seine ausdauernde Hilfe bei der numerischen Lösung des Lebenszyklus-Modells, das dem hier vorgeschlagenen Ansatz zur Erklärung der personellen Einkommensverteilung zugrundeliegt. Das auftretende kontrolltheoretische Problem wurde mit dem Programmpaket OPTSOL gelöst, welches freundlicherweise von Professor Dr. Roland Bulirsch (Technische Universität München) zur Verfügung gestellt worden war. Auch Dr. Johannes Jahn (Technische Universität Darmstadt) danke ich für seine Lösungshinweise.

Dr. Ambros Lüthi (Universität Freiburg/Schweiz) half mir mit Kommentaren und Programmlisten beim Berechnen verschiedener Konzentrationsmaße. Ich danke ferner Professor Dr. Alan S. Blinder (Princeton University), Dr. John E. Driffill (Southampton University), Professor Dr. Hajime Oniki (Universität Osaka) und Professor Dr. Mark Killingsworth (Rutgers-The State University/New Jersey) dafür, daß sie Arbeitspapiere zur Verfügung stellten, die hierzulande nicht erhältlich waren und Literatur- und Lösungshinweise gaben.

Schließlich gilt mein Dank den Verantwortlichen des Rechenzentrums der Universität des Saarlandes, auf deren Anlagen die umfangreichen, rechenzeitintensiven Berechnungen durchgeführt werden konnten. Die dabei benutzten Programme - eigene wie fremde - sind in diesem Buch nicht abgedruckt worden, weil dies einen Anhang fast vom Umfang der vorliegenden Arbeit bedeutet hätte. Sie können jedoch Interessenten zur Verfügung gestellt werden ebenso wie zahlreiche analytische Berechnungen, die aus der Arbeit weggelassen wurden, um den Lesefluß nicht zu unterbrechen.

Saarbrücken, November 1984

Karlheinz Pohmer

Gliederung

A. Die personelle Einkommensverteilung:
   "The unsolved puzzle"   1

B. Von der Allokation der Ressourcen
   zur personellen Einkommensverteilung   5

   I. Anforderungen an eine ökonomische Theorie
      der personellen Einkommensverteilung   6

      1. Erklärung der Verteilung von Periodeneinkommen   8

      2. Erklärung der Verteilung von Lebenseinkommen   12

      3. Zur Wirkung von Steuern und Transfers
         auf Allokation und Distribution   16

   II. Auf der Suche nach einer ökonomischen Theorie
       der personellen Einkommensverteilung   18

       1. Stochastische Theorien   18
          a) Gibrats Gesetz der proportionalen Effekte   19
          b) Champernownes Markov-Ketten-Modell   20

       2. Ability-Theorien   22
          a) Ansatz von Roy   23
          b) Lydalls Multifaktor-Theorie   24

       3. Mikroanalytische Ansätze   25
          a) Ansatz von Staehle   26
          b) Beckmanns Hierarchie-Modell   27
          c) Blümles Modell der Verteilung von Vermögenseinkommen   30
          d) Simulationsmodelle   32

       4. Mikroökonomische Ansätze   34
          a) risk-preference-Modelle von Friedman und Pestieau/Possen   34
          b) Tinbergens job-selection-Modell   39
          c) Humankapital-Modelle von Mincer und Becker   43
          d) Blinders life-cycle-Modell   54

   III. Elemente einer ökonomischen Theorie
        der personellen Einkommensverteilung   58

C. Das intertemporale Faktorangebot
   eines rationalen Wirtschaftssubjekts   61

   I. Die intertemporale Allokation der Ressourcen   62

      1. Das Lebenszyklus-Modell   64

      2. Die Optimalbedingungen   68

      3. Spezifikation des Modells   72
         a) Die Nutzenfunktionen   72
         b) Die Produktionsfunktion für Humanvermögen   82
         c) Die Transformationskurve für Einkommen und Ausbildung 83

d) Erstausstattung mit Humanvermögen, Geldvermögen und Zeit 86

e) Die Faktorpreise für Humanvermögen und Geldvermögen 86

II. Die Simulation des Lebenszyklus-Modells 87

1. Das intertemporale Allokationsproblem als Randwertaufgabe 88

2. Der Lebensverlauf des repräsentativen Wirtschaftssubjekts 91

3. Lohnsatz, Arbeitszeit und Arbeitseinkommen 96

4. Konsum, Ersparnis, Geldvermögen und Zinseinkommen 98

5. Das Gesamteinkommen im Lebensverlauf 102

6. Der optimale Lebensverlauf im Überblick 102

III. Komparative Dynamik der intertemporalen Allokation 106

1. Die Methode der komparativen Dynamik 106

2. Intertemporales Faktorangebot
eines begabteren Wirtschaftssubjekts 111

3. Intertemporales Faktorangebot
eines reicheren Wirtschaftssubjekts 118

4. Intertemporales Faktorangebot
eines Wirtschaftssubjekts mit höherer Freizeitpräferenz 124

IV. Vom intertemporalen Faktorangebot
zur personellen Einkommensverteilung 129

D. Die Simulation der personellen Einkommens- und Vermögensverteilung 131

I. Kreation der Modellbevölkerung 133

II. Die personelle Verteilung von Einkommen und Vermögen 136

1. Die Verteilung der Periodeneinkommen 136

2. Die Verteilung von Lebenseinkommen und full wealth 150

3. Die Verteilung des Vermögens 155

III. Ursachen der ungleichen Verteilung von Einkommen und Vermögen 158

E. Steuern, Transfers, intertemporale Allokation
und personelle Verteilung 165

I. Die Wirkungen von Steuern und Transfers
auf die intertemporale Allokation 167

1. Lohnsteuer und intertemporales Faktorangebot 169

2. Zinssteuer, Vermögenssteuer
und intertemporales Faktorangebot 174

3. Konsumsteuer und intertemporales Faktorangebot 180

4. Bildungstransfers und intertemporales Faktorangebot 184

5. Steuern und "excess burden" 187

II. Steuern, Transfers und personelle Verteilung   191

III. Steuern aus Sicht von Allokation und Distribution   195

F. Lehren aus der mikroökonomischen Simulation
   der personellen Einkommensverteilung   197

G. Literaturverzeichnis   202

A. Die personelle Einkommensverteilung: "The unsolved puzzle"

> "The theory of size distribution is indeed still in its infancy."
>
> Alan S. Blinder

Eine ökonomische Theorie der personellen Einkommensverteilung sucht man vergebens. Nicht, daß es seit Smith, Ricardo oder Mill an Interesse an diesem Problem gefehlt hätte. Im Gegenteil: Für die Klassiker war die Frage nach der Distribution genauso wichtig wie die Frage nach der Produktion, der Allokation der Ressourcen.

Es hat auch nicht an Ideen gefehlt, zu erklären, warum Einkommen und Vermögen ungleichmäßig auf Personen, Haushalte oder sozioökonomische Gruppen verteilt sind. Es gibt vielmehr Hunderte davon, aber "none of the existing theories is regarded as satisfactory" (1).

Die bestehenden Erklärungsansätze müssen hauptsächlich zwei Vorwürfe gegen sich gelten lassen.

Erster Vorwurf: "Most of what has been offered in the literature as 'economic' models of the size distribution of income and wealth hardly merits the name" (2). Angesprochen sind damit Ansätze, welche die linkssteile Verteilung von Einkommen und Vermögen als unausweichliche Folge des Zufalls oder als zwangsläufiges Ergebnis des Zusammenwirkens naturgegebener geistiger und körperlicher Fähigkeiten der Wirtschaftssubjekte erklären.

Zweiter Vorwurf: "There are a good many bits and pieces of theory lying around in the literature but a full-fledged theory, with all the factors determining income distribution built into a neat model with predictive properties, is yet an unfinished task" (3). Damit sind partielle und meist monokausale Ansätze gemeint, die, jeder für sich allein, "the unsolved

---

(1) Sahota (1978), Seite 1.
(2) Blinder (1974), Seite 1.
(3) Ranadive (1978), Seite 3.

puzzle" (1) der personellen Einkommensverteilung zu lösen versuchen:
Ansätze, die meist entweder nur die Verteilung von Arbeitseinkommen oder
nur die Verteilung von Vermögen und Vermögenseinkommen erklären können.

Auf eine Reihe von Ansätzen treffen schließlich beide Vorwürfe zu.

Ziel dieser Arbeit ist, zu zeigen, daß eine Theorie der personellen Ein-
kommens- und Vermögensverteilung möglich ist, die den Namen ökonomische
Theorie verdient und die die Verteilung von Arbeitseinkommen und Vermögenseinkommen gleichzeitig erklären kann. Eine solche Theorie geht von der
empirischen Beobachtung aus, daß Wirtschaftssubjekte während ihres Lebens
bestimmte typische Einkommens- und Vermögensprofile durchlaufen. Die personelle Verteilung in einem bestimmten Zeitpunkt ist lediglich eine statistische Momentaufnahme dieses an sich dynamischen Prozesses: Sie resultiert daraus, daß sich die einzelnen Wirtschaftssubjekte im Augenblick der
Beobachtung auf unterschiedlichen Punkten ihrer durchaus unterschiedlichen
Einkommens- und Vermögensprofile befinden. Eine ökonomische Theorie der
personellen Einkommens- und Vermögensverteilung muß daher an der Erklärung
dieser Einkommens- und Vermögensprofile ansetzen. Dies kann über ein Modell
des intertemporalen Arbeits- und Kapitalangebots geschehen. Bei gegebener
Altersstruktur der Wirtschaftssubjekte macht ein solches Modell Voraussagen
über die personelle Verteilung von Einkommen und Vermögen.

Diese Arbeit ist wie folgt aufgebaut:

Kapitel B präzisiert die Anforderungen an eine ökonomische Theorie der Ver-
teilung: Sie muß zum einen die personelle Verteilung von Einkommen und
Vermögen mikroökonomisch, das heißt als Resultat nutzenoptimaler indivi-
dueller Entscheidungen über Faktorakkumulation und Faktorangebot erklären.
Sie muß zum anderen außer der Verteilung von Periodeneinkommen auch die
Verteilung von Lebenseinkommen erklären sowie die Wirkungen von Steuern und
Transfers auf das intertemporale Arbeits- und Kapitalangebot und auf die
personelle Verteilung offenlegen; dies ist inbesondere für eine rationale
Verteilungspolitik nötig. Ein Überblick über die existierenden Erklärungsansätze zeigt, daß keiner diesen Anforderungen standhält. Doch lassen sich
einige von ihnen als Bausteine einer solchen mikroökonomischen Theorie der
personellen Einkommensverteilung nutzen.

_____

(1) Ranadive (1978), Seite 330 ff.

3

Kapitel C präsentiert ein mikroökonomisches Modell, welches das intertemporale Arbeits- und Kapitalangebot eines rationalen Wirtschaftssubjekts aus nutzenmaximierendem Verhalten herleitet. Ein solches Modell erklärt die optimale Allokation von Zeit auf Freizeit, Ausbildung und Arbeit und die optimale Allokation von Einkommen auf Konsum und Ersparnis über das ganze Leben des Wirtschaftssubjekts. Es läßt sich gewinnen, wenn in ein life-cycle-Modell des Konsums und der Ersparnis der Arbeitszeit-Freizeit-Ansatz und die Humankapitaltheorie eingearbeitet werden. Ein solches integriertes Modell des intertemporalen Faktorangebots kann viele "stylized facts" der Realität entscheidungstheoretisch erklären. Insbesondere eignet es sich gut für die Simulation der personellen Einkommens- und Vermögensverteilung.

Kapitel D nutzt dieses Modell des intertemporalen Arbeits- und Kapitalangebots, um die personelle Verteilung von Arbeitseinkommen, Kapitaleinkommen, Gesamteinkommen, Vermögen und Lebenseinkommen für eine Modellbevölkerung zu simulieren, deren Wirtschaftssubjekte sich in Bezug auf Präferenzen, Fähigkeiten, Erstausstattung mit Geldvermögen und Alter unterscheiden. Die über rationale einzelwirtschaftliche Entscheidungen generierten Verteilungen von Einkommen und Vermögen entsprechen in ihrer Anatomie exakt jenen empirischen Verteilungen, wie sie sich beispielsweise für die Bundesrepublik Deutschland feststellen lassen. Die Erklärungskraft des Modells wird anschließend genutzt, um herauszufinden, wieviel Prozent der in der Querschnittsbetrachtung gemessenen Ungleichverteilung auf unterschiedliche Präferenzen, Fähigkeiten und Erstausstattungen der Wirtschaftssubjekte zurückzuführen sind und wieviel Prozent dem Zusammenwirken von Altersstruktur und Verlauf der intertemporalen Einkommens- und Vermögensprofile zugeschrieben werden müssen.

Kapitel E macht erste bescheidene Versuche, die Wirkungen von Steuern und Transfers auf das intertemporale Faktorangebot und die personelle Verteilung von Periodeneinkommen, Lebenseinkommen und Vermögen zu studieren. Es zeigt im Detail, wie proportionale Steuern und Bildungstransfers die optimale Allokation von Zeit auf Freizeit, Ausbildung und Arbeit und des Einkommens auf Konsum und Ersparnis beeinflussen. Solche Untersuchungen finden sich in der Literatur kaum. Das veränderte intertemporale Faktorangebot der Wirtschaftssubjekte führt zu einer veränderten personellen Verteilung. Die Wirkung von Steuern und Transfers wird im übrigen nicht durch den Vergleich der Brutto- und Nettoverteilungen bestimmt, sondern durch den Vergleich der

Verteilung ohne Steuern und Transfers mit der Verteilung, die sich einstellt, wenn sich alle Wirtschaftssubjekte optimal an die Steuern und
Transfers angepaßt haben. Die Analyse erlaubt so ein Urteil über die Effi-
zienz verschiedener Steuern aus allokativer und distributiver Sicht.

Schließlich faßt Kapitel F die wichtigsten Ergebnisse der Arbeit zusammen
und versucht, ihre Bedeutung für die Verteilungspolitik kritisch zu erör-
tern. Gleichzeitig werden die Schwächen dieses Ansatzes zur Erklärung der
personellen Einkommens- und Vermögensverteilung aufgezeigt. Sie liegen insbesondere darin begründet, daß es ein Partialansatz ist, weil er nur das
Faktorangebot der Haushalte erklärt, die Faktornachfrage der Unternehmen
aber außer acht läßt. Ferner unterstellt er eine Welt der vollkommenen Information. Es werden schließlich Vorschläge gemacht, wie der Ansatz ergänzt
werden müßte und welche Fragestellungen sich mit dem Modell des intertemporalen Faktorangebots noch behandeln lassen. Hier ist insbesondere eine
Analyse der von den einzelnen Teilsystemen der sozialen Sicherung und von
einem progressiven Steuersystem ausgehenden Wirkungen auf das individuelle
Arbeits- und Kapitalangebot sowie auf die personelle Verteilung zu nennen.

B. Von der Allokation der Ressourcen zur
personellen Einkommensverteilung

"Economics is the study of how people
and society end up c h o o s i n g ,
with or without the use of money, to em-
ploy scarce resources that could have
alternative uses, to produce various
commodities and distribute them for consumption, now or in the future, among
various people and groups in society."

Paul A. Samuelson

In einer Marktwirtschaft wird mit der Allokation der Ressourcen über die
Distribution der Einkommen entschieden. Das Verständnis der personellen
Einkommensverteilung setzt daher das Verständnis einzelwirtschaftlicher
Allokationsentscheidungen voraus. Dieses Kapitel demonstriert, wie eine
Theorie intertemporaler Allokation individueller Ressourcen zur ökono-
mischen Erklärung der personellen Einkommensverteilung führen kann.

Teil I zeigt, daß das Einkommen einer Person als Resultat vergangener, ge-
genwärtiger und in die Zukunft gerichteter nutzenmaximierender Entscheidungen über Faktorerwerb und Faktorangebot begriffen werden kann - als Resultat intertemporaler Entscheidungen über die Allokation knapper Ressourcen.
Gleichzeitig werden Anforderungen an eine solche in die neoklassische Ökonomie integrierte Theorie der personellen Einkommensverteilung formuliert:
Sie muß die Verteilung von Periodeneinkommen, aber auch von Lebenseinkommen
erklären und die Wirkung redistributiver Maßnahmen auf Allokation und
Distribution aufzeigen.

Teil II untersucht, inwieweit existierende Erklärungsansätze diesen Anforderungen gerecht werden. Es zeigt sich, daß nur wenige Ansätze existieren,
welche die personelle Einkommensverteilung über einzelwirtschaftliche Allokationsentscheidungen erklären: risk-preference-Theorien, job-selection-
Modelle, Humankapital-Theorien und life-cycle-Modelle des Arbeitszeit- und
Kapitalangebots. Doch auch diese ökonomischen Ansätze sind mangelhaft: Entweder erklären sie nur die Verteilung von Arbeitseinkommen oder nur die
Verteilung von Vermögen und Vermögenseinkommen; oder aber sie leiten die

Einkommensverteilung aus einer gegebenen Vermögensverteilung her. Eine Theorie der personellen Einkommensverteilung muß aber die Verteilung von Arbeits- und Vermögenseinkommen simultan erklären; sie darf die Verteilung der Faktorbestände nicht als gegeben hinnehmen, sondern muß sie über eine implizit enthaltene Theorie der personellen Vermögensverteilung herleiten. Die meisten dieser Ansätze schweigen zudem zur Frage, wie Lebenseinkommen verteilt sind oder wie Steuern und Transfers auf Allokation und Distribution wirken.

Teil III zeigt, daß existierende Theorien ergänzt und zusammengefaßt werden müssen, um zu einem mikroökonomischen Modell zu kommen, das die personelle Einkommensverteilung gut erklärt. Dazu ist erforderlich, die Humankapitaltheorie, den Arbeitszeit-Freizeit-Ansatz und ein life-cycle-Modell des Konsums und der Ersparnis zu einer Theorie des intertemporalen Faktorangebots zu integrieren. Dieses dynamische Allokationsmodell kann dann individuelle Einkommen nicht nur in einem Zeitpunkt, sondern übers ganze Leben der Wirtschaftssubjekte hinweg erklären. Es eignet sich damit als Baustein einer mikroökonomischen Theorie der personellen Einkommensverteilung.

I. Anforderungen an eine ökonomische Theorie
der personellen Einkommensverteilung

Gesamtwirtschaftliche Phänomene resultieren aus einzelwirtschaftlichen Entscheidungen und Handlungen und müssen deshalb mikroökonomisch erklärt werden (1). Dies gilt auch für ein so komplexes Phänomen wie die personelle Einkommensverteilung: eine Theorie der personellen Einkommensverteilung muß bei der Erklärung individueller Einkommen ansetzen, auch wenn sie sich nicht für die Verteilung von Einkommen auf Personen, sondern auf Haushalte oder sozioökonomische Gruppen interessiert; denn deren Einkommen setzt sich aus den Einkommen ihrer Mitglieder - aus den Einkommen einzelner Personen - zusammen. Eine Theorie der personellen Einkommensverteilung muß daher eine mikroökonomische Theorie sein.

Eine Person erzielt Einkommen, weil sie Faktoren - Vermögen - besitzt, die

---

(1) Ähnlich bei Blaug (1976), Seite 830; zum "methodologischen Individualismus" siehe ausführlich bei Gäfgen (1963), Seite 18 ff.

sie zu den herrschenden Faktorpreisen auf den Märkten anbietet. Wie hoch das Einkommen ausfällt, bemißt sich nicht nur nach der Menge der vorhandenen Faktoren, sondern auch nach der Bereitschaft, diese Faktoren auf den Märkten anzubieten; sie könnten ja auch konsumptiv genutzt oder investiv zur weiteren Faktorakkumulation eingesetzt werden. Das Einkommen einer Person ist daher von ihren Entscheidungen über die Verwendung dieser Faktoren abhängig. Doch nicht allein von der gegenwärtigen Allokation ihrer Ressourcen.

Wieviel von welchen Faktoren eine Person zu einem bestimmten Zeitpunkt besitzt, hängt - außer von ihrer Erstausstattung - von den Entscheidungen in der Vergangenheit ab, diese Vermögensbestände zu vergrößern oder zu verkleinern. Es sind zurückliegende Angebots- und Akkumulationsentscheidungen, aus denen gegenwärtige Vermögen resultieren. Wer individuelle Einkommen erklären will, darf diese intertemporalen Allokationsentscheidungen nicht als gegeben hinnehmen, sondern muß sie erklären. Sonst reduziert sich seine Aussage auf die Trivialität: Das Einkommen einer Person hängt von ihrem vorhandenen Vermögen ab.

Das Einkommen einer Person erscheint so als Ergebnis nutzenoptimaler Entscheidungen über Faktorangebot und Faktorakkumulation in der Zeit: als Ergebnis intertemporaler Allokationsentscheidungen über die Verwendung ihrer knappen Ressourcen.

Die personelle Einkommensverteilung in einer Volkswirtschaft ergibt sich aus dieser Sicht aus vielen solchen individuellen nutzenoptimalen Entscheidungen über Faktorangebot und Faktorerwerb: als Resultat vieler einzelwirtschaftlicher intertemporaler Entscheidungen über die Allokation knapper Resourcen. Eine solche Theorie der personellen Einkommensverteilung enthält implizit eine Theorie der Faktorverteilung, eine Theorie der personellen Vermögensverteilung.

Im einzelnen muß eine Theorie der personellen Einkommensverteilung Antwort auf mindestens diese drei Fragenkomplexe geben können:

Erstens: Wie ist das Volkseinkommen auf die Mitglieder einer Volkswirtschaft - seien es Personen, Haushalte oder sozioökonomische Gruppen - verteilt? Warum ist es, wie empirische Untersuchungen in verschiedenen Ländern zu verschiedenen Zeiten immer wieder ergeben haben, linkssteil verteilt? Warum ähneln sich diese Verteilungen der Periodeneinkommen so stark?

Zweitens: Sind Lebenseinkommen - die Barwerte der Periodeneinkommen - gleichmäßiger als die Periodeneinkommen verteilt? Um wieviel gleichmäßiger und warum? Die Frage nach der Verteilung der Lebenseinkommen ist bedeutsam für den Mitteleinsatz der Verteilungspolitik. Von der Antwort darauf hängt ab, ob Einkommensarmut einzelner Mitglieder durch interpersonelle oder lediglich durch intertemporale Einkommensumverteilung beseitigt werden soll.

Drittens: Wie beeinflussen redistributive Maßnahmen des Staates die Allokation der Ressourcen und damit die personelle Verteilung von Einkommen und Vermögen? Wie wirken Steuern und Transfers auf die Verteilung von Periodeneinkommen, wie auf die Verteilung von Lebenseinkommen und Vermögen? Führt eine gleichmäßigere Verteilung von Periodeneinkommen auch zu einer gleichmäßigeren Verteilung der Lebenseinkommen? Bedeutet eine gleichmäßigere Vermögensverteilung eine gleichmäßigere Einkommensverteilung?

Im folgenden werden diese drei Fragenkomplexe begründet und erläutert.

1. Erklärung der Verteilung von Periodeneinkommen

Betrachtet sei eine Person, die im Augenblick t Jahre alt ist und deren Einkommen $v(t)$ sich aus Arbeitseinkommen $y(t)$ und Kapitaleinkommen $z(t)$ zusammensetzt.

$$v(t) = y(t) + z(t) \qquad\qquad B.1$$

Das Arbeitseinkommen läßt sich zerlegen in das Produkt aus Lohnsatz $w(t)$ und Arbeitszeit $l(t)$.

$$y(t) = w(t)l(t) \qquad\qquad B.2$$

Der Lohnsatz wiederum hängt davon ab, wieviel Humanvermögen $H(t)$ diese Person besitzt, welchen Teil $s(t)$ ihrer Arbeitszeit sie auf ihrem Arbeitsplatz für den Erwerb weiteren Humanvermögens einsetzt und mit welchem Preis r

eine Einheit Humanvermögen auf dem Faktormarkt entlohnt wird (1).

$$w(t) = rH(t)g[s(t)] \qquad \text{B.3}$$

Je kleiner s(t), desto größer g[s(t)], desto größer der Teil des potentiellen Lohnsatzes rH(t), der realisiert wird. Hat jemand einen Arbeitsplatz gewählt, auf dem er sich nicht fortbildet, verdient er wegen

$$g(0) = 1 \qquad \text{B.4}$$

den vollen potentiellen Lohnsatz; besucht er eine Schule, wird er wegen

$$g(1) = 0 \qquad \text{B.5}$$

so behandelt, als hätte er einen Arbeitsplatz inne, der auf die Produktion von Humankapital spezialisiert ist und einen Lohnsatz von 0 impliziert (2).

Bildet er sich fort, so wächst sein Humanvermögen gemäß

$$\dot{H}(t) = F[H(t),s(t),l(t)] - \delta H(t) \qquad (3) \qquad \text{B.6}$$

Dabei bezeichnet F[H(t),s(t),l(t)] die Produktionsfunktion für Humanvermögen, deren Form von den angeborenen Fähigkeiten bestimmt wird und δ die Abschreibungsrate auf erworbene Fähigkeiten. Bis zum Alter t hat er ein Humanvermögen von

$$H(t) = H(0) + \int_0^t \{F[H(\tau),s(\tau),l(\tau)] - \delta H(\tau)\} d\tau \qquad \text{B.7}$$

erworben, dessen Höhe von der Erstausstattung H(0) zu Lebensbeginn, der Obsoleszenzrate und allen Ausbildungsanstrengungen der Vergangenheit abhängt.

Damit ist das Arbeitseinkommen einer Person im Alter von t Jahren bei gegebener Erstausstattung mit Humanvermögen, gegebener Produktionsfunktion und gegebener Abschreibungsrate über die intertemporale Allokation ihrer

---

(1) Es ist üblich, in Theorien des individuellen Arbeitsangebots zwischen Lohnsatz und Preis für die Einheit Humanvermögen zu unterscheiden, um unterschiedliche Arbeitsqualitäten berücksichtigen zu können. Siehe dazu Ben-Porath (1967), (1970), Rosen (1972), (1976) sowie Brown (1976) und Taubman (1981). Kritisch äußert sich Wegner (1981), Seite 51 ff.
(2) Ausführlich siehe dazu Blinder und Weiss (1976), (1974); ähnlich gehen Rosen (1972) und Heckman (1976) vor.
(3) Der Punkt über einer Variablen bezeichnet die Ableitung nach der Zeit.

Zeit auf Ausbildung s(t), Arbeitszeit l(t) und Freizeit [1-l(t)] erklärt.

Analog läßt sich das Zinseinkommen in das Produkt aus Marktzins i und Geld-vermögen K(t) zerlegen.

$$z(t) = iK(t) \qquad\qquad\qquad B.8$$

Das Einkommen um die Konsumausgaben c(t) vermindert, ergibt die Ersparnis
$\dot{K}(t)$:

$$\dot{K}(t) = iK(t) + y(t) - c(t) \qquad\qquad\qquad B.9$$

Integration liefert schließlich das Geldvermögen, das eine Person bis zum Alter von t Jahren gespart hat:

$$K(t) = K(0)e^{it} + \int_{0}^{t} [y(\tau) - c(\tau)]e^{i(t-\tau)} \, d\tau \qquad (1) \qquad B.10$$

Seine Höhe setzt sich aus dem Gegenwartswert der Erstausstattung K(0) und dem aufgezinsten Strom aller bisherigen Ersparnisse aus dem Arbeitseinkom-men zusammen (2).

Damit ist das Kapitaleinkommen einer Person im Alter von t Jahren bei ge-gebener Erstausstattung mit Geldvermögen auf die intertemporale Allokation ihres Einkommens auf Konsum und Ersparnis zurückgeführt.

Zusammengefaßt: Erstausstattung mit Humanvermögen und Geldvermögen, ange-borene Fähigkeiten und Präferenzen bestimmen gemeinsam die intertemporale Allokation von Zeit auf Ausbildung, Arbeit und Freizeit und von Einkommen auf Konsum und Ersparnis - und determinieren so das Einkommen einer Person in jedem Zeitpunkt ihres Lebens.

---

(1) Zur Lösung von Differentialgleichungen siehe beispielsweise Gandolfo (1980), Seite 420 ff.
(2) Alternativ hätte man schreiben können: $\dot{K}(t) = v(t) - c(t)$. Integration hätte dann geliefert:

$$K(t) = K(0) + \int_{0}^{t} v(\tau) - c(\tau) \, d\tau$$

Das Geldvermögen im Alter t ist jetzt gleich der Summe aus Erstausstat-tung und Strom der Ersparnisse aus dem gesamten Einkommen; K(t) kann natürlich auch negativ sein, wenn die Konsumausgaben das laufende Ein-kommen entsprechend übersteigen.

Eine Volkswirtschaft bestehe aus $j=1,J$ Personen, deren Einkommen v^j das Volkseinkommen V ergeben (1).

$$V = \sum_{j=1}^{J} v^j \qquad\qquad B.11$$

Bezeichnet K^j das Geldvermögen von Wirtschaftssubjekt j und A^j

$$A^j = H^j g(s^j) l^j \qquad\qquad B.12$$

das von ihm während eines bestimmten Zeitraums angebotene Humanvermögen, so läßt sich für den Vektor der personellen Einkommensverteilung schreiben:

$$
\begin{bmatrix} v^1 \\ \vdots \\ v^j \\ \vdots \\ v^J \end{bmatrix}
=
\begin{bmatrix} A^1 & \cdots & K^1 \\ \vdots & & \vdots \\ A^j & \cdots & K^j \\ \vdots & & \vdots \\ A^J & \cdots & K^J \end{bmatrix}
\times
\begin{bmatrix} r \\ \\ \\ i \end{bmatrix}
\qquad\qquad B.13
$$

Bei gegebenen Faktorpreisen r und i für Humanvermögen und Geldvermögen hängt die Verteilung der Periodeneinkommen von der (1) Verteilung der Erstausstattungen mit Human- und Geldvermögen, von der (2) Verteilung der angeborenen Fähigkeiten und der Präferenzen sowie von der (3) Altersstruktur der Bevölkerung ab. Eine zufriedenstellende Theorie der personellen Einkommensverteilung muß alle diese Einflußfaktoren berücksichtigen - sie muß die intertemporalen Entscheidungen über Faktorangebot und Faktorakkumulation für jede dieser $j=1,J$ Personen erklären. Dazu ist eine dynamische Theorie des Arbeits- und Kapitalangebots erforderlich.

Und es gibt einen weiteren Grund für eine solche intertemporale Theorie des einzelwirtschaftlichen Faktorangebots: Die Erklärung der Verteilung von Lebenseinkommen.

---

(1) Eigentlich müßte man $v(t_j)^j$ schreiben, um das Einkommen von Person j, die t_j Jahre alt ist, richtig zu charakterisieren. Analog im folgenden.

2. Erklärung der Verteilung von Lebenseinkommen

Die Verteilung von Periodeneinkommen ist wichtig, weil sie über die augenblickliche Einkommensarmut von Personen, Haushalten oder sozioökonomischen Gruppen informiert und helfen kann, Handlungsbedarf und Zielgruppen der Verteilungspolitik zu erkennen (1). Aber sie informiert eben nur über die augenblickliche Einkommensverteilung.

Sie ist zwangsläufig immer dann ein schlechter Indikator für die Verteilung von Konsumchancen und Wohlstand in einer Volkswirtschaft - und dies interessiert letztlich -, wenn die Periodeneinkommen während des Lebens der Wirtschaftssubjekte schwanken: Wenn während der Schulausbildung keine Einkommen verdient werden, zu Beginn der Berufstätigkeit kleine Einkommen, die ansteigen, ein Maximum erreichen und gegen Ende des Berufslebens und während des Ruhestandes wieder fallen (2). Bei solch ausgeprägter Einkommensmobilität ist zu erwarten, "daß Momentaufnahmen der Verteilungssituation nur in begrenztem Maße eine Antwort auf die Frage vermitteln können, ob und wieweit Wirtschaftssubjekte verteilungsmäßig relativ begünstigt oder benachteiligt bzw. besser oder schlechter gestellt sind" (3).

Denn zum einen kann fehlendes oder kleines Einkommen Ausdruck von Faktorerwerb durch Ausbildung und damit von hohem künftigen Einkommen sein, während hohes Einkommen Kompensation für Einkommensverzicht in der Vergangenheit darstellen kann. Zum anderen bedeutet Einkommensarmut nicht zwangsläufig Konsumarmut, sofern Wirtschaftssubjekte durch Kreditaufnahme ihren heutigen Konsum am künftigen, "permanenten" Einkommen (4) ausrichten (5).

---

(1) Siehe dazu Schmähl (1981), Seite 6 sowie die Diskussion zu Weizsäcker (1978) in Krelle und Shorrocks (1978), Seite 106 ff.

(2) Zum Verlauf von Lebenseinkommen siehe Helberger (1983), Schmähl und Göbel (1983), Clement, Tessaring und Weißhuhn (1980), Ruggles und Ruggles (1977) wie auch Mincer (1974), Seite 64 ff. Zur Konstruktion von Lebenseinkommensverläufen siehe Dörfel (1970).

(3) Schmähl (1983), Seite 3.

(4) Es gibt zahlreiche empirische Bestätigungen dafür, daß sich Haushalte bei ihren Konsumentscheidungen tatsächlich am erwarteten Einkommen orientieren, wie es die life-cycle-Modelle postulieren, die basierend auf Fisher (1907) von Modigliani und Brumberg (1954), Friedman (1957) sowie Strotz (1955-56) und Yaari (1964) entwickelt wurden. Für neuere empirische Tests siehe Franz (1977), Schmitz (1979) und Wolff (1981).

(5) Ein besserer Indikator für ökonomische Wohlfahrt wäre - wenn man schon bei der Periodenbetrachtung bleiben will -, die Höhe der Konsumausgaben eines Wirtschaftssubjekts. Dies ist tatsächlich vorgeschlagen worden: Kaldor (1955), Weisbrod und Hansen (1968).

13

Ein besserer Indikator für Konsumchancen und Wohlstand eines Wirtschaftssubjekts ist daher sein permanentes Einkommen, weit gefaßt: sein Lebenseinkommen (1). Es ist nicht einheitlich definiert: Zuweilen wird darunter der
Barwert aller Arbeitseinkommen von Lebensbeginn bis Lebensende in T verstanden (2):

$$Y = \int_0^T y(t)e^{-it}\, dt \qquad\qquad B.14$$

Zuweilen ist damit aber auch "full wealth" gemeint (3), definiert als Summe
aus dem Barwert der Arbeitseinkommen und der Erstausstattung des Wirtschaftssubjekts mit Geldvermögen K(0):

$$W = Y + K(0) \qquad\qquad B.15$$

Wie immer Lebenseinkommen definiert ist: Seine Verteilung wird von der Verteilung der Periodeneinkommen differieren: Selbst bei - bis auf ihr Alter -
identischen Wirtschaftssubjekten und damit identischen Lebenseinkommen,
werden Periodeneinkommen ungleich verteilt sein, obwohl niemand wohlstandsmäßig besser oder schlechter gestellt ist (4). Wie stark die Ungleichverteilung ausfällt, hängt von der Altersstruktur der Wirtschaftssubjekte und
dem Ausmaß der Schwankungen des Einkommens während ihres Lebens ab (5).

Zu wissen, wie Lebenseinkommen verteilt sind, ist wichtig für die Verteilungspolitik. Zeigt beispielsweise die Periodeneinkommensverteilung, eine
Reihe von Wirtschaftssubjekten ist von Einkommensarmut betroffen, so muß
die Verteilungspolitik entscheiden, wie sie dies beheben will - ob durch
interpersonelle Umverteilung von Einkommen oder durch intertemporale Umverteilung der Einkommen jener betroffenen Wirtschaftssubjekte. Die Frage nach
dem richtigen Mittel der Verteilungspolitik kann nur beantwortet werden,

---

(1) Als Untersuchungseinheiten kommen wie bei der Periodeneinkommensvertei-
    lung Personen, Haushalte oder Familien, aber auch Altersjahrgänge in
    Frage; siehe Schmähl (1983), Seite 11 f. Jedoch ist das Lebenseinkommen
    von Personen von besonderem Interesse.
(2) Schmähl (1983), (1981); Helberger (1983), (1982), (1980); Lillard (1977)
(3) Blomquist (1981), Blinder (1974); bei Blomquist (1981) findet sich eine
    Diskussion über Vor- und Nachteile verschiedener Definitionen von Le-
    benseinkommen.
(4) Siehe Schmähl (1983), Seite 3 sowie Johnson (1973), Seite 207 ff.
(5) Siehe Kuznets (1976), (1974) und Hartog (1976).

wenn die Verteilung der Lebenseinkommen berücksichtigt wird. Erst dann läßt sich erkennen, wieviel der Ungleichverteilung der Periodeneinkommen ihre Ursache in unterschiedlichen Niveaus der Lebenseinkommen hat und wieviel darin, daß sich die einzelnen Wirtschaftssubjekte auf verschiedenen Punkten ihres Lebenseinkommensprofils befinden - wieviel der Ungleichverteilung für die Betroffenen also permanent und wieviel transitorisch ist. Erst dann läßt sich entscheiden, ob die Verteilungspolitik Mittel einsetzen muß, die am Niveau des Lebenseinkommens oder am Verlauf des Lebenseinkommensprofils ansetzen - ob sie interpersonell oder intertemporal umverteilend eingreifen muß (1),(2).

Eine rationale Verteilungspolitik muß beides beachten: Die Verteilung von Periodeneinkommen, um den Handlungsbedarf zu erkennen, die Verteilung von Lebenseinkommen, um den richtigen Mitteleinsatz zu bestimmen (3).

Obwohl in der theoretischen und empirischen Verteilungsforschung wie auch in der Verteilungsstatistik noch immer die Periodeneinkommensverteilung im Mittelpunkt des Interesses steht, gewinnt die Verteilung von Lebenseinkommen an Gewicht und zunehmend setzt sich durch: "Life-cycle income rather than income at a point in time is a proper measure of inequalities, especially when individual rather than family incomes are compared" (4).

Um die Verteilung der Lebenseinkommen bestimmen zu können, muß für jedes Wirtschaftssubjekt jedes seiner Periodeneinkommen von Lebensbeginn bis Lebensende bekannt sein - man muß den Verlauf des Periodeneinkommens kennen, das Lebenseinkommensprofil.

Der Vektor der Lebenseinkommensverteilung berechnet sich nach B.14 als:

---

(1) Siehe Brümmerhoff (1977), Seite 50: "Es dürfte daher unzulänglich sein, Einkommen nur punktuell zu betrachten und zu vergleichen und allein darauf eine Umverteilungspolitik aufzubauen. Vielmehr müßte stärker auch auf Verlauf und Verteilung der Lebenseinkommen abgestellt, d.h. weniger Wert auf die Gleichheit der Einkommen eines Jahres gelegt werden."
(2) Liefmann-Keil (1961), Seite 56 folgert konsequent: "Ein interpersonaler Ausgleich der Einkommen scheint dann nur noch vertretbar, wenn man von vorgegebenen Lebenseinkommenskurven ausgeht und nach einer Parallelität der Lebenseinkommenskurven strebt."
(3) Für eine Anwendung dieser Überlegungen in der Bildungspolitik siehe beispielsweise Schellhaaß (1978).
(4) Sahota (1978), Seite 25; weitere Gründe, die für eine stärkere Beachtung von Lebenseinkommen sprechen, siehe bei Schmähl (1981), Seite 225 ff; gegenteiliger Ansicht ist Ruggles (1970), Seite 216.

$$
\begin{bmatrix} Y^1 \\ \vdots \\ Y^j \\ \vdots \\ Y^J \end{bmatrix}
=
\begin{bmatrix} \int_0^{T^1} y(t)^1 \, e^{-it} \, dt \\ \vdots \\ \int_0^{T^j} y(t)^j \, e^{-it} \, dt \\ \vdots \\ \int_0^{T^J} y(t)^J \, e^{-it} \, dt \end{bmatrix}
\qquad (1) \qquad\qquad \text{B.16}
$$

Eine Theorie der Verteilung von Lebenseinkommen erfordert, daß das Lebenseinkommensprofil einer jeden der $j=1,J$ Personen erklärt wird; das heißt:
es muß die Allokation von Zeit auf Ausbildung, Arbeit und Freizeit und von
Einkommen auf Konsum und Ersparnis für jedes Wirtschaftssubjekt über dessen
ganzes Leben hinweg erklärt werden. Dies kann nur eine life-cycle-Theorie
des Faktorangebots.

Wie Lebenseinkommen verteilt sind, hängt nur noch davon ab, wie die Erstausstattung mit Humanvermögen und Geldvermögen (2), wie angeborene Fähigkeiten und Präferenzen verteilt sind und nicht mehr - wie im Falle der
Periodeneinkommen - davon, welche Altersstruktur die Bevölkerung aufweist
(3).

---

(1) Um die Verteilung des "full wealth" zu erhalten, muß man gemäß B.15 zu
jedem Lebenseinkommen nur noch die Erstausstattung an Geldvermögen hin-
zuaddieren.
(2) Obwohl Geldvermögen bei der Berechnung des Lebenseinkommens aus Arbeit
nicht berücksichtigt wird, wirkt es doch auf die einzelwirtschaftlichen
Allokationsentscheidungen: Ceteris paribus wird eine andere Erstausstattung an Geldvermögen zu einem veränderten Profil und Niveau des
Lebenseinkommens führen.
(3) Genaugenommen tritt jetzt anstelle der Altersstruktur die unterschiedliche Lebensdauer der Wirtschaftssubjekte auf.

3. Zur Wirkung von Steuern und Transfers
auf Allokation und Distribution

AS

Der Staat versucht, die personelle Verteilung von Periodeneinkommen, wie sie aus den einzelwirtschaftlichen Entscheidungen über die Allokation der Ressourcen Zeit und Einkommen resultiert, durch eine Vielzahl verschiedener Steuern und Transfers in Richtung einer gewünschten Verteilung zu korrigieren.

Die gängige Analyse diskutiert die Wirkung redistributiver Maßnahmen mit Hilfe eines statischen Modells und liefert deshalb nur ein beschränkt aussagekräftiges Ergebnis: Sie setzt die Faktorbestände als gegeben voraus und zeigt, wie durch Steuern und Transfers die einzelwirtschaftliche Allokation dieser gegebenen Faktoren auf Angebot und Eigennachfrage verändert wird (1). Aber Steuern und Transfers wirken nicht nur auf die Bereitschaft, Faktoren anzubieten, sondern auch auf die Bereitschaft, Faktoren zu erwerben - und dies ist möglicherweise der gewichtigere Einfluß; gerade das aber kann eine statische Theorie nicht zeigen. Eine Steuer auf Arbeitseinkommen beispielsweise trifft nicht nur die Arbeitszeit, sondern auch die Bereitschaft des Wirtschaftssubjekts, Humanvermögen und Geldvermögen zu erwerben. Und sie wirkt anders auf Arbeit, Ausbildung und Ersparnis als eine Steuer auf Zinseinkommen, Vermögen oder Konsum (2).

Die Analyse redistributiver Maßnahmen auf die Einkommensverteilung verlangt, den Einfluß von Steuern und Transfers auf die intertemporalen Allokationsentscheidungen der Wirtschaftssubjekte zu erklären. Nur ein solches dynamisches Modell zeigt, welche "incentives" auf Faktorangebot und Faktorerwerb durch staatliche Redistribution ausgelöst werden (3),(4). Erst dann läßt sich abschätzen, ob das Verteilungsziel erreicht wurde und welcher trade-off zwischen Distribution und Allokation besteht (5).

---

(1) So zum Beispiel bei Rose und Wiegard (1983) und in vielen der dort angegebenen Untersuchungen.
(2) Naust (1982) versucht eine Analyse der Wirkungen unterschiedlicher Steuern auf die intertemporale Allokation der Ressourcen.
(3) Littmann (1970), Seite 118 schreibt: "Beim heutigen Stand der Forschung sind die incentives allerdings wahrlich nur als die großen Unbekannten der Ökonomie zu apostrophieren."
(4) Für Beispiele dynamischer Steueranalysen siehe Fullerton und Gordon (1981), Summers (1981), Driffill und Rosen (1981), Driffill (1979) und Schenone (1975).
(5) Siehe Hackmann (1983), Seite 303 ff; ebenso Wildasin (1977), Deaton (1977), Okun (1975), Pohmer (1970) oder Weissel (1968), Seite 47 f.

Steuern und Transfers wirken, außer auf die Verteilung von Periodeneinkommen, auch auf die Verteilung von Lebenseinkommen - und es ist nicht einmal sicher, ob in die gleiche Richtung (1). So wie letztlich nur an der Verteilung von Lebenseinkommen ökonomische Ungleichheit in einer Volkswirtschaft abgelesen werden kann, so kann nur an der Änderung der Verteilung von Lebenseinkommen die redistributive Wirkung einer Steuer oder eines Transfers gemessen werden. Die Periodenbetrachtung würde das Ausmaß der Redistribution übertreiben, weil sie intertemporale Umverteilung als interpersonelle Umverteilung ausweist (2); viele staatliche Maßnahmen verändern nicht nur die Höhe, sondern auch den Verlauf von Lebenseinkommen (3).

Wie aber ist die Wirkung von Steuern und Transfers auf die Verteilung von Perioden- und Lebenseinkommen zu messen? Die gebräuchliche Methode vergleicht dazu die Verteilung von Brutto- und Nettoeinkommen. Die Bruttoeinkommen sind jedoch ihrerseits schon von den Wirkungen der Steuer oder des Transfers beeinflußt, weil sich die Wirtschaftssubjekte auf die veränderten Bedingungen eingestellt und neue optimale Allokationsentscheidungen getroffen haben; aus ihnen resultiert die Verteilung der Bruttoeinkommen. Brutto-Netto-Vergleiche erfassen daher nur einen Teil der redistributiven Wirkungen von Steuern und Transfers (4).

Alle allokativen und distributiven Folgen sind daher nur einem Vergleich der Einkommenverteilung nach Steuern und Transfers mit jener Verteilung zu entnehmen, die sich ohne Steuern und Transfers ergeben hätte. Es müssen daher finale und orginäre Verteilung (5) verglichen werden. Die orginäre Verteilung ist hypothetisch und empirisch nicht meßbar. Ein theoretisches Modell hingegen kann sie konstruieren.

---

(1) Siehe dazu Stolz (1981), Seite 2 f.
(2) Siehe Layard (1977), Seite 46.
(3) Dies trifft insbesondere auf Maßnahmen der Sozialpolitik zu. Zur Frage nach der Beeinflussung von Lebenseinkommen durch die gesetzliche Rentenversicherung siehe Helberger und Wagner (1981), (1980); durch die Bildungspolitik siehe Helberger (1982), Layard (1977); durch die Krankenversicherung siehe Ott (1981) und Henke (1977) sowie durch die Finanzpolitik Hackmann (1979) und Brümmerhoff (1977).
(4) Um Umverteilung zu messen, führen Brutto-Netto-Vergleiche durch: DIW (1983), Blinder, Kristol und Cohen (1980), Frank (1980), Sawyer (1976) oder Schnitzer (1974).
(5) Zu orginärer und finaler Verteilung siehe vor allem Weissel (1968), Seite 31 ff, aber auch Zimmermann und Henke (1978), Seite 154 und 198.

II. Auf der Suche nach einer ökonomischen Theorie der personellen Einkommensverteilung

Die Ökonomie hat auf ihrer Suche nach einer Theorie der personellen Einkommensverteilung den engen Zusammenhang zwischen Allokation und Distribution meist nicht beachtet. Die Einkommensverteilung wurde nicht als Resultat einzelwirtschaftlicher Entscheidungen über die rationale Allokation knapper Ressourcen gesehen, sondern als Ergebnis stochastischer Prozesse oder als Resultat des Zusammenwirkens unterschiedlicher körperlicher und geistiger Fähigkeiten mit naturgegebener Verteilung. Der Erfolg dieser statistisch-mathematischer Erklärungsansätze war, daß die Theorie der personellen Einkommensverteilung lange Zeit keinerlei Kontakt zur üblichen ökonomischen Theorie der Neoklassik hatte. Erst seit etwa 30 Jahren gibt es einige wenige tatsächlich ökonomische Erklärungsansätze - Ansätze, welche die Verteilung von Einkommen und Vermögen über individuelle Wahlhandlungen herzuleiten versuchen. Die folgenden Abschnitte geben einen knappen Überblick über existierende Theorien der personellen Einkommensverteilung (1) und prüfen, welchen dieser Ansätze ein mikroökonomisches Optimierungskalkül zugrunde liegt - welches ökonomische Erklärungsversuche sind und welches nicht - und inwieweit sie den Anforderungen an eine Theorie der personellen Einkommensverteilung genügen.

1. Stochastische Theorien

Eine erste Gruppe von Ansätzen versucht, die positive Schiefe der personellen Einkommensverteilung über Zufallsprozesse zu erklären. Solche stochastischen Theorien (2) zeigen, daß sogar aus einer völligen Gleichverteilung von Einkommen und Vermögen im Laufe der Zeit wegen "chance, luck, and random occurrences" (3) eine linkssteile Verteilung resultiert: "The theory provides a stamp of scientific respectability for the age-old myths that the goddess of fortune is blind, poverty hits at random, none is destined to abjection from birth, and the sons of poor families have the same chance

---

(1) Einen ausführlichen Überblick über Theorien der personellen Einkommensverteilung gibt Sahota (1978). Siehe auch Blinder (1974) sowie Blümle (1975), (1974), Mincer (1970) und Reder (1969).
(2) Ausführliche Darstellungen stochastischer Theorien finden sich in Brown (1976a), Blinder (1974), Lydall (1968), Steindl (1965) und Bjerke (1961).
(3) Sahota (1978), Seite 7.

for success as anyone else" (1).

a) Gibrats Gesetz der proportionalen Effekte

Stochastische Theorie gehen zurück auf Gibrat (2). Er hatte beobachtet, daß mittlere Einkommen lognormalverteilt sind (3). Eine lognormalverteilte Zufallsvariable resultiert aber aus dem Produkt einer großen Zahl stochastisch unabhängiger Zufallsvariabler (4). Gibrat nutzte dies in seinem "Gesetz der proportionalen Effekte". Dazu nahm er an, das Einkommen v(t) einer Person sei im Zeitablauf zufälligen proportionalen Schwankungen nach oben und unten unterworfen:

$$v(t) = v(t-1)u(t) \qquad\qquad B.17$$

Gibrat erklärte mit Hilfe dieses "random walk" das Einkommen zu einem Zeitpunkt t als Resultat einer Sequenz stochastisch unabhängiger Einflußfaktoren $u(\tau)$:

$$v(t) = v(0) \sum_{\tau=1}^{t} u(\tau) \qquad\qquad B.18$$

Für große t ergibt sich, ungeachtet der ursprünglichen Verteilung von v(0), eine Lognormalverteilung der Einkommen v(t). Unangenehm an dieser Theorie ist jedoch, daß sie eine steigende Varianz der logarithmierten Einkommen im Zeitablauf vorhersagt (5), was empirischen Ergebnissen widerspricht. Kalecki (6) beseitigte dieses Problem, indem er eine negative Korrelation zwischen v(t) und u(t) annahm; er konnte damit die zunehmende Einkommensstreuung in der Zeit vermeiden, aber nur mit Hilfe einer unrealistischen

(1) Sahota (1978), Seite 7.
(2) Gibrat (1931). Gibrat wird zwar in der Literatur als Begründer der stochastischen Theorien der personellen Einkommensverteilung genannt, doch haben schon vor ihm McAlister (1879), Kapteyn (1903) und Edgeworth (1924) Lognormalverteilungen über ein Produkt vieler unabhängiger Zufallsfaktoren hergeleitet.
(3) Gilt x = log y und ist x normalverteilt, so heißt y lognormalverteilt. Ausführlich zur Lognormalverteilung siehe Johnson und Kotz (1970), Seite 112 ff sowie Aitchison und Brown (1957).
(4) Dieses Ergebnis, von Galton (1879) entdeckt, folgt aus dem Zentralen Grenzwertsatz, wenn man berücksichtigt, daß sich das Produkt der Zufallsvariablen nach dem Logarithmieren in eine Summe auflöst.
(5) Die Varianz der logarithmierten Einkommen berechnet sich hier als: $\sigma^2 \ln v(t) = \sigma^2 \ln v(0) + \sigma^2 \ln u(0) + \sigma^2 \ln u(1) + \quad ... \quad + \sigma^2 \ln u(t)$ Es ist offensichtlich, daß sie mit steigendem t zunimmt.
(6) Siehe Kalecki (1945).

Voraussetzung: Eine negative Korrelation zwischen Einkommen und Zufallsfaktor bedeutet eine geringere Einkommensmobilität in höheren Einkommensschichten als in unteren; dies ist aber gerade das Gegenteil empirischer Erfahrung.

b) Champernownes Markov-Ketten-Modell

Hohe Einkommen sind nicht lognormalverteilt, sondern gehorchen, wie schon 1896 Pareto (1) herausgefunden hatte, diesem Verteilungsgesetz:

$$N = A \, v^{-\alpha} \qquad\qquad\qquad B.19$$

N bezeichnet dabei die Zahl der Personen, die ein Einkommen von v und mehr beziehen, A und α sind die Parameter dieser "Pareto-Verteilung" (2). Pareto hatte Steuerstatistiken zahlreicher Länder und Städte untersucht und dabei festgestellt, daß dieser Funktionstyp mit Werten für α, die meist zwischen 1.5 und 2.0 lagen, die Verteilung der steuerlich erfaßten Einkommen gut approximierte. Pareto war von der Konstanz von α so beeindruckt, daß er glaubte, ein "loi naturelle" (3) entdeckt zu haben. α läßt sich im übrigen anschaulich interpretieren: Es gibt an, um wieviel Prozent die Zahl der Personen mit einem Einkommen von v und mehr abnimmt, wenn das Einkommen um ein Prozent steigt (4).

Champernowne (5) schließlich beschrieb einen stochastischen Prozeß, der - ausgehend von einer beliebigen Anfangsverteilung - gegen eine Pareto-Verteilung konvergiert. Er teilte dazu die Einkommensskala in n Klassen mit geometrisch wachsender Breite ein, deren relative Besetzung in der Zeit durch Vektor **h(t)** beschrieben wird. Mit Hilfe einer Matrix von Übergangswahrscheinlichkeiten **M**

---

(1) Siehe Pareto (1896).
(2) Ausführliche Erläuterungen zur Pareto-Verteilung finden sich in Johnson und Kotz (1970), Seite 233 ff sowie in Peter (1969) und Lydall (1968).
(3) Pareto (1896), Seite 371 ff. Ein steigendes α bedeutet, daß die Verteilung gleichmäßiger wird. Siehe dazu auch Peter (1969), Seite 73 ff.
(4) Um dies zu zeigen, braucht man lediglich B.19 nach v zu differenzieren und mit v/N zu erweitern:

$$\frac{dN}{dv} \frac{v}{N} = -\alpha$$

(5) Champernowne (1953).

$$M = \begin{vmatrix} p_{11} & \cdots & p_{1n} \\ \vdots & p_{ij} & \vdots \\ p_{n1} & \cdots & p_{nn} \end{vmatrix} \qquad\qquad \text{B.20}$$

deren Elemente p_{ij} die Wahrscheinlichkeit angeben, mit der ein Einkommensbezieher der Klasse i nach einer Periode in Klasse j zu finden ist, berechnet Champernowne die Einkommensverteilung in t aus der Verteilung in t-1:

$$h(t) = M'h(t-1) \qquad\qquad \text{B.21}$$

Die Übergangswahrscheinlichkeiten werden mit wachsender Differenz der Klassenindices i und j immer kleiner; außerdem gilt:

$$\sum_{j=1}^{n} p_{ij} = 1 \qquad i=1,n \qquad\qquad \text{B.22}$$

Zusätzlich ist die Einkommensmobilität beschränkt: Pro Periode kann eine Person höchstens um eine Klasse aufsteigen und höchstens um m Klassen absteigen (1). Champernowne zeigt, daß so durch fortwährende Multiplikation des Vektors der Häufigkeitsverteilung mit der Matrix der Übergangswahrscheinlichkeiten eine Pareto-Verteilung generiert wird, "which is determined by the matrix alone" (2),(3).

Neben Gibrats random-walk-Modell und Champernownes Markov-Ketten-Modell existieren ungezählte stochastische Theorien der personellen Einkommensverteilung (4); und noch immer kommen neue dazu (5). Einige Ansätze beschränken sich darauf, die Verteilung von Vermögen und Vermögenseinkommen zu erklären (6).

---

(1) Dies bedeutet, daß viele Elemente der Matrix **M** null sind.
(2) Champernowne (1953), Seite 321. Es gilt ja: $h(t) = M(t)'h(0)$; Matrix **M(t)** entsteht daraus, daß **M** t-mal mit sich selbst multipliziert wird. Für ein numerisches Beispiel siehe Bronfenbrenner (1971), Seite 55 ff.
(3) Wären die Übergangswahrscheinlichkeiten nicht von der Differenz, sondern vom Quotienten der Klassenindices i und j abhängig gemacht worden, so hätte der stochastische Prozeß eine Lognormalverteilung erzeugt; siehe dazu Aitchison und Brown (1957), Seite 109.
(4) Weitere bekannte Ansätze stammen von - wie erwähnt - Kalecki (1945), von Solow (1951), Rutherford (1955) und Mandelbrot (1960), (1961).
(5) Für neuere stochastische Ansätze der personellen Einkommensverteilung siehe Wagner (1978) und Champernowne (1978).
(6) Siehe Wold und Whittle (1957), Sargan (1957), Creedy (1972), Shorrocks (1975) und Thurow (1975).

Stochastische Theorien liefern keine ökonomische Erklärung für die Schiefe der personellen Einkommensverteilung. Sie zeigen lediglich, wie ein stochastischer Prozeß individuelle Einkommen in der Zeit verändern und eine Lognormalverteilung bzw. eine Pareto-Verteilung generieren kann. Dabei wäre gerade zu erklären, warum individuelle Einkommen steigen und fallen und warum Personen ihre Einkommensklassen verlassen. Stochastische Theorien verneinen ökonomische Ursachen dieser Einkommensmobilität (1), insbesondere den Einfluß einzelwirtschaftlicher Wahlhandlungen auf Einkommen und Einkommensverteilung. Die personelle Verteilung wird nicht als Resultat individueller Entscheidungen begriffen, sondern einzig und allein als Resultat des Zufalls: in diesen Theorien steckt keine Ökonomie mehr, sondern nur noch Mathematik und Statistik. Dies ist aus ökonomischer Sicht zu wenig: "Assuming a stochastic mechanism, no matter how complex, to be the sole determinant of income inequality is to give up before one starts" (2),(3).

2. Ability-Theorien

Diese Gruppe von Ansätzen versucht, die positive Schiefe der personellen Verteilung von Arbeitseinkommen als Ergebnis des Zusammenwirkens meist normalverteilter Fähigkeiten - abilities - zu erklären. Sie nehmen an, Löhne und Gehälter bestimmten sich nach der Höhe individueller Produktivität, die sich aus der multiplikativen Verknüpfung (4) gegebener körperlicher und geistiger Fähigkeiten erkläre. Das Arbeitseinkommen wird so zu einer Zufallsvariablen, die aus dem Produkt mehrerer normalverteilter Zufallsvariabler entsteht. Es läßt sich zeigen, daß daraus eine linkssteile Verteilung der Arbeitseinkommen resultiert, deren Schiefe verstärkt wird, wenn einzelne Fähigkeiten positiv korreliert sein sollten (5).

---

(1) Lydall (1968), Seite 21, schreibt: " ... to much reliance is placed on the laws of chance and too little on specific factors which are known to influence the distribution." Ähnlich Mincer (1976), Seite 153 ff.
(2) Blinder (1974), Seite 7.
(3) Zusätzlich müssen stochastische Theorien ihr schlechtes Abschneiden bei empirischen Tests gegen sich gelten lassen. Siehe dazu Taubman (1975), Mincer (1976) und Osberg (1977). Trotzdem sind immer wieder Versuche unternommen worden, diese Theorien zu retten, so von Brown (1976a), Champernowne (1978) sowie Shorrocks (1975) und Wagner (1978).
(4) Die Annahme, Fähigkeiten wirkten multiplikativ und nicht additiv zusammen, ist notwendig, weil sonst keine linkssteile, sondern eine symmetrische Einkommensverteilung resultierte.
(5) Siehe Haldane (1942) oder Craig (1936). Es ließe sich über den Zentralen Grenzwertsatz sogar eine Lognormalverteilung der Arbeitseinkommen begründen, wenn man annimmt, Produktivität resultiere aus dem Zusammenwirken sehr vieler stochastisch unabhängiger Fähigkeiten, die gar nicht normalverteilt zu sein brauchen.

a) Ansatz von Roy

Zu diesen ability-Modellen zählt der Ansatz von Roy (1), in dem die Produktivität eines Arbeiters - ausgedrückt durch die Anzahl gelungener Werkstükke pro Tag - als Produkt aus Schnelligkeit s, Genauigkeit g und Ausdauer a dargestellt ist. Schnelligkeit wird gemessen als Zahl der hergestellten Stücke pro Stunde, Genauigkeit durch den Anteil der davon gelungenen Stücke und Ausdauer in Arbeitsstunden pro Tag. Für den Output q eines Arbeiters an einem Tag gilt daher:

$$q = s \cdot g \cdot a \qquad\qquad B.23$$

Roy zeigt, daß aus den stochastisch unabhängigen und normalverteilten Fähigkeiten Schnelligkeit, Genauigkeit und Ausdauer zwangsläufig eine linkssteile Verteilung des Outputs und damit auch der Einkommen folgt, die deutliche Ähnlichkeit mit empirisch festgestellten Einkommensverteilungen hat. Sind zusätzlich, wie Roy vermutet, diese drei Fähigkeiten positiv korreliert und ihre Variationskoeffizienten etwa gleich groß, so resultiert daraus für Output und Einkommen angenähert eine Lognormalverteilung (2).

Roy illustriert seinen Ansatz mit dem Zahlenbeispiel aus Tabelle B.1; sie zeigt, wie die Fähigkeiten Schnelligkeit, Genauigkeit und Ausdauer symmetrisch und unabhängig über 1000 Arbeiter verteilt sind.

Arbeiter	Schnelligkeit	Genauigkeit	Ausdauer
250	2	0.50	4
500	3	0.75	6
250	4	1.00	8

Tabelle B.1 Verteilung der Fähigkeiten Schnelligkeit [Stück/Stunde], Genauigkeit [Anteil gelungener Stücke] und Ausdauer [Arbeitsstunden/Tag] über 1000 Arbeiter (3).

(1) Roy (1950). Roy baute seinen Ansatz auf Arbeiten von Boissevain (1939) und Haldane (1942) auf. Später legten Simon (1957), Mayer (1960), Aitchison und Brown (1957) sowie Atkinson (1975) weitere Ansätze vor, welche die Verteilung von Arbeitseinkommen über die Verteilung von Fähigkeiten erklärten. Ausführliche und kritische Überblicke über ability-Modelle finden sich in Staehle (1943), Bjerke (1963), Blinder (1974), Blümle (1975) sowie Sahota (1978).
(2) Der Nachweis hierfür findet sich in Haldane (1942).
(3) Roy (1950), Seite 491.

Aus dieser symmetrischen Verteilung der Fähigkeiten folgt die linkssteile Verteilung des Outputs, wie ihn Tabelle B.2 ausweist. Einkommen sind damit - weil abhängig vom Output - ebenfalls linkssteil verteilt (1).

Gelungene Stücke	Zahl der Arbeiter
0 bis 5	15
5 bis 10	328
10 bis 15	313
15 bis 20	234
20 bis 25	94
25 und mehr	15

Tabelle B.2 Verteilung des täglichen Outputs von 1000 Arbeitern mit symmetrisch verteilten Fähigkeiten (2).

b) Lydalls Multifaktor-Theorie

Ability-Modelle leben heute fort als Multifaktor-Theorien, die Arbeitseinkommen durch eine Vielzahl von Faktoren beeinflußt sehen. Lydall (3) hält außer kulturellen und soziologischen Einflüssen und Glück vor allem unterschiedliche angeborene und durch Erziehung und Bildung erworbene Fähigkeiten für entscheidend. Zu ihnen zählt er körperliche und kognitive Fähigkeiten, vor allem aber seinen D-Faktor, unter den er "Durchsetzungsvermögen, Fleiß, Initiative, Motivation, Entschlossenheit, Hartnäckigkeit, Ehrgeiz, Bereitschaft zu harter Arbeit usw." (4) subsumiert; er schreibt dem D-Faktor einen gewichtigeren Einfluß auf die Höhe des Arbeitseinkommens zu als beispielsweise den kognitiven Fähigkeiten (5).

Lydall folgert für die Verteilung von Arbeitseinkommen: "Wenn man akzeptiert, daß alle obengenannten Faktoren das Arbeitseinkommen unmittelbar beeinflussen, so können wir für die Gestalt ... der Standardverteilung eine einfache Erklärung anbieten: Da bei einer Reihe jener Faktoren die Art der Verknüpfung miteinander eher multiplikativ als additiv ist und da viele untereinander korreliert sind, und da weiterhin einige der Faktoren eine linkssteile Häufigkeitsverteilung aufweisen, gibt es auch gute Gründe für

---

(1) Ausführliche Kritik des Ansatzes von Roy bei Blümle (1975), Seite 55 f.
(2) Roy (1950), Seite 492.
(3) Lydall (1981). Siehe auch Taubman (1976), Griliches (1976), (1977).
(4) Lydall (1981), Seite 135.
(5) Lydall (1981), Seite 135.

die Erwartung, daß auch die Häufigkeitsverteilung der Arbeitseinkommen eine linkssteile Gestalt hat" (1).

Ability-Theorien sind aus ökonomischer Sicht mehrfach unbefriedigend. Zum einen enthalten sie wie die stochastischen Ansätze keine mikroökonomische Theorie: Sie leiten die Verteilung von Arbeitseinkommen "completely mechanistic" (2) aus der Verteilung von Fähigkeiten her, die als gegeben vorausgesetzt wird und damit unerklärt bleibt. Dabei wäre gerade zu erklären, welche Fähigkeiten zu erwerben und anzubieten sich eine Person entschließt. Einzelwirtschaftliche Entscheidungen über Faktorerwerb und Faktorangebot werden von diesen Erklärungsansätzen völlig außer acht gelassen. Zum anderen erklären ability-Modelle und Multifaktor-Theorien nur die Verteilung von Arbeitseinkommen und nicht auch von Vermögen und Vermögenseinkommen. Schließlich schweigen sie - ebenso wie stochastische Theorien - zur Frage, wie Lebenseinkommen verteilt sind und wie Steuern und Transfers auf Allokation und Distribution wirken.

Multifaktor-Theorien müssen zusätzlich den Vorwurf akzeptieren, daß sie kein geschlossenes deduktives System darstellen, aus dem, ausgehend von allgemeinen Prämissen und gegebenen Randbedingungen, falsifizierbare Voraussagen abgeleitet werden können (3). Sie stellen lediglich eine Aufzählung von Faktoren dar, die vermutlich oder nachweislich Einkommen oder Einkommensverteilung beeinflussen können. Eine Aufzählung von Einflußfaktoren stellt aber noch keine Theorie dar, erst recht keine ökonomische (4).

3. Mikroanalytische Ansätze

Die folgende Gruppe von Ansätzen kommt einer ökonomischen Theorie der personellen Einkommensverteilung schon näher: Es sind Ansätze, welche die Verteilung tatsächlich über einzelwirtschaftliches Verhalten erklären; ihre Schwäche ist jedoch, daß sie dieses Verhalten ad hoc annehmen und nicht über ein explizit enthaltenes Rationalkalkül ableiten. Diese Ansätze reichen von Staehles einfachem Erklärungsversuch der Schiefe der Verteilung von Arbeitseinkommen über Hierarchie-Ansätze und Blümles Modell der Verteilung von Vermögen und Vermögenseinkommen bis hin zu komplexen mikroanaly-

---

(1) Lydall (1981), Seite 138.
(2) Blinder (1974), Seite 14.
(3) Siehe dazu Klanberg (1981), Seite 15 sowie Morgenstern (1972).
(4) Siehe Lipsey (1962), Seite 270.

tischen Simulationsmodellen, wie sie in den letzten beiden Jahrzehnten, ausgehend von den USA, auch in der Bundesrepublik Deutschland entwickelt wurden.

a) Ansatz von Staehle

Staehle erkennt, "the distribution of abilities is reflected by wage rates rather than by income" (1) und spaltet Arbeitseinkommen y in das Produkt aus Lohnsatz w und Arbeitszeit l auf:

$$y = wl \qquad\qquad\qquad B.24$$

Staehle nimmt an, daß individuelle Produktivitäten einer Normalverteilung gehorchen (2) und sieht dies empirisch in annähernd normalverteilten Lohn- sätzen bestätigt. Die Arbeitszeiten werden teils von den Arbeitsanbietern frei gewählt, teils aber auch von den Arbeitgebern über Entlassungen mit beeinflußt. Selbst wenn sie ebenfalls normalverteilt und mit den Lohn- sätzen nicht korreliert sind, so ist die Verteilung von Arbeitseinkommen bereits linkssteil.

Aber: " ... there is every reason to believe that a positive correlation between the rate of wages and the degree of employment would develop" (3). Staehle begründet dies mit dem Verhalten der Unternehmer: "An employer would, if confronted with the necessity of reducing his labor force, pro- bably first discharge his least efficient workers, whom presumably he also would be paying a lower wage rate than the more efficient ones" (4).

Eine ebenfalls positive Korrelation zwischen Lohnsatz und Arbeitszeit er- gibt sich, wenn man berücksichtigt, daß produktivere Arbeitskräfte höhere Lohnsätze verdienen und wegen höherer Opportunitätskosten der Freizeit längere Arbeitszeiten wählen (5).

Weil somit Bezieher niedrigerer Lohnsätze öfter arbeitslos werden und im übrigen kürzere Arbeitszeiten wählen, verstärkt eine positive Korrelation

---

(1) Staehle (1943), Seite 82.
(2) Staehle (1943), Seite 82. Im Gegensatz zu Staehle nahmen Roy (1950) und Boissevain (1939) linkssteil verteilte Produktivitäten an, die aus nor- malverteilten Fähigkeiten resultierten.
(3) Staehle (1943), Seite 82.
(4) Staehle (1943), Seite 82.
(5) Diese Möglichkeit einer positiven Korrelation zwischen Lohnsätzen und Arbeitszeiten wird von Staehle nicht explizit diskutiert.

zwischen Lohnsätzen und Arbeitszeiten die Schiefe der Verteilung von Arbeitseinkommen zusätzlich (1). Staehle erklärt mit diesem einfachen Ansatz die linkssteile Verteilung von Arbeitseinkommen über einzelwirtschaftliches Verhalten von Arbeitnehmern und Arbeitgebern; wenngleich er dieses Verhalten nicht explizit aus einem Optimierungskalkül herleitet, sondern als plausibel unterstellt, enthält sein Erklärungsversuch mehr Ökonomie als das ability-Modell von Roy.

b) Beckmanns Hierarchie-Modell

Hierarchie-Modelle (2) erklären die Verteilung mittlerer und hoher Arbeitseinkommen über den organisatorischen Aufbau und die innerbetriebliche Lohnstruktur von Unternehmen: Sind aufsteigende Hierarchie-Stufen - wie in der Realität - mit einer geometrisch abnehmenden Zahl von Angestellten besetzt, deren Gehälter gleichzeitig geometrisch zunehmen, so sind die Arbeitseinkommen pareto-verteilt.

Bei Beckmann (3) ist jeder Angestellter direkter Vorgesetzter für die gleiche Anzahl von k Angestellten. Für das Verhältnis der Besetzung zweier aufeinanderfolgender Hierarchie-Ebenen q-1 und q gilt:

$$\frac{n_{q-1}}{n_q} = k \qquad\qquad\qquad\qquad\qquad\text{B.25}$$

Diese konstante Kontrollspanne k führt auf eine geometrisch abnehmende Besetzung aufsteigender Hierarchie-Ebenen. Die Zahl der Angestellten auf Stufe q errechnet sich zu:

$$n_q = n_o k^{-q} \qquad\qquad q = 0,n \qquad\qquad\qquad\text{B.26}$$

Dabei gibt n_o an, wieviele Angestellte auf der untersten Hierarchie-Stufe zu finden sind.

Gleichzeitig nimmt Beckmann an, das Verhältnis der Gehälter von Stufe zu Stufe sei konstant:

---

(1) Siehe dazu Craig (1936) oder Haldane (1942).
(2) Hierarchie-Modelle zur Erklärung der Verteilung von Arbeitseinkommen gehen zurück auf Simon (1957) und Lydall (1959), (1968). Beckmann (1971), (1974) hat diese Ideen weiter entwickelt. Für neuere solche Arbeiten siehe Calvo und Wellisz (1979) oder Wegner (1981).
(3) Beckmann (1974).

$$\frac{y_{q+1}}{y_q} = g \qquad\qquad\qquad\qquad \text{B.27}$$

Die konstante Gehaltsspanne g führt zu von Stufe zu Stufe geometrisch wachsenden Einkommen. Für das Gehalt auf Ebene q gilt daher:

$$y_q = y_0 g^q \qquad\qquad q = 0,n \qquad\qquad \text{B.28}$$

y_0 bezeichnet das Einkommen auf der unterste Stufe. B.26 und B.28 nach q aufgelöst, gleichgesetzt und umgeformt, liefert eine Beziehung zwischen der Zahl der Angestellten auf Hierarchie-Stufe q und ihrem Gehalt y_q:

$$n_q = n_0 (y_0/y_q)^c \qquad\qquad c = \frac{\ln k}{\ln g} \qquad\qquad \text{B.29}$$

Damit läßt sich die Zahl der Angestellten, die ein Gehalt von y_q und mehr verdienen, berechnen:

$$N_q = \int_{y_q}^{\infty} n_0 (y_0/x)^c \, dx \qquad\qquad\qquad \text{B.30}$$

Die Lösung des Integrals führt direkt auf eine Pareto-Verteilung der Angestelltengehälter in einem hierarchisch organisierten Unternehmen (1):

$$N_q = A \, y_q^{-\alpha} \qquad\qquad\qquad\qquad \text{B.31}$$

mit

$$\alpha = c-1 = \frac{\ln k}{\ln g} - 1 \qquad\qquad A = n_0 (y_0)^c / \alpha = \text{konstant} \qquad \text{B.32}$$

Das paretianische α - Indikator für die Schiefe der Verteilung - ist damit determiniert über Kontrollspanne k und Gehaltsspanne g. Verteilung B.31 gilt zunächst jedoch nur für ein einzelnes Unternehmen. Weisen alle Unternehmen den gleichen hierarchischen Aufbau und die gleiche innerbetriebliche Lohnstruktur auf - wozu der Wettbewerb vermutlich zwingt (2) - so gehorchen die Angestelltengehälter in dieser Volkswirtschaft exakt der Pareto-Verteilung von B.31; n_0 ist dann lediglich als Zahl der Angestellten auf der untersten Gehaltsstufe aller Unternehmen zu interpretieren (3).

---

(1) Lydall (1959) geht ähnlich wie Beckmann vor: Auch er nimmt eine konstante Kontrollspanne an; bei ihm ist jedoch das Gehalt eines Vorgesetzten proportional zur Gehaltssumme seiner ihm direkt Untergebenen. Lydall kommt zum gleichen Ergebnis wie Beckmann: Kontrollspanne und Gehaltsstruktur begründen eine Pareto-Verteilung der Arbeitseinkommen.
(2) Siehe Blümle (1975), Seite 68.
(3) Beckmann (1974), Seite 140.

Beckmanns Modell zeigt ferner, wie die Verteilung der Lebenseinkommen von der Beförderungspolitik in hierarchisch organisierten Unternehmen abhängt. Wird jeder Angestellte gemäß seiner Bildung oder seiner Beziehungen eingestuft und verläßt er diese Hierarchie-Stufe während seines ganzen Arbeitslebens nicht mehr - wird er also gar nicht befördert - so sind die Lebenseinkommen genauso pareto-verteilt wie die laufenden Einkommen; werden die Angestellten aber nach einer Wartezeit oder mit einer bestimmten Wahrscheinlichkeit einmalig auf die nächst höhere Stufe befördert, so sind Lebenseinkommen gleichmäßiger als Periodeneinkommen verteilt. Treten hingegen alle Angestellten auf der untersten Stufe in das Unternehmen ein und durchlaufen die gleiche Karriere - jeder ist für kurze Zeit auch einmal der Präsident des Unternehmens - so verdient trotz pareto-verteilter Periodeneinkommen jedermann das gleiche Lebenseinkommen. Schließlich ist es sogar möglich, daß Lebenseinkommen ungleichmäßiger als Periodeneinkommen verteilt sind; dazu braucht man lediglich anzunehmen, daß die Verweildauer auf höheren Hierarchie-Ebenen länger als auf niedrigeren ist (1).

Die Ansätze von Simon, Lydall und Beckmann nehmen den hierarchischen Aufbau und die innerbetriebliche Lohnstruktur der Unternehmen als gegeben und erklären damit die Verteilung von Arbeitseinkommen. Sie zeigen jedoch nicht, warum sich Unternehmen gerade hierarchisch organisieren. Dies haben Calvo und Wellisz (2) nachgeholt: Sie leiten Kontrollspanne und innerbetriebliche Lohnstruktur endogen aus dem Kalkül gewinnmaximierender Unternehmen her. Damit wird der hierarchische Aufbau, den Simon, Lydall und Beckmann annahmen, mikroökonomisch begründet.

Kritik entzündete sich an Hierarchie-Modellen, weil sie nur die Verteilung mittlerer und hoher Arbeitseinkommen erklären - und dies nicht einmal vollständig, bedenkt man, daß viele Bezieher hoher Einkommen nicht in Unternehmen angestellt sind, sondern den freien Berufen angehören. Arbeitseinkommen von Personen, die in Unternehmen keine Führungsaufgaben wahrnehmen - untere Einkommen also - werden, obwohl in der Realität von großem Gewicht, gar nicht betrachtet (3).

---

(1) Siehe dazu Beckmann (1974), Seite 140 ff.
(2) Siehe Calvo und Wellisz (1979).
(3) Zur Kritik an Hierarchie-Modellen siehe auch Blinder (1974), Seite 11 sowie Blümle (1975), Seite 65 ff.

c) Blümles Modell der Verteilung von Vermögenseinkommen

Blümle (1) hat versucht, die Verteilung von Vermögenseinkommen mit einem Ansatz zu erklären, der formal einem Hierarchie-Modell sehr ähnlich ist. Er generiert eine Pareto-Verteilung mit Hilfe in der Zeit geometrisch wachsender Vermögenseinkommen bei gleichzeitig geometrisch abnehmender Zahl der Einkommensbezieher.

Besitzt eine Person zum Zeitpunkt t ein Geldvermögen $K(t)$, das zum Zinssatz von i angelegt ist, so bezieht sie ein Vermögenseinkommen $z(t)$ in Höhe von

$$z(t) = iK(t) \qquad\qquad\qquad B.33$$

Spart sie jeweils den Teil s, wächst ihr Geldvermögen in der Zeit gemäß:

$$\dot{K}(t) = siK(t) \qquad\qquad\qquad B.34$$

Hatte sie zum Zeitpunkt 0 ein Vermögen von K_o geerbt, so besitzt sie in t ein Geldvermögen von

$$K(t) = K_o e^{sit} \qquad\qquad\qquad B.35$$

und bezieht ein Einkommen von

$$z(t) = iK_o e^{sit} \qquad\qquad\qquad B.36$$

In jedem Augenblick erben n_o Personen ein Anfangsvermögen K_o. Sterben die Vermögensbesitzer im Zeitablauf mit der Rate δ ab, so sind zum Zeitpunkt t von den Personen, die in t=0 geerbt hatten, noch

$$n(t) = n_o e^{-\delta t} \qquad\qquad\qquad B.37$$

am Leben, besitzen ein Vermögen $K(t)$ und erhalten ein Einkommen $z(t)$. Es läßt sich jetzt die Zahl der Personen berechnen, die ein Einkommen von $z(t)$ und mehr beziehen: Es sind dies all jene, die vor t und mehr Jahren geerbt haben und noch leben:

---

(1) Siehe Blümle (1972). Siehe auch Wold und Whittle (1957), die auf etwas anderem Wege Jahre zuvor zum gleichen Ergebnis kamen, das auch Blümles Modell liefert.

$$N(t) = \int_t^\infty n_o e^{-\delta x} \, dx = \frac{n_o}{\delta} e^{-\delta t} \qquad\qquad\qquad B.38$$

Elinimiert man t aus B.36 und setzt in B.38 ein, so zeigt sich sofort, daß Vermögenseinkommen unter diesen Umständen pareto-verteilt sind:

$$N(t) = Az(t)^{-\alpha} \qquad\qquad\qquad B.39$$

mit

$$\alpha = \frac{\delta}{si} \qquad\qquad A = \frac{n_o}{\delta} (iK_o)^\alpha \qquad\qquad B.40$$

Paretos α ist im Blümle-Modell durch die Sterberate δ, die Sparquote s und den Zinssatz i determiniert; und zwar führen höhere Sterberaten wie auch niedrigere Sparneigungen und Kapitalzinsen zu einer gleichmäßigeren Einkommensverteilung, weil höhere Vermögensschichten dann dünner besetzt sind bzw. reichere Personen jetzt langsamer akkumulieren. δ ist insbesondere unabhängig von den Anfangsbedingungen n_o und K_o: Solange Sterberate, Sparneigung und Zinssatz konstant bleiben, verändert sich die Schiefe der Verteilung nicht, egal wie groß die Erbvermögen K_o sind und egal, wieviele Personen n_o zu jedem Zeitpunkt erben (1).

Blümle merkt selbst kritisch an, daß es unrealistisch ist, die gleiche Sparquote und Kapitalverzinsung für alle Einkommens- und Vermögensschichten anzunehmen. Stattdessen dürften sich mit steigendem Einkommen und Vermögen höhere Sparquoten und bessere Anlagemöglichkeiten ergeben (2). Hinzu kommt, daß das Modell die Verteilung von Arbeitseinkommen nicht erklärt. Blümle schlägt daher vor, es mit einem Hierarchie-Modell zu ergänzen: "Folglich sind zwei Paretokurven zu addieren, deren eine, bei niedrigeren Einkommen beginnend, steiler abfällt und in einer Einkommenshöhe endet, wo die erst bei höheren Einkommen einsetzende und flacher abfallende Kurve der Besitzeinkommen noch weiter verläuft. Addiert man diese Kurven und zeichnet eine einzige Paretokurve zur Darstellung der Summe, so erklärt sich die systematische Abweichung von der Paretogeraden in Form eines umgekehrten S" (3).

Ob mit Hierarchie-Modell ergänzt oder nicht: Blümles Ansatz leitet die Einkommensverteilung ähnlich mechanistisch ab wie die mathematisch-statist-

---

(1) Der formale Nachweis findet sich in Blümle (1972), Seite 462 f.
(2) Siehe Blümle (1972), Seite 463 f.
(3) Blümle (1972), Seite 474.

ischen ability-Theorien. Aus seinem Modell ist das mikroökonomische Entscheidungskalkül - intertemporale Allokation von Zeit und Einkommen - verschwunden; die Höhe der Sparquote wird nicht über ein Rationalkalkül erklärt, sondern als für alle Einkommensschichten konstant angenommen.

d) Simulationsmodelle

Alle bisher besprochenen Theorien - wie auch die meisten folgenden - sind so konstruiert, daß sie analytisch geschlossen lösbar sind und entweder eine Lognormalverteilung oder eine Pareto-Verteilung von Einkommen und Vermögen begründen. Die geschlossene analytische Lösung kostet jedoch einen hohen Preis: Es sind stark vereinfachte Ansätze notwendig, die meist monokausale Erklärungen liefern, sich auf eine Einkommensart beschränken und institutionelle Regelungen völlig außer acht lassen.

Mikroanalytische Simulationsmodelle (1) stellen demgegenüber komplexe Ansätze dar, die alle Einkommens- und Vermögensarten und ihre Verteilung auf tief gegliederte sozioökonomische Gruppen berechnen und hierfür möglichst viele Einflußfaktoren berücksichtigen. Natürlich ist jetzt eine analytische Bestimmung des Typs der Häufigkeitsverteilung nicht mehr möglich. Es bleibt daher nur die numerische Simulation des Modells mit dem Computer.

Ausgangspunkt dieser Modelle bildet ein Mikrodatenfile, das detaillierte Informationen über die Charakteristika von Personen oder Haushalten einer repräsentativen Stichprobe enthält. Nach diesen empirisch gewonnenen Merkmalen wird eine fiktive Modellbevölkerung generiert. Gleichzeitig werden die relevanten institutionellen Regelungen der Realität in die Modellwelt übertragen. Unter diesen Voraussetzungen beginnt das Computerleben für die fiktiven Wirtschaftssubjekte: Sie gehen zur Schule, zur Arbeit, konsumieren, sparen, heiraten, ziehen Kinder groß, gehen in Ruhestand, werden alt und sterben. Dabei sollen sie sich verhalten wie die Menschen der Realität. Dazu sind in das Modell die besten empirisch ermittelten Verhaltenshypothesen inkorporiert.

---

(1) Mikroanalytische Simulationsmodelle gehen zurück auf Arbeiten von Orcutt (1957), Orcutt u.a. (1961), (1976) sowie Krupp (1968). In der Bundesrepublik wird seit 1971 an der Entwicklung solch komplexer Modelle gearbeitet. Eine Übersicht über Entwicklung, Grundlagen und Anwendungen mikroanalytischer Modelle gegen Krupp und Wagner (1982) sowie Krupp (1978). Zur Beschreibung solcher Modelle siehe Helberger (1982), Krupp u.a. (1981) oder Galler (1980). Anwendungen finden sich beispielsweise in Pryor (1973), Krupp u.a. (1981) oder Helberger (1982).

In der Modellwelt werden somit Prozesse erzeugt, die denen der Wirklichkeit möglichst nahe kommen sollen (1). Mit ihrer Hilfe lassen sich Voraussagen über die Verteilung von Periodeneinkommen, Lebenseinkommen und Vermögen erzeugen. Insbesondere kann untersucht werden, wie redistributive Maßnahmen des Staates diese Verteilungen verändern. Mikroanalytische Modelle spielen daher in der Politikberatung eine große Rolle, weil sie Voraussagen über die distributiven Wirkungen verschiedenster Instrumente der Verteilungspolitik machen und zur Entscheidungsfindung eingesetzt werden können.

Mikroanalytische Simulationsmodelle sind somit der ehrgeizige Versuch, ein empirisches Modell zu schaffen, das ein möglichst getreues Abbild der Realität ist. Sie gehören zu den derzeit besten Instrumenten, mit denen Ökonomen die Wirkungen von Steuern und Transfers auf die Verteilung von Periodeneinkommen, Lebenseinkommen und Vermögen untersuchen können. Sie zeigen dabei detailliert, wie sich die Verteilungssituation speziell interessierender Gruppen der Bevölkerung ändert. Doch sind diese Voraussagen mit Vorsicht zu betrachten.

Die von Simulationsmodellen erzeugten Einkommens- und Vermögensverteilungen hängen, außer von den institutionellen Regelungen und demografischen Entwicklungen insbesondere von den verwendeten Verhaltenshypothesen ab: Die Distribution wird zwar letztlich durch Mikrosimulation über einzelwirtschaftliches Verhalten erklärt; dieses Verhalten aber - und diese Schwäche teilen solche Simulationsmodelle mit anderen mikroanalytischen Ansätzen zur Erklärung der personellen Einkommensverteilung - wird nicht endogen erklärt, sondern vorgegeben. Simulationsmodelle setzen zwar am einzelnen Wirtschaftssubjekt an, sind aber streng genommen keine mikroökonomischen Modelle, weil sie das ökonomische Entscheidungskalkül nicht mehr explizit, sondern nur noch in Form von Übergangswahrscheinlichkeiten und Verhaltenshypothesen enthalten. So wird beispielsweise das Bildungsniveau einer Person nicht über deren rationale Entscheidung, sondern mit Hilfe des Zufallsgenerators erklärt: Er zieht eine gleichverteilte Zufallszahl aus dem Intervall von 0 bis 1 - ist sie größer als die entsprechende empirisch er-

---

(1) Man unterscheidet die Querschnitts- von der Längsschnitts-Simulation. Bei der Querschnitts-Simulation werden jeweils alle Personen der Stichprobe von Jahr t in das Jahr t+1 fortgeschrieben; hingegen wird bei der Längsschnitts-Simulation der Lebenslauf einer Person von ihrer Geburt bis zu ihrem Tode fortschreitend simuliert; erst dann kommt die nächste Person an die Reihe. Näheres siehe bei Helberger (1982), Seite 103 ff.

mittelte Übergangswahrscheinlichkeit, so setzt der Schüler seine Ausbildung fort, ansonsten tritt er ins Berufsleben ein. Auf diese Weise ist sicherge- stellt, daß das empirisch beobachtete Bildungs- und Erwerbsverhalten exakt nachgebildet wird; es entsteht jedoch nicht als Resultat einzelwirtschaft- licher rationaler Entscheidungen, sondern weil jeder einzelnen Person fest- gestelltes Gruppenverhalten aufgezwungen wird (1), sieht man vom stochast- ischen Freiheitsgrad ab, den ihr der Zufallsgenerator läßt. Dieses Kon- struktionsmerkmal begründet zugleich die Schwäche dieser Modelle.

Sie liegt darin, daß sie über die Reaktionen der Wirtschaftssubjekte auf Steuern und Transfers nichts aussagen können, weil sie einzelwirtschaft- liches Verhalten nicht endogen über ein Optimierungskalkül erzeugen. Sie generieren lediglich Verteilungen unter der Annahme, das Verhalten der Wirtschaftssubjekte sei gegeben und ändere sich auf eine Maßnahme der Ver- teilungspolitik hin nicht oder nur in einer vorher festgelegten Weise. Welche "incentives" jedoch von Steuern und Transfers ausgehen, bleibt unge- klärt. Dies aber ist bei verteilungspolitischen Instrumenten oftmals das entscheidende Problem. Mikroanalytische Simulationsmodelle lösen es nicht, sondern präsentieren Alternativ-Rechnungen, basierend auf alternativen Ver- haltenshypothesen.

4. Mikroökonomische Ansätze

In der Literatur findet sich schließlich eine Reihe von Ansätzen, welche die personelle Einkommensverteilung tatsächlich über einzelwirtschaftliche Optimierungskalküle erklären und die - ungeachtet ihrer sonstigen Schwä- chen - die Bezeichnung ökonomische Ansätze auch im strengen Sinne zu Recht tragen: risk-preference-Modelle, job-selection-Modelle, Humankapital- Modelle und life-cycle-Modelle des Arbeitszeit- und Kapitalangebots. Sie werden im folgenden kritisch besprochen.

a) risk-preference-Modelle von Friedman und Pestieau/Possen

In Friedmans risk-preference-Modell (2) gibt es keine sicheren, sondern nur riskante Einkommen, deren Erwartungswert und Streuung von Beschäftigung zu Beschäftigung differieren. Die Wirtschaftssubjekte sind darüber genau in-

---

(1) Siehe dazu Helberger (1982), Seite 100.
(2) Friedman (1953).

formiert; sie unterscheiden sich aber in ihrer Vorliebe fürs Risiko: es gibt risikoscheue Personen, die bereit sind, einen Teil des Erwartungswertes für eine kleinere Streuung des Einkommens zu opfern und es gibt risikofreudige, bereit, sich eine größere Streuung über einen kleineren Erwartungswert zu erkaufen. Friedman nimmt an, jedes Wirtschaftssubjekt verhalte sich rational: es wählt jene Beschäftigung für sich aus, deren Einkommensaussichten den Erwartungswert seines Nutzens maximieren.

Dies würde auf eine bestimmte Einkommensverteilung führen, käme es nicht zu folgenden Reaktionen: Risikoscheue werden versuchen, sich über eine Prämie gegen die Streuung ihrer Einkommen zu versichern - sie werden ihr unsicheres Einkommen gegen ein niedrigeres, aber sicheres Einkommen tauschen. Risikofreudige werden durch Teilnahme an einer Lotterie, die mit kleiner Wahrscheinlichkeit einen großen Gewinn verspricht, den Erwartungswert ihres Nutzens zu steigern versuchen.

Solcher Tausch von Risiken spielt sich - so Friedman - nicht nur bei Versicherungen und in Lotterien ab, sondern in jedem Betrieb, in dem Arbeitnehmern Löhne und Gehälter von einem Unternehmer garantiert werden, der seinerseits das unsichere Residuum Gewinn als Einkommen akzeptiert. Risikotausch ändert so die individuellen Einkommen: Wer sich versichert, hat ein garantiertes Einkommen, wer Lotterie spielt, geht das Risiko des Verlustes ein, besitzt aber auch die Chance auf hohen Gewinn.

Friedman nimmt an, Einkommen und Erwartungswerte der Einkommen innerhalb jeder dieser beiden Gruppen von Wirtschaftssubjekten seien entsprechend individueller Fähigkeiten normalverteilt; gleichzeitig werde aber in einer Gesellschaft mit überwiegend risikoscheuen Personen - Arbeitnehmern - knappe Risikobereitschaft - angeboten von den Unternehmern - mit einer Risikoprämie entlohnt. Dies hat Folgen für die Einkommensverteilung: das durchschnittliche unsichere Einkommen liegt über dem durchschnittlichen abgesicherten Einkommen und streut wegen des ihm anhaftenden Risikos auch stärker. In Abbildung B.1 zeigt Kurve a die Verteilung der Einkommen in der Gruppe der Risikoscheuen, Kurve b die Verteilung in der Gruppe der Risikofreudigen. Beide Häufigkeitsverteilungen vertikal addiert, liefert die gesamtwirtschaftliche Einkommensverteilung, dargestellt in Kurve c (1). Es zeigt sich: "The combined distribution would appear relatively peaked, with

---

(1) Diese Darstellung findet sich in Bronfenbrenner (1971), Seite 59.

an unusually long tail in the direction of higher values of wealth" (1)
- sie hat die linkssteile Form empirischer Verteilungen.

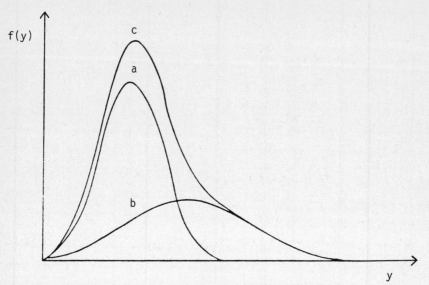

<u>Abbildung B.1</u> Einkommensverteilung im risk-preference-Modell

In Friedmans Modell ergibt sich die Einkommensverteilung als Resultat individueller Wahlhandlungen unter Risiko: Die einzelnen Wirtschaftssubjekte
nehmen eine nach ihren Präferenzen optimale Risikoallokation vor und führen
so eine linkssteile Verteilung herbei. Friedman folgert daraus: " ... one
cannot rule out the possibility that a large part of the existing inequality of wealth can be regarded as produced by men to satisfy their tastes and
preferences" (2). Die Einkommensverteilung ist letztlich "a reflection of
deliberate choice in accordance with the tastes and preferences of the mem-
bers of the society rather than simply an 'act of God'" (3).

Friedman ist sich bewußt, daß eine solche Erklärung der Schiefe der Einkommensverteilung Implikationen für die Verteilungspolitik hat: "Inequalities
resulting from deliberate decisions to participate in a lottery clearly
raise very different normative issues than do inequalities imposed on
individuals from the outside" (4).

---

(1) Friedman (1953), Seite 289.
(2) Friedman (1953), Seite 290.
(3) Friedman (1953), Seite 278.
(4) Friedman (1953), Seite 290.

Friedmans Ergebnis, daß die Risikopräferenz die Schiefe der Einkommensverteilung erklären kann, greifen Pestieau und Possen (1) in einem mikroökonomischen Modell der Vermögensverteilung auf; sie demonstrieren mit Hilfe Gibrats Gesetz der proportionalen Effekte, daß die Verteilung von Vermögen im Laufe von Generationen gegen eine Lognormalverteilung konvergiert, deren Streuung umso größer ist, je risikofreudiger die Wirtschaftssubjekte sind.

Wirtschaftssubjekte besitzen in diesem Modell identische Präferenzen, insbesondere die gleiche Risikoneigung und leben zwei Perioden lang. Eine Person der Generation j erbt ein Geldvermögen K_{jo} und verdient während der ersten Periode ein Arbeitseinkommen $kK_{jo}\tilde{n}$. Von $\tilde{n}$, einem Maß für Fähigkeiten, sind Erwartungswert und Varianz bekannt; k ist ein Skalierungsfaktor. Das Arbeitseinkommen ist somit von den zufällig verteilten Fähigkeiten und den finanziellen Möglichkeiten abhängig. Das Vermögen am Ende der ersten Periode - Erstausstattung K_{jo} plus Arbeitseinkommen $kK_{jo}\tilde{n}$ minus Konsum c_{jo} - wird während der nächsten Periode investiert: ein Teil a in eine riskante Anlage, deren erwartete Verzinsung $\tilde{i}$ größer als i ist, die Rentabilität der sicheren Anlage, die den Rest des Vermögens aufnimmt. Von $\tilde{i}$ ist neben dem Erwartungswert die Varianz bekannt. Das in der letzten Lebensperiode akkumulierte Vermögen wird in Konsum c_{j1} und Vermögen für die Erben K_{j1} aufgeteilt. Es ist daher folgende intertemporale Budgetrestriktion bindend:

$$[K_{jo}+kK_{jo}\tilde{n}-c_{jo}][a(1+\tilde{i})+(1-a)(1+i)] - K_{j1} - c_{j1} = 0 \qquad \text{B.41}$$

Jedes Wirtschaftssubjekt maximiert die gleiche Nutzenfunktion U

$$U = [c_{jo}]^{\Phi}[c_{j1}]^{\Psi}[K_{j1}]^{\gamma} \qquad \text{B.42}$$

und bestimmt so außer seinem optimalen Konsum c_{jo} und c_{j1} das optimale Endvermögen K_{j1}, das den Erben hinterlassen wird:

$$K_{j1} = [a(1+\tilde{i})+(1-a)(1+i)](1+k\tilde{n})K_{jo} \frac{\gamma}{\Phi+\Psi+\gamma} \qquad \text{B.43}$$

Wächst die Bevölkerung mit der Rate m und wird das Erbvermögen gleichmäßig auf die Erben verteilt

$$K_{jo} = K_{j-1,1} \frac{1}{1+m} \qquad \text{B.44}$$

---

(1) Pestieau und Possen (1979).

so läßt sich die Vermögensverteilung von Generation j aus der Vermögensverteilung von Generation j-1 herleiten:

$$K_{j1} = K_{j-1,1} \, u_j \qquad\qquad \text{B.45}$$

mit

$$u_j = \frac{1}{1+m} \, [a(1+\tilde{i})+(1-a)(1+i)](1+k\tilde{n}) \, \frac{\gamma}{\Phi+\Psi+\gamma} \qquad\qquad \text{B.46}$$

B.45 ist nichts anderes als das bekannte Gesetz der proportionalen Effekte von Gibrat. Man erhält daher für die Vermögensverteilung der Generation j:

$$K_{j1} = K_{o1} \prod_{t=1}^{j} u_t \qquad\qquad \text{B.47}$$

Sind die Zufallsvariablen u_t voneinander stochastisch unabhängig und haben mittlerweile genügend Generationen gelebt, so ist nach dem Zentralen Grenzwertsatz K_{j1} lognormalverteilt (1).

Pestieau und Possen zeigen, daß die Streuung der lognormalverteilten Vermögen umso größer ist, je größer der Teil a des Vermögens ist, der in die riskante Anlage investiert wird - je größer also die Risikobereitschaft der Wirtschaftssubjekte ist. Das Modell erlaubt auch, die Wirkung von Steuern zu untersuchen: Lineare Steuern auf die Erträge aus der unsicheren Anlage oder Steuern auf das Arbeitseinkommen, wie auch progressive Steuern auf die Vermögen, machen die Verteilung gleichmäßiger; lineare Steuern auf die Erträge der sicheren Anlage indes erhöhen die Streuung der Vermögen (2).

Beide risk-preference-Modelle rücken die Unsicherheit des Einkommens ins Zentrum der Analyse. Sie gehen jedoch über rein stochastische Ansätze hinaus, weil das mikroökonomische Entscheidungskalkül eine wichtige Rolle bei der Erklärung der Verteilung spielt. Bei Friedman wird die Einkommensverteilung über die optimale Risikoallokation gemäß den Präferenzen der Wirtschaftssubjekte erklärt, bei Pestieau und Possen die Vermögensverteilung über die optimale Allokation des Einkommens auf Konsum, Ersparnis und Vererbung. Beide Ansätze berücksichtigen zusätzlich den Einfluß individueller Fähigkeiten auf die Verteilung. Insofern enthalten sie Elemente stochastischer Theorien und ability-Theorien. Trotzdem liefern sie keine zufrieden-

_____

(1) Siehe dazu auch unter B.II.1.a)
(2) Pestieau und Possen (1979), Seite 767 ff.

stellenden Erklärungen der Einkommens- und Vermögensverteilung, weil stochastische Aspekte - Unsicherheit des Einkommens, Verteilung von Fähigkeiten - eine zu große Rolle spielen und die Analyse der Verteilung von Arbeitseinkommen rudimentär bleibt.

Der Einfluß der Unsicherheit auf Einkommen und Einkommensverteilung geht
in den folgenden Ansätzen indes gänzlich verloren: Die Wirtschaftssubjekte
dieser Theorien leben in einer Welt der Sicherheit und der perfekten Voraussicht. Gleichzeitig konzentrieren sich diese Ansätze - bis auf eine Aus-
nahme - auf die Verteilung der Arbeitseinkommen und lassen Vermögen und
Vermögenseinkommen unberücksichtigt.

b) Tinbergens job-selection-Modell

Job-selection-Modelle basieren auf einer Arbeit Tinbergens (1). Er unterscheidet dort n Fähigkeiten und identifiziert eine Person mit Hilfe ihres
Profils von Fähigkeitsgraden, zusammengefaßt in Vektor T:

$$T = (t_1, t_2 \quad \dots \quad t_n)' \qquad\qquad B.48$$

t_i variiert kontinuierlich und mißt den Grad, in dem jemand mit Fähigkeit i
ausgestattet ist. Ein Arbeitsplatz wird analog identifiziert mit Hilfe seines Profils von Anforderungen, zusammengefaßt in Vektor **S**, die er bei den
n verschiedenen Fähigkeiten an seinen Inhaber stellt:

$$S = (s_1, s_2 \quad \dots \quad s_n)' \qquad\qquad B.49$$

s_i beschreibt hier, welche Anforderungen bei Fähigkeit i ein Arbeitsplatz
stellt. Steht das i-te Element von T und S beispielsweise für Verhandlungs-
geschick, so gibt t_i an, wie gut eine Person damit ausgestattet ist und s_i,
wie sehr diese Fähigkeit auf einem Arbeitsplatz benötigt wird.

Das Einkommen, das auf einem Arbeitsplatz S verdient wird, ist abhängig von
den Anforderungen, die er stellt; es läßt sich mit Hilfe der Entlohnungsfunktion y berechnen:

$$y = y(S) \qquad\qquad B.50$$

---

(1) Tinbergen (1956). Siehe auch Tinbergen (1951), (1957), (1971) sowie
    (1975).

Wie t_i variiert auch s_i stetig; ein Wirtschaftssubjekt sieht sich so einem Kontinuum von Arbeitsplätzen und Arbeitseinkommen gegenüber - einer kontinuierlichen Lohn- und Gehaltsstruktur also.

Tinbergen nimmt an: " ... each individual tries to maximize his utility function ... , supposed to depend on (i) the income ... received for the 'job' he chooses, (ii) the degrees of the attributes of the job s_i representing its difficulty and (iii) the degrees of the attributes t_i characterizing the individual, i.e. his 'abilities'. More specifically we assume that the two latter groups of variables - the s_i and the t_i - affect the individual's well-being only to the extent that there are 'tensions' between them" (1). Tinbergen versucht auf diese Weise das Arbeitsleid über die Divergenz von Anforderungs- und Eignungsprofil zu fassen: Es entsteht bei Überforderung oder Überqualifikation. Das Wirtschaftssubjekt verfügt damit über folgende konkave Nutzenfunktion U:

$$U = U[y(S),S-T] \qquad\qquad B.51$$

Es verhält sich rational, wenn es jenen Arbeitsplatz S wählt, der die Nutzenfunktion U maximiert. Dazu müssen folgende Optimalbedingungen gelten:

$$U_y y_S + U_S = 0 \qquad\qquad B.52$$

B.52 liefert n Gleichungen, aus denen sich das Anforderungsprofil des optimalen Arbeitsplatzes errechnen läßt. Es ist jener Arbeitsplatz, für den bezüglich jeder Fähigkeit gilt: Grenznutzen gleich Grenzleid der Arbeit.

So wie dieses Wirtschaftssubjekt wählt jedes seinen optimalen Arbeitsplatz und bietet sich auf dem Arbeitsmarkt hierfür an. Auf diese Weise kommt Angebotsfunktional A zustande (2):

$$A = A[S,y(S)] \qquad\qquad B.53$$

---

(1) Tinbergen (1956), Seite 159. Job-selection-Modelle entworfen haben auch Roy (1951) und Mandelbrot (1962). Diese Ansätze unterstellen bei der Wahl des Arbeitsplatzes einkommensmaximierendes, nicht nutzenmaximierendes Verhalten: Ein Wirtschaftssubjekt strebt den Arbeitsplatz an, der ihm angesichts seiner Fähigkeiten das höchste Einkommen beschert. Tinbergens Modell ist damit aus ökonomischer Sicht allgemeiner gefaßt.
(2) Ein Funktional "is a real-valued function defined on a set of functions, that is, the domain is a set of functions". Siehe Intrilligator (1971), Seite 454.

Es gibt an, wie sich das Arbeitsangebot in Anhängigkeit der Lohn- und Gehaltsstruktur y(S) über die unterschiedlichen Arbeitsplätze verteilt. Analog dazu wird aus gewinnmaximierendem Verhalten der Produzenten Nachfrage-
funktional N abgeleitet:

$$N = N[S,y(S)] \qquad \qquad B.54$$

Es zeigt, wie sich die Arbeitsnachfrage der Unternehmen über dem Kontinuum
unterschiedlicher Arbeitsplätze verteilt; auch dies ist von der Lohn- und
Gehaltsstruktur y(S) abhängig.

Gleichgewicht auf dem Arbeitsmarkt erfordert, die Entlohnungsfunktion y(S)
und damit die Gehaltsstruktur so zu bestimmen, daß für jedes S gilt:

$$A[S,y(S)] = N[S,y(S)] \qquad \qquad B.55$$

Wenn Angebot und Nachfrage über das ganze Spektrum unterschiedlicher Arbeitsplätze hinweg gleich sind, dann ist sichergestellt, daß jedes Wirtschaftssubjekt den nachgefragten oder angebotenen Job auch erhalten bzw.
besetzen kann.

Tinbergen wählt n=2 und zeigt für den Fall zweier verschiedener Fähigkeiten, daß bei einer quadratischen Nutzenfunktion (1), starrer Arbeitsnachfrage N = N(S), normalverteilten und stochastisch unabhängigen s_i, normalverteilten und stochastisch unabhängigen t_i sowie bei gleicher Streuung von
s_i und t_i eine Lognormalverteilung der Arbeitseinkommen resultiert.

Tinbergen sieht seine Theorie als "precise description of the mechanism of
income formation in terms of the usual instruments of economic analysis"
(2): Arbeitsangebot und Arbeitsnachfrage, für ein Kontinuum von Teilar-
beitsmärkten formuliert und ins Gleichgewicht gebracht, determinieren Lohnstruktur und Verteilung. Die Schiefe der personellen Verteilung von Arbeitseinkommen wird von Tinbergen letztlich über einzelwirtschaftliche

---

(1) Tinbergen verwendet folgende spezielle Nutzenfunktion:
    $U = a \log y - 0.5b(s_1-t_1)^2 - 0.5c(s_2-t_2)^2$; a, b und c sind Konstante.
(2) Tinbergen (1956), Seite 156. Detaillierte Kritik an Tinbergen findet
    sich in Wegner (1981), Seite 58 ff sowie bei Blümle (1975), Seite 79 f.

Optimierungskalküle der Anbieter und Nachfrager (1) erklärt. Obwohl im Zentrum neoklassischer Theorie angesiedelt, hat das job-selection-Modell gravierende Schwächen: Es erklärt zwar die individuelle Arbeitsplatzwahl und damit die Allokation der Arbeitskräfte auf die Arbeitsplätze, läßt aber andere wichtige ökonomische Entscheidungen unberücksichtigt, denen bedeutender Einfluß auf die Verteilung von Arbeitseinkommen zugeschrieben werden muß.

Zum einen behandelt es die Entscheidung, wieviel seiner verfügbaren Zeit ein Wirtschaftssubjekt auf seinem ausgewählten Arbeitsplatz anbieten und wieviel es als Freizeit nachfragen soll, als exogen. Das labor-leisure-Kalkül ist inzwischen von Hartog (2) in ein job-selection-Modell eingefügt worden. Wie Tinbergen gelingt es auch Hartog mit einer "multicapability theory" sowohl die Gestalt der Verteilungskurve wie auch die Lohnstruktur über nutzenmaximierendes bzw. kostenminimierendes Verhalten von Arbeitsanbietern und Arbeitsnachfragern zu erklären. Durch die Integration des Problems der Allokation von Zeit auf Arbeit und Freizeit ist eine Schwäche des job-selection-Modells beseitigt worden.

Die zweite Schwäche des Ansatzes von Tinbergen resultiert aus seiner statischen Formulierung und findet sich auch in Hartogs Weiterentwicklung: Job-selection-Modelle nehmen die Verteilung invidueller Fähigkeiten als gegeben (3). Dies ist unbefriedigend, weil Fähigkeiten durch Ausbildung beeinflußt werden können; sich auszubilden ist eine ökonomische Entscheidung, die sich über einzelwirtschaftliche Optimierungskalküle erklären läßt. Die optimale Allokation von Zeit auf Ausbildung wird aber im job-selection-Modell nicht berücksichtigt.

Dabei steht hierfür eine bewährte ökonomische Theorie bereit: die Humankapital-Theorie.

----

(1) In Tinbergen (1956) wird die Arbeitsnachfrage noch nicht endogen aus kostenminimierenden Entscheidungen der Unternehmen abgeleitet, sondern als von der Lohnstruktur unabhängig angenommen. In spätere Arbeiten ist das Kalkül der Arbeitsnachfrager jedoch systematisch integriert. Siehe dazu Tinbergen (1971) und (1975).
(2) Hartog (1981).
(3) Es ist ohnehin fraglich, ob ausgebildete Fähigkeiten normalverteilt sind, bedenkt man, daß Bildungsabschlüsse linkssteil verteilt sind. Daß Intelligenzquotienten einer Normalverteilung gehorchen, ist kein Beweis dafür, sondern liegt an der speziellen Meßmethode. Siehe dazu Blümle (1975), Seite 59. In neueren Ansätzen ersetzt Tinbergen Fähigkeiten durch Ausbildungsgrade. Doch auch dann bleibt die Qualifikationsstruktur der Arbeitsanbieter exogen.

c) Humankapital-Modelle von Mincer und Becker

Die Humankapital-Theorie, von Mincer und Becker (1) entwickelt, gilt als "milestone in the evolution of size distribution theory" (2).

In Mincers schooling-Modell sehen sich Wirtschaftssubjekte mit gleichen angeborenen Fähigkeiten verschiedenen Berufen gegenüber, die während unterschiedlich langer Schulausbildung zu erlernen sind und deren Zugang jedermann offensteht. Ausbildung kostet Einkommen von heute, erhöht aber das von morgen: wer sich ausbildet, investiert also in sich; die Investitionskosten kann er an dem Einkommen ablesen, auf das er zugunsten seiner Ausbildung verzichtet - am income forgone (3).

Mincer nimmt an, ein rationales Wirtschaftssubjekt maximiere den Kapitalwert seiner Bildungsinvestitionen - es bestimmt die Länge der Schulausbildung so, daß sein Lebenseinkommen Y(s)

$$Y(s) = \int_s^R y(s)e^{-it}\, dt \qquad\qquad\qquad \text{B.56}$$

größtmöglich wird. y(s) bezeichnet das Periodeneinkommen, das nach einer Ausbildung von s Jahren erzielt wird und bis zum Ende des Erwerbslebens im Alter von R Jahren konstant bleibt.

Differentiation nach s liefert die Bedingung für die optimale Länge der Schulausbildung:

$$\int_s^R y_s e^{-it}\, dt = y(s)e^{-is} \qquad\qquad\qquad \text{B.57}$$

Der Barwert des marginalen Einkommensstroms muß gleich sein dem Barwert des marginalen income foregone. B.57 läßt sich umformen zu:

$$\frac{y_s}{y(s)}\left[1-e^{-i(R-s)}\right] = i \qquad\qquad\qquad \text{B.58}$$

Die linke Seite von B.58 gibt die interne Verzinsung marginaler Ausbildung an, wobei die Länge des Arbeitslebens durch den Faktor $\left[1-e^{-i(R-s)}\right]$ be-

---

(1) Mincer (1958) und (1974) sowie Becker (1962) und (1975).
(2) Blinder (1974), Seite 15.
(3) Direkte Kosten der Ausbildung - Studiengebühren, Lernmittel usw. - werden von Mincer nicht berücksichtigt.

rücksichtigt wird. In dieser Form geschrieben, besagt die Optimalbedingung: Die Schulausbildung ist so lange auszudehnen, bis die marginale Ertragsrate der Ausbildung auf die Höhe des Marktzinses abgesunken ist, der die marginalen Opportunitätskosten der Ausbildung spiegelt.

Wettbewerb unter den Arbeitsanbietern führt - so Mincer - dazu, daß sich die Lebenseinkommen aller Ausbildungsgänge angleichen - der marginale interne Zins in allen Ausbildungsgängen wird bei allen Wirtschaftssubjekten gleich groß und gleich dem Marktzins sein. Wäre dies nicht der Fall, würden beispielsweise Berufe mit langer Ausbildung zu höheren Lebenseinkommen führen als Berufe mit kurzer Ausbildung, so strebten zusätzliche Wirtschaftssubjekte jene attraktiveren Berufe an; die Löhne und Lebenseinkommen würden dort gedrückt, während sie gleichzeitig wegen des geringeren Angebots bei den weniger attraktiven Berufen stiegen. Auf mittlere Sicht käme es zu einem Ausgleich der Lebenseinkommen aller Ausbildungsgänge.

Insbesondere muß dann das Lebenseinkommen einer Ausbildung von s Jahren gleich sein dem Lebenseinkommen ohne Ausbildung:

$$\int_s^R y(s)e^{-it} \, dt = \int_0^R y(0)e^{-it} \, dt \qquad\qquad\qquad B.59$$

Beide Integrale gelöst, liefert eine Beziehung zwischen Periodeneinkommen $y(s)$ und Ausbildungslänge s:

$$y(s) = y(0)e^{is}\left[\frac{e^{-iR} - 1}{e^{-i(R-s)} - 1}\right] \qquad\qquad\qquad B.60$$

Ist das Arbeitsleben genügend lang - R also entsprechend groß - so strebt der Term [...] gegen eins und die Einkommensfunktion vereinfacht sich mit $y_0 = y(0)$ auf:

$$y(s) = y_0 e^{is} \qquad\qquad\qquad B.61$$

In Mincers schooling-Modell erhöht Ausbildung das laufende Arbeitseinkommen exponentiell: Je höher das Bildungsniveau, desto größer fällt die absolute Steigerung des Einkommens aus; prozentual ist die Steigerung konstant - sie ist gleich dem Marktzins i.

Aus B.61 lassen sich direkt Aussagen über die personelle Einkommensverteilung gewinnen: So lange die Dauer der Schulbildung unter den Wirtschafts-

subjekten nicht stark rechts.te l verteilt ist - und in der Realität deutet
nichts darauf hin - gehorchen die Arbeitseinkommen zwangsläufig einer
linkssteilen Verteilung.

Um dies zu zeigen, logarithmiert Mincer B.61 und erhält:

$$\ln y(s) = \ln y_0 + is \qquad\qquad\qquad\qquad B.62$$

Ist s symmetrisch verteilt, so ist auch $\ln y(s)$ symmetrisch, aber $y(s)$
linkssteil verteilt (1). Sind die Ausbildungszeiten gar - wie Mincer annimmt - normalverteilt, gilt für die Arbeitseinkommen eine Lognormalverteilung. Ihre Streuung wird um so größer sein, je stärker die Ausbildungszeiten streuen und je höher der Marktzins oder der marginale interne Zins
von Bildungsinvestitionen ist:

$$\sigma^2[\ln y(s)] = i^2\sigma^2(s) \qquad\qquad\qquad\qquad B.63$$

Sind die Ausbildungszeiten linkssteil verteilt, so läßt sich eine Pareto-
Verteilung der Arbeitseinkommen begründen (2). Dazu sei angenommen, mit der
Dauer der Ausbildung nehme die Zahl der Wirtschaftssubjekte, die diese Aus-
bildung wählten, exponentiell mit der Rate g ab.

$$n(s) = n_0 e^{-gs} \qquad\qquad\qquad\qquad B.64$$

n_0 gibt die Zahl der Personen ohne Ausbildung an. Auf diese Weise erhält
man bei exponentiell steigenden Einkommen exponentiell sinkende Besetzungs-
zahlen - die Voraussetzungen für eine Pareto-Verteilung. Eliminiert man aus
B.61 s und setzt in B.64 ein, so gilt für die Zahl derer, die ein Arbeitseinkommen von y beziehen:

$$n(y) = n_0 \left[\frac{y}{y_0}\right]^{-\frac{g}{i}} \qquad\qquad\qquad\qquad B.65$$

Daraus läßt sich nun durch Integrieren die Zahl der Wirtschaftssubjekte mit
einem Einkommen von y und mehr errechnen:

---

(1) y_0, das Einkommen, das ohne Ausbildung erzielt wird, ist ebenso wie der
    Marktzins i für alle Wirtschaftssubjekte konstant.
(2) Mincer diskutiert diese Möglichkeit nicht. Siehe aber Neumann (1982),
    Seite 288 f.

$$N(y) = \int_{y}^{\infty} n_0 \left[\frac{x}{y_0} \right]^{-\frac{g}{i}} dx \qquad\qquad B.66$$

Für N(y) erhält man schließlich

$$N(y) = A \, y^{-\alpha} \qquad\qquad B.67$$

mit

$$\alpha = \frac{g}{i} - 1 \qquad\qquad A = \frac{n_0}{\alpha} \, y_0^{(\alpha-1)} \qquad\qquad B.68$$

Wiederum wird die Einkommensverteilung mit höheren Renditen der Ausbildungsinvestitionen ungleichmäßiger - denn mit steigendem i sinkt α.

Mincers schooling-Modell leitet die Schiefe der Einkommensverteilung aus rationalen einzelwirtschaftlichen Entscheidungen über die Allokation von Zeit auf Ausbildung und Arbeit her; es zeigt, daß eine Lognormal- bzw. eine Pareto-Verteilung der Periodeneinkommen mit einer völligen Gleichverteilung der Lebenseinkommen verträglich ist - ein Ergebnis, das auch Beckmanns Hierarchie-Modell für den speziellen Fall lieferte, daß jedermann in einem hierarchisch organisierten Unternehmen die gleiche Karriere durchläuft; dann sind die Arbeitseinkommen ebenfalls pareto-verteilt, die Lebenseinkommen aber gleich für alle Personen (1).

In Mincers schooling-Modell enden alle Ausbildungsinvestitionen mit dem Schulabschluß; die Folge davon ist ein übers ganze Erwerbsleben konstantes Arbeitseinkommen. Becker (2) hat Mincers Ansatz verallgemeinert, um über on-the-job-training konkave Lebenseinkommensprofile erklären zu können: Nicht mehr die Dauer der Schulausbildung bestimmt das Einkommen einer Person, sondern Höhe und Rentabilität ihrer bisherigen Bildungsinvestitionen sind dafür maßgebend.

Die Höhe einer Bildungsinvestition c(t) liest Becker an dem Einkommen ab, das ihretwegen geopfert werden muß; während der Schulzeit beträgt das income foregone das volle potentielle Einkommen, während des on-the-job-training einen mehr oder minder großen Teil davon. Diese Bildungsinvestition verzinst sich mit einer bestimmten internen Rendite r[c(t)] (3).

---

(1) Siehe Beckmann (1974), Seite 140 ff bzw. unter B.II.3.a)
(2) Siehe Becker (1975), Seite 95 ff. Auch Mincer (1974) hat sein Modell erweitert, um nachschulische Investitionen erfassen zu können.
(3) r[c(t)] ist jener Abzinsungsfaktor, der den Kapitalwert dieser Bildungsinvestition zu null macht.

Kann der Investor zunächst mit Unterstützung durch die Familie, mit Stipen-
dien und zinsgünstigen Bildungsdarlehen rechnen, so muß er schließlich
Kredite aufnehmen, deren Zins einschließlich Risikoprämie mit dem Schuldenstand wächst. Am Ende erreicht der Investor sein Kreditlimit - seine Ange-
botskurve an Bildungsmitteln verläuft, wie in Abbildung B.2 eingezeichnet,
vertikal.

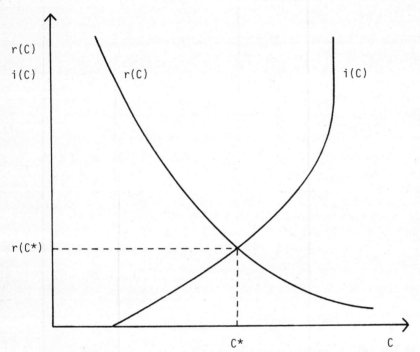

Abbildung B.2 Optimale Investition in Humanvermögen

Der rationale Investor steht vor dem Problem, die Höhe seiner Ausbildungsinvestitionen C so zu bestimmen (1), daß die resultierenden Gewinne maximiert werden. Gewinne errechnen sich als Differenz zwischen Erträgen und
Kosten dieser Investitionen in Humanvermögen:

$$G(C) = \int_0^C r(x)\ dx - \int_0^C i(x)\ dx \qquad\qquad B.75$$

B.75 nach C differenziert und null gesetzt, liefert die Bedingung für die

---

(1) Eigentlich ist das Problem komplexer: Es geht nicht allein darum, das
    optimale C zu bestimmen, sondern auch seine zeitliche Verteilung über
    die Ausbildungsphase. Doch Becker abstrahiert davon. Erst Ben-Porath
    (1967) löste es mit einem kontrolltheoretischen Ansatz vollständig.

optimale Höhe der Ausbildungsinvestition C:

$$r(C) = i(C) \qquad\qquad\qquad B.76$$

Ein rationales Wirtschaftssubjekt wird so lange in seine Ausbildung invest-
ieren, bis die marginale Rendite r(C) auf die Höhe der marginalen Finanzie-
rungskosten i(C) abgesunken ist (1); dann ist der Grenzgewinn von Investitionen in Humanvermögen gleich null.

In Abbildung B.2 beträgt die optimale Investition in Humanvermögen C* bei
einer marginalen Rendite von r(C*). Das Einkommen dieser Person wird durch
die Fläche unter der r(C)-Kurve dargestellt; zieht man davon die Finanzie-
rungskosten - die Fläche unter der i(C)-Kurve - ab, so erhält man die laufenden Gewinne aus dieser Bildungsinvestition C*.

Nicht alle Wirtschaftssubjekte sehen sich gleichen Bildungsbedingungen gegenüber. Wer mehr angeborene Fähigkeiten besitzt, dessen Nachfragekurve
nach Humanvermögen ist nach rechts verschoben: "For a given (dollar) amount
invested, persons with higher demand curves receive higher rates of return
than others; or looked at differently, they have to invest more than others
to lower the marginal rate to a given level" (2). Für fähigere Personen
sind größere Investitionen in Humanvermögen optimal; sie werden dabei auch
höhere marginale Renditen erzielen - ihre Einkommen sind höher. Abbildung
B.3a zeigt, wie eine Ungleichverteilung angeborener Fähigkeiten, dargestellt durch verschiedene Nachfragekurven nach Humanvermögen, eine Einkom-
mensdifferenzierung bewirkt.

Sind angeborene Fähigkeiten normalverteilt, so sind es auch die Nachfragekurven nach Humanvermögen, die Bildungsinvestitionen C, die marginalen Renditen r(C) und die durchschnittlichen Renditen $\bar{r}$ (3). Gleichzeitig ergibt
sich, wie Abbildung 3a zeigt, eine positive Korrelation zwischen r(C) und
C und damit zwischen $\bar{r}$ und C. Das Arbeitseinkommen - Produkt aus $\bar{r}$ und C -
ist daher zwangsläufig linkssteil verteilt (4). "The economic incentive
given abler persons to invest relatively large amounts in themselves does
seem capable, therefore, of reconciling a strong positive skewness in

---

(1) B.76 ist Mincers Optimalbedingung (B.58) in allgemeinerer Form.
(2) Becker (1975), Seite 110.
(3) Marginale und durchschnittliche Renditen sind positiv korreliert. Siehe
    Becker (1962), Seite 16.
(4) Der Nachweis findet sich bei Craig (1936).

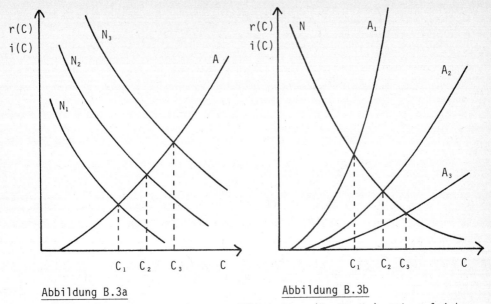

Abbildung B.3a   Abbildung B.3b

Wirkung ungleicher angeborener Fähigkeiten (N_1,N_2,N_3) und ungleicher Finanzierungsmöglichkeiten (A_1,A_2,A_3) auf die personelle Einkommensverteilung.

earnings with a presumed symmetrical distribution of abilities" (1).

Becker nimmt an, daß auch der Zugang zu Bildungsmitteln nicht für alle Personen gleich ist. Abbildung B.3b zeigt, daß Personen mit besseren Finanzierungsmöglichkeiten höhere Investitionen durchführen und höhere Einkommen realisieren. Becker glaubt sogar: "Abler persons are more likely to receive public and private scholarships, and thus have their supply curves shifted downward. Or children from higher-income families probably, on the average, are more intelligent ... it is reasonable to presume a positive correlation between supply and demand conditions, perhaps a sizable one" (2). Dies bedeutet, daß die Einkommensverteilung ungleichmäßiger wird, weil unterdurchschnittlich Begabte jetzt weniger, überdurchschnittlich Begabte mehr Ausbildungsinvestitionen durchführen, verglichen mit der Situation identischer Finanzierungsmöglichkeiten für alle. Die Folge davon: Niedrige Einkommen sinken, hohe steigen.

Die Einkommensverteilung hängt - wie B.72 zeigte - auch von der Verteilung von y_o ab, dem Einkommen, das auch ohne Ausbildung erzielt würde. Es kann

---

(1) Becker (1962), Seite 17.
(2) Becker (1975), Seite 117.

als Maß für angeborene Fähigkeiten und deshalb als normalverteilt angesehen werden. Je kleiner die Investitionen in Humanvermögen einer Person - je größer y_0 im Vergleich zu $\bar{r}C$ - desto stärker ist der Einfluß von y_0 auf die Verteilung von y: "Hence if abilities were symmetrically distributed, earnings would tend to be more symmetrically distributed among the unskilled than among the skilled" (1) - eine Voraussage von Beckers Humankapital-Theorie, die sich empirisch bestätigen läßt (2).

Bisher wurde unterstellt, alle Personen hätten ihre Ausbildung abgeschlossen. Trifft dies nicht zu, sind die realisierten Einkommen gemäß B.69 um die laufenden Bildungsinvestitionen kleiner als die potentiellen. Diese Investitionen sind im Vergleich zum erzielbaren Einkommen in jüngeren Jahren größer als in späteren und wirken deshalb nivellierend auf die Verteilung. Beckers Modell sagt daher voraus, daß Einkommen in höheren Altersgruppen ungleichmäßiger als in jüngeren verteilt sind; auch dies läßt sich empirisch bestätigen (3).

Aus der Sicht der Humankapital-Theorie ist die Schiefe der Einkommensverteilung in der ungleichmäßigen Verteilung von Humanvermögen begründet und somit letztlich als Resultat rationaler Wirtschaftssubjekte zu sehen, die über die Allokation ihrer Ressourcen in der Zeit entscheiden. Mincer glaubt, daß damit "wichtige Aspekte der Bestimmung des Einkommens wieder in das zentrale Gedankengut der ökonomischen Theorie zurückgeholt" (4) worden sind. Blaug sieht für die Humankapital-Theorie "no genuine rival of equal breadth and rigor" (5); sie kann schließlich auf ausgezeichnete empirische Referenzen verweisen (6).

Gegenüber Tinbergens statischem job-selection-Modell hat die Humankapital-Theorie den Vorzug, daß sie individuelle Fähigkeiten nicht als gegeben nimmt, sondern sie über rationale Bildungsentscheidungen erklärt. Leider aber reduziert sie dabei Tinbergens Fähigkeitenvektor T auf den Skalar Humanvermögen - "something that has been neither seen nor touched and which

---

(1) Becker (1962), Seite 48.
(2) Siehe beispielsweise Mincer (1974), Seite 112.
(3) Siehe Mincer (1974), Seite 101.
(4) Mincer (1981), Seite 149.
(5) Blaug (1976), Seite 849.
(6) Für einen ausführlichen Überblick über empirische Forschungsarbeiten siehe Rosen (1977).

some human-capital theorists often seem to tautologically define as 'that which raises earning power by r %'" (1). Gleichwohl enthält Beckers Human-kapital-Modell auch eine Theorie der Wahl des Arbeitsplatzes: Jede Person bestimmt das für sie optimale on-the-job-training. Differieren Arbeits-plätze im Ausmaß ihrer Fortbildungsmöglichkeiten, so impliziert ein opti-maler Zeitpfad des on-the-job-training die Wahl einer bestimmten Sequenz von Arbeitsplätzen während des Erwerbslebens - die Wahl einer bestimmten Karriere-Leiter. Freilich unterscheidet die Humankapital-Theorie damit Ar-beitsplätze nur noch anhand des auf ihnen möglichen on-the-job-training; sie vernachlässigt all die anderen Charakteristika, die in Tinbergens Mo-dell Arbeitsplätze identifizieren (2). Dafür aber wird das job-selection-Problem dynamisch und nicht wie bei Tinbergen statisch behandelt (3).

Hatte Tinbergens job-selection-Modell die Einkommensverteilung klassisch-ökonomisch über Angebot, Nachfrage und Gleichgewicht auf den Arbeitsmärkten bestimmt, so erklärt die Humankapital-Theorie von Becker die Verteilung lediglich angebotsseitig: Mit dem Arbeitsangebot steht zugleich das Ar-beitseinkommen einer Person fest; dies impliziert die Annahme, jedermann finde jederzeit eine seiner Ausbildung und seinen Fortbildungswünschen ent-sprechende Stelle.

Aber auch als Angebotstheorie ist die Humankapital-Theorie unvollständig: Weil sie einkommensmaximierende und nicht nutzenmaximierende Wirtschafts-subjekte unterstellt, muß die Arbeitszeit-Freizeit-Entscheidung unberück-sichtigt bleiben. Dies ist ein Mangel, weil Arbeitseinkommen nicht nur von der Ausbildung, sondern auch von der Arbeitszeit abhängen und empirische Untersuchungen darauf hindeuten, daß besser ausgebildete Arbeitskräfte eine längere tägliche Arbeitszeit wählen und zudem länger im Erwerbsleben stehen (4). Unbefriedigend an der Humankapital-Theorie ist auch, daß sie die Ver-teilung von Vermögen und Vermögenseinkommen nicht erklärt; Beckers Modell

---

(1) Blinder (1974), Seite 15.
(2) Siehe dazu auch Hartog (1981), Seite 11.
(3) Die Möglichkeit der freien Arbeitsplatzwahl wird von den screening-Theorien bestritten. Nach ihren Annahmen wählen die Unternehmer die Ar-beitskräfte aus, nicht die Arbeitskräfte die Arbeitsplätze. Der einzel-ne kann diesen worker-selection-Prozeß nur insofern beeinflussen, als er die Wahrscheinlichkeit, ausgewählt zu werden, durch zusätzliche Aus-bildung beispielsweise vergrößern kann. Übersichten über screening-Theorien geben Sahota (1978), Seite 17 ff und Blaug (1976), Seite 845 ff. Als Beispiel eines solchen Ansatzes, aus dem auch die personel-le Einkommensverteilung abgeleitet werden kann, siehe das job-com-petition-Modell von Thurow (1975); eine kurze Besprechung findet sich in Klanberg (1981), Seite 20 f.
(4) Siehe Mincer (1974), Seite 8.

zeigt zwar wie die Ausbildungsentscheidung von den finanziellen Möglichkeiten des Wirtschaftssubjekts abhängt und geht damit weiter als Mincers schooling-Modell, das einen vollkommenen Kapitalmarkt unterstellt; aber auch Beckers Theorie erklärt den Einfluß höherer Ausbildung auf Vermögen und Vermögenseinkommen nicht.

d) Blinders life-cycle-Modell

Blinder (1) hat die von der Humankapital-Theorie ignorierten mikroökonomischen Theorien des Arbeitszeit- und Kapitalangebots zu einem Modell des intertemporalen Faktorangebots zusammengefügt, das er dann mit Erfolg für die Simulation der Einkommens- und Vermögensverteilung in den USA benutzte.

In diesem life-cycle-Modell maximiert jedes Wirtschaftssubjekt unter perfekter Voraussicht den Nutzen N über sein ganzes Leben.

$$N = \int_0^T [U(c) + V(f)]e^{-\rho t} \, dt + Z[K(T)] \qquad \text{B.77}$$

Nutzen stiften Konsumgüter c, Freizeit f und Vermögen K(T), das nach dem Tode des Wirtschaftssubjekts im Alter von T Jahren den Erben hinterlassen wird; die entsprechenden Nutzenfunktionen U(f), V(f) und Z[K(T)] verlaufen konkav; künftiger Nutzen wird mindergeschätzt und mit der Zeitpräferenzrate ρ abdiskontiert. Blinder verlegt den Beginn des "ökonomischen Lebens" eines Wirtschaftssubjekts auf den Zeitpunkt, in dem es einen eigenen Haushalt gründet (2). In diesem Augenblick verfügt es über eine Erstausstattung an Geldvermögen in Höhe von K_o, das sich während des Lebens durch Sparen und Verschulden verändert:

$$\dot{K} = iK + wl - c \qquad \text{B.78}$$

Für Arbeitszeit l und Freizeit f gilt:

$$l + f = 1 \qquad\qquad 0 < f \leq 1 \qquad \text{B.79}$$

Der zeitliche Verlauf des Lohnsatzes w ist exogen vorgegeben.

---

(1) Blinder (1974), Seite 58 ff. Ein ähnliches Modell hatte zuvor Weiss (1972) präsentiert; für einen alternativen Ansatz siehe Heckman (1974). Diese Arbeiten bauen auf Atkinson (1971), Yaari (1964), Friedman (1957), Strotz (1955-56) und Ramsey (1928) auf.
(2) Blinder (1974), Seite 17.

Das Problem des Wirtschaftssubjekts besteht darin, ein Programm [c(t),l(t)] zu finden, das den Lebensnutzen N maximiert und die Restriktionen B.78 und B.79 erfüllt. Über die Hamiltonfunktion H

$$H = [U(c) + V(f) + \mu(iK + wl - c)]e^{-\rho t} \qquad\qquad \text{B.80}$$

ergeben sich als notwendige Bedingungen für ein Nutzenoptimum (1):

$$U_c = \mu \qquad\qquad \text{B.81}$$

$$V_f \geq \mu w \qquad\qquad \text{B.82}$$

$$\dot{\mu} = \mu(\rho - i) \qquad\qquad \text{B.83}$$

$$\dot{K} = iK + wl - c \qquad\qquad \text{B.84}$$

$\mu e^{-\rho t}$ bezeichnet den Grenznutzen des Geldvermögens, abdiskontiert auf den Entscheidungszeitpunkt t=0. Die beiden Differentialgleichungen B.83 und B.84 müssen die Randbedingungen

$$K(0) = K_o \qquad\qquad \text{B.85}$$

$$\mu(T) = Z_{K(T)}e^{\rho T} \qquad\qquad \text{B.86}$$

erfüllen.

B.81 und B.82 liefern die aus dem statischen Fall bekannten Marginalbedingungen für ein Nutzenoptimum: Der Grenznutzen des Konsums muß dem Grenznutzen des Geldvermögens gleich sein bzw. der Grenznutzen der Freizeit muß dem Grenznutzen der Arbeitszeit entsprechen. Ist der Grenznutzen der Freizeit größer als der Grenznutzen der Arbeitszeit, bietet das Wirtschaftssubjekt keine Arbeit an, sondern geht in Ruhestand.

B.83 enthält die Bedingung für die optimale Allokation des Konsums in der Zeit: Konsum ist so übers Leben zu verteilen, daß sich sein Grenznutzen mit der Rate (ρ-i) verändert. Am Ende des Lebens - so Transversalitätsbedingung

---

(1) Für eine Einführung in die Kontrolltheorie siehe Dorfman (1969), Bryson und Ho (1969) oder Takayama (1974); ökonomische Anwendungen finden sich auch in Pitchford und Turnovsky (1977). Die Kontrolltheorie geht zurück auf Pontrjagin u.a. (1964).

B.86 - muß der Grenznutzen des Konsums dem Grenznutzen des Vermögens entsprechen, das den Erben hinterlassen wird.

Aus den notwendigen Bedingungen lassen sich Eigenschaften des optimalen Lebensplans herleiten: B.81 nach t differentiert und B.83 verwandt, zeigt,
wie sich der Konsum während des Lebens ändert:

$$\dot{c} = \frac{U_c}{U_{cc}} (\rho - i) \qquad\qquad B.87$$

Das Modell sagt einen steigenden Konsumpfad voraus, wenn der Zinssatz
größer als die Zeitpräferenzrate ist (1); ist er kleiner als oder gerade
so groß wie die Zeitpräferenzrate, so ist ein fallender bzw. ein konstanter
Konsumpfad optimal (2).

B.82 nach t differentiert, B.81 und B.83 verwandt, zeigt, wie sich die Arbeitszeit während des Lebens ändert:

$$\dot{l} = -\frac{V_f}{V_{ff}} (\rho - i + \frac{\dot{w}}{w}) \qquad\qquad B.88$$

Selbst bei konstantem Lohnsatz (ẇ=0) verändert sich die optimale Arbeits-
zeit während des Lebens des Wirtschaftssubjekts: Sie wird mit zunehmendem
Alter fallen, wenn der Zinssatz größer als die Zeitpräferenzrate ist; eine
Phase des Ruhestandes kann daher, sofern sie überhaupt auftritt, nur am
Ende des Lebens liegen. Ist der Zins kleiner als die Zeitpräferenzrate,
steigt die Arbeitszeit mit dem Alter an; ein eventueller Ruhestand liegt
dann vor der Erwerbsphase am Anfang des Lebens; lediglich wenn Zins und
Zeitpräferenzrate gleich groß sind, ist die optimale Arbeitszeit übers
ganze Leben konstant und unter Umständen null.

Verändert sich der Lohnsatz während des Lebens des Wirtschaftssubjekts, so
beeinflußt dies das optimale Arbeitsangebot. Nimmt man den Fall $i > \rho$ als
realistisch und unterstellt, daß die Wachstumsrate des Lohnsatzes in jungen Jahren größer als $i-\rho$, in späteren Jahren aber kleiner als $i-\rho$ ist, so
resultiert daraus ein erst ansteigendes und dann fallendes Arbeitszeitpro-

---

(1) Konkaver Verlauf der Nutzenfunktion impliziert positive erste und ne-
    gative zweite Ableitung.
(2) Ist $i > \rho$, so lohnt Konsumverzicht in der Gegenwart zugunsten von künf-
    tigem Konsum; ist $i < \rho$, dann ist es rational Konsum aus der Zukunft
    in die Gegenwart zu verlagern. Aus diesem Kalkül folgen die steigenden
    und fallenden Konsumpfade des Modells.

fil; es erreicht ein Maximum, wenn die Wachstumsrate des Lohnsatzes gerade i-ρ beträgt (1).

Das optimale Lebensprogramm [c(t),l(t)] impliziert einen bestimmten Verlauf des Arbeitseinkommens y, des Geldvermögens K und des Zinseinkommens z während des Lebens der Wirtschaftssubjekte. Blinder läßt Präferenzen und die Erstausstattung der Wirtschaftssubjekte mit Geldvermögen variieren und simuliert die Verteilung von Lebenseinkommen Y und full wealth W; er berechnet Gini-Koeffizienten, die etwa 30 Prozent unter den Gini-Koeffizienten für die Verteilung der Jahreseinkommen liegen; die simulierten Jahreseinkommen wiederum sind ähnlich wie die Jahreseinkommen in der Realität verteilt.

Blinders Studie war der erste Versuch, die Verteilung von Periodeneinkommen und Lebenseinkommen über ein mikroökonomisches Modell des intertemporalen Faktorangebots zu erklären und zu vergleichen. Die Ergebnisse deuten auf einen erfolgversprechenden Weg hin, obwohl das simulierte Modell lediglich Arbeitszeit und Konsum während des Lebensverlaufs eines Wirtschaftssubjekts endogen erklärt und die für das Einkommen wohl wichtigste Entscheidung - die Ausbildungsentscheidung - als getroffen annimmt. Lohnsätze müssen daher exogen vorgegeben werden. Wie unbefriedigend dies ist, zeigen Blinders eigene Rechnungen, nach denen 40 Prozent der Ungleichverteilung der Jahreseinkommen verschwinden würden, verdiente jedermann den gleichen Lohnsatz - fast die Hälfte der simulierten Ungleichverteilung resultiert damit nicht endogen aus Blinders Modell, sondern aus Blinders exogen vorgegebener Verteilung der Lohnsätze. Bedenkt man, daß weitere 30 Prozent auf den Einfluß der Altersstruktur zurückzuführen sind, so kann Blinders Modell nur 30 Prozent des Gini-Koeffizienten der Verteilung von Jahreseinkommen tatsächlich als Resultat individueller rationaler Entscheidungen erklären.

Die Schwäche des Modells - Ausbildungsentscheidungen nicht endogen bestimmen zu können - läßt auch Zweifel an der Verläßlichkeit von Blinders Untersuchungen aufkommen, wie eine negative Einkommenssteuer und Lohnsatz-Subventionen für die Verdiener niedriger Lohnsätze die Verteilung von Lebenseinkommen verändern. Denn diese staatlichen Maßnahmen beeinflussen nicht nur die Arbeitszeit- und Konsumentscheidungen, sondern auch die Ausbildungsentscheidungen (2).

---

(1) Für Einzelheiten siehe Weiss (1972), Seite 1295 ff.
(2) Blinders Ansatz kritisch besprochen haben Sahota (1976-77), Drazen (1978) und Wood (1976).

III. Elemente einer ökonomischen Theorie der personellen Einkommensverteilung

Die Suche nach einer ökonomischen Theorie der personellen Einkommensvertei-lung verlief ohne großen Erfolg: Keiner der existierenden Ansätze genügte den Anforderungen, wie sie zuvor formuliert worden waren. Eine Reihe von Theorien - stochastische Theorien und ability-Theorien - erklärt die Ein-kommensverteilung nicht ökonomisch: in ihnen taucht das rationale Wirt-schaftssubjekt der ökonomischen Theorie gar nicht auf. Andere Theorien - die mikroanalytischen Ansätze - leiten die Verteilung zwar aus einzel-wirtschaftlichem Verhalten ab, das sie aber nicht endogen erzeugen, sondern als gegeben hinnehmen: in ihnen erscheint der homo oeconomicus erst, nach-dem er seine Allokationsentscheidungen getroffen hat. Nur wenige Ansätze erklären die personelle Einkommensverteilung als Resultat individueller rationaler Entscheidungen und damit im strengen Sinne ökonomisch. Doch auch sie haben Schwächen.

Entweder können sie nur die Verteilung von Arbeitseinkommen herleiten oder nur die Verteilung von Geldvermögen und Zinseinkommen; meist schweigen sie zur Frage, wie Lebenseinkommen verteilt sind und wie Steuern und Transfers auf Allokation und Distribution wirken. Zuweilen sind sie auch statisch formuliert. Die empirisch feststellbare Einkommensverteilung ist aber kein statisches Phänomen, sondern die Augenblicksaufnahme eines dynamischen - bestenfalls stationären - Prozesses; er kommt dadurch zustande, daß die einzelnen Wirtschaftssubjekte einen durch ihre freiwilligen Entscheidungen geprägten Lebenszyklus durchlaufen, zu dem eine individuelle intertemporale Vermögens- und Einkommensmobilität gehört. Die Entscheidungen, welche jenen Lebensverlauf ergeben, gilt es zu erklären.

Eine Theorie der personellen Einkommensverteilung muß daher, wie in B.I ge-zeigt, das intertemporale Faktorangebot eines jeden Wirtschaftssubjekts er-klären. Ein wichtiges Element eines solchen Ansatzes ist daher eine Theorie des intertemporalen Kapitalangebots - eine life-cycle-Theorie der Alloka-tion des Einkommens auf Konsum und Ersparnis (1). Mit ihrer Hilfe kann der

---

(1) Siehe Strotz (1955-56), Yaari (1964), Uzawa (1968), Arrow und Kurz (1969) sowie Blinder (1974), Seite 26 ff. Unsicherheit berücksichtigen Phelps (1962), Yaari (1965) sowie Levhari und Srinivasan (1969); das portfolio-selection-Problem haben Samuelson (1969) und Merton (1969) integriert.

Verlauf von Vermögen und Vermögenseinkommen während des Lebens des Wirtschaftssubjekts hergeleitet werden.

Eine Theorie der personellen Einkommensverteilung muß als zweites wichtiges Element eine Theorie des optimalen Arbeitsangebots enthalten - eine Theorie, welche die intertemporale Allokation von Zeit auf Freizeit, Ausbildung und Arbeit erklärt. Auf diese Weise können der Verlauf des Arbeitseinkommens und die Höhe des Lebenseinkommens einer Person bestimmt werden.

Die neoklassische Ökonomie behandelt die optimale Allokation von Zeit in zwei getrennten Theorien. Im traditionellen statischen Arbeitszeit-Freizeit-Ansatz (1) wird abgeleitet, wie ein nutzenmaximierendes Wirtschaftssubjekt seine verfügbare Zeit auf Freizeit und Arbeit verteilt. Die Ausbildungsentscheidung wird hier als getroffen angenommen. Erklärt wird sie üblicherweise mit der Humankapital-Theorie (2), die zeigt, wie ein einkommensmaximierendes Wirtschaftssubjekt seine verfügbare Zeit optimal für Ausbildung und Arbeit verwendet. Unerklärt bleibt hier die Freizeitentscheidung. Arbeitszeit-Freizeit-Ansatz und Humankapital-Theorie sind daher komplementäre und nicht konkurrierende Theorien (3): Eine Theorie des intertemporalen Arbeitsangebots verlangt, den Arbeitszeit-Freizeit-Ansatz zu dynamisieren und mit einem Humankapital-Modell zu vereinigen.

Schließlich müssen die Theorien des Arbeitsangebots und des Kapitalangebots zu einer allgemeinen Theorie des intertemporalen Faktorangebots zusammengefügt werden. Der Überblick über die Theorien der personellen Einkommensverteilung zeigte, daß wichtige Vorarbeiten dazu schon geleistet sind. Ein dynamisches life-cycle-Modell des Kapitalangebots, in welches der Arbeitszeit-Freizeit-Ansatz eingearbeitet ist, liegt mit den erwähnten Arbeiten von Weiss und Blinder bereits vor. In ein solches Modell müßte nun ein Humankapital-Modell integriert werden.

Das daraus resultierende Modell des intertemporalen Faktorangebots wäre auf dem Weg zu einer ökonomischen Theorie der personellen Einkommensverteilung

---

(1) Siehe dazu Becker (1965), Bender (1977), Luckenbach (1979), Cremer (1982) oder Walter (1982). Unsicherheit berücksichtigen Block und Heineke (1973).
(2) Nach Mincer und Becker haben dynamisch formulierte Humankapital-Modelle vorgelegt: Weizsäcker (1967), Ben-Porath (1967), (1970), Sheshinski (1968), Oniki (1968), (1970), Weiss (1971), Haley (1973), Rosen (1976), Stephan (1976), Williams (1978), (1979) sowie Dietz und Leigh (1981).
(3) Siehe auch Blinder (1974), Seite 16 und 163.

"a major breakthrough" (1). Es bräuchte dann lediglich für viele Wirtschaftssubjekte, deren Präferenzen, Fähigkeiten, Erstausstattungen und Alter sich unterscheiden, durchgerechnet zu werden, um die Verteilung von Periodeneinkommen, Vermögen und Lebenseinkommen sowie die Wirkungen von Steuern und Transfers auf Allokation und Distribution erklären zu können.

Ein solches Modell wird im folgenden Kapitel C präsentiert und analysiert.

---

(1) Blinder (1974), Seite 163.

C. Das intertemporale Faktorangebot eines
rationalen Wirtschaftssubjekts

> "Yet, unless one denies the relevance of rational optimizing behavior to economic activity in general, it is difficult to see how the factor of individual choice can be disregarded in analyzing personal income distribution, which can scarcely be independent of economic activity.
> The starting point of an economic analysis of personal distribution must be an explanation of the implications of the theory of rational choice."
>
> Jacob Mincer

In diesem Kapitel wird versucht, mit einem life-cycle-Modell das intertemporale Arbeits- und Kapitalangebot eines rationalen Wirtschaftssubjekts zu erklären. Dieses dynamische Modell ist das Kernstück der in dieser Arbeit vorgeschlagenen Theorie der personellen Einkommensverteilung: Es wird benutzt, um in Kapitel D die Verteilung von Periodeneinkommen, Vermögen und Lebenseinkommen zu simulieren und um in Kapitel E die Wirkung von Steuern und Transfers auf intertemporales Faktorangebot und Einkommensverteilung zu studieren.

Teil I stellt dieses Modell vor, das die optimale Allokation von Zeit auf Freizeit, Ausbildung und Arbeit sowie die optimale Allokation von Einkommen auf Konsum und Ersparnis während des ganzen Lebens eines rationalen Wirtschaftssubjekts erklären kann. Obwohl so einfach wie möglich gehalten, ist das Modell zu komplex, als daß es noch analytisch geschlossen lösbar wäre. Um die intertemporalen Allokationsentscheidungen, die aus nutzenmaximierendem Verhalten resultieren, in einzelnen demonstrieren zu können, bleibt nur die numerische Lösung; dazu müssen Form und Parameter der im Modell verwendeten Nutzenfunktionen, der Produktionsfunktion für Humanvermögen sowie der Transformationskurve für Einkommen und Ausbildung spezifiziert werden. Auch hierbei wird so einfach wie möglich verfahren. Trotzdem ist die numerische Lösung kein triviales Problem.

Teil II präsentiert die Lösung des Modells für ein repräsentatives Wirtschaftssubjekt. Ausführlich wird vorgeführt, welche verschiedenen Lebensperioden - Schulzeit, on-the-job-training, Arbeitsphase und Ruhestand - das
Modell endogen erzeugt und in welcher Reihenfolge sie ein rationales Wirtschaftssubjekt durchläuft. Arbeitszeit, Lohnsatz, Arbeitseinkommen, Konsum,
Ersparnis, Geldvermögen, Zinseinkommen und Gesamteinkommen: die Zeitpfade
all dieser Größen werden genau analysiert und mit empirisch ermittelten
Verläufen verglichen. An dieser Stelle zeigt sich erstmals die erstaunliche
Erklärungskraft dieses Modells des intertemporalen Faktorangebots.

Teil III demonstriert, wie sich der optimale Lebensplan des nutzenmaximierenden Wirtschaftssubjekts ändert, wenn Parameter des Modells variieren.
Diese komparativ-dynamischen Untersuchungen verursachen einigen mathematischen Aufwand, sind aber nötig, um Einblick in die Dynamik der intertemporalen Allokationsentscheidungen zu gewinnen. Insbesondere kann gezeigt
werden, wie ein rationales Wirtschaftssubjekt sein Leben ändert, wenn seine
Erstausstattung mit Geldvermögen, seine Vorliebe für Freizeit oder seine
angeborenen Fähigkeiten variieren. Diese Untersuchungen stehen schon im
Dienste des nächsten Kapitels, in dem die Einkommens- und Vermögensverteilung simuliert wird; denn dort unterscheiden sich die Wirtschaftssubjekte
der Modellwelt gerade bei diesen Parametern. Auch bei den komparativ-dynamischen Analysen macht das Modell Vorhersagen, die empirischen Ergebnissen
standhalten - es scheint daher als "starting point" einer ökonomischen Erklärung der personellen Einkommensverteilung geeignet zu sein, wie ihn
Mincer im Eingangszitat zu diesem Kapitel fordert.

I. Die intertemporale Allokation der Ressourcen

Die Literatur berichtet von einigen wenigen Versuchen, ein Humankapital-
Modell mit einem dynamischen Arbeitszeit-Freizeit-Ansatz zu vereinigen. Zu
ihnen zählt eine Arbeit von Blinder und Weiss (1). Für die Simulation der
personellen Einkommensverteilung schied dieses Modell jedoch aus, weil es,
wie Driffill (2) und jüngst McCabe (3) gezeigt haben, für ein Wirtschaftssubjekt mit höherer Erstausstattung an Geldvermögen einen zeitlebens gerin-

(1) Blinder und Weiss (1974), (1976).
(2) Siehe Driffill (1980), (1977), Seite 85 ff.
(3) Siehe McCabe (1983).

63

geren Konsum und ein kleineres Vermögen für die Erben vorhersagt. Die gleiche unrealistische Konsumreaktion zeigt das Modell von Ryder, Stafford und Stephan (1) wie auch das Modell von McCabe (2). Die Ansätze von Blinder und Weiss sowie von Ryder, Stafford und Stephan können im Gegensatz zu anderen alle in der Realität beobachtbaren Lebensperioden endogen erzeugen: Schulzeit, on-the-job-training, Arbeitsphase (3) und Ruhestand. Bei McCabe fehlt das on-the-job-training.

Ein alternatives Modell von Heckman (4) besitzt die unangenehme Eigenschaft, daß Investitionen in Humanvermögen - die Ausbildung einer Person - von der Erstausstattung mit Geldvermögen unabhängig sind: "Inequality in bequests does not cause inequality in human capital stocks and wage rates" (5). Dies widerspricht aber empirischer Erfahrung. Ferner kann Heckmans Modell genau genommen keine Phase der Schulzeit und des Ruhestandes erklären.

In der Literatur findet sich auch ein Modell von Ghez und Becker (6); im Gegensatz zu den übrigen Ansätzen unterstellt es keine substitutionale, sondern eine komplementäre Beziehung zwischen Freizeit und Marktgütern: Das Wirtschaftssubjekt muß nutzenstiftende Konsumleistungen unter Zeitaufwand aus den Marktgütern produzieren; dieses Modell erfordert eine zusätzliche Produktionsfunktion und wird daher beträchtlich komplexer ohne erkennbaren Vorteil für die Erklärung der personellen Einkommensverteilung. Außerdem legen Ghez und Becker keinen besonderen Wert auf die Erklärung der verschiedenen Lebensphasen.

Für die Simulation der Einkommensverteilung zu aufwendig sind schließlich zwei Modelle, welche die intertemporale Allokation der Ressourcen nicht für Einzelpersonen, sondern für einen mehrköpfigen Haushalt erklären. Sie stammen von Franz und König (7) sowie Cohen und Stafford (8).

(1) Siehe Ryder, Stafford und Stephan (1976).
(2) Siehe McCabe (1975).
(3) Unter Arbeitsphase ist hier und im folgenden jener Teil des Erwerbslebens zu verstehen, während dessen Verlauf das Wirtschaftssubjekt sich nicht mehr fortbildet: zwischen dem Ende des on-the-job-training und dem Ruhestand. Siehe dazu Mincer (1974), Seite 64 ff.
(4) Heckman (1976). In Heckman (1976a) findet sich ein ähnliches Modell.
(5) Heckman (1976), Seite S23.
(6) Siehe Ghez und Becker (1975).
(7) Franz und König (1984) bestimmen das intertemporale Arbeits- und Kapitalangebot eines zweiköpfigen Haushalts.
(8) In Cohen und Stafford (1974) wird über die Zahl der Kinder sogar die Familiengröße ökonomisch bestimmt.

Das in dieser Arbeit präsentierte Modell des intertemporalen Faktorangebots wird den "stylized facts" der Realität besser gerecht als die angeführten Ansätze. Es ist so einfach wie möglich konstruiert, um den numerischen Aufwand bei der Simulation der Einkommensverteilung vertretbar zu halten. In ihm finden sich Elemente aus den Modellen von Heckman sowie von Blinder und Weiss wieder, die teils übernommen, teils modifiziert und ergänzt wurden.

1. Das Lebenszyklus-Modell

Betrachtet wird ein rationales Wirtschaftssubjekt, das perfekte Voraussicht besitzt und den Nutzen über sein ganzes Leben, das von t=0 bis t=T reicht, maximiert. Nutzen stiften Konsumgüter c(t), Freizeit f(t), Humanvermögen H(t) (1) und Geldvermögen K(T), das den Erben hinterlassen wird. Künftige Nutzenströme werden mit der konstanten Zeitpräferenzrate ρ abdiskontiert (2). Damit läßt sich für das Lebensnutzenfunktional N schreiben (3):

$$N = \int_0^T U(c,f,H,t)e^{-\rho t}\, dt + Z[K(T)] \qquad\qquad C.1$$

Nutzenfunktion U(c,f,H,t), die sich während des Lebens des Wirtschaftssubjekts ändern kann und Nutzenfunktion Z[K(T)] seien als streng konkav angenommen; sie weisen positive, aber fallende Grenznutzen auf:

$$U_c > 0 \qquad U_f > 0 \qquad U_H > 0 \qquad Z_K > 0 \qquad\qquad C.2$$

$$U_{cc} < 0 \qquad U_{ff} < 0 \qquad U_{HH} < 0 \qquad Z_{KK} < 0$$

---

(1) Humanvermögen taucht bei Blinder und Weiss (1974), (1976), Heckman (1976), (1976a), Ryder, Stafford und Stephan (1976) sowie McCabe (1975) nicht als Argument der Nutzenfunktion auf; dafür aber beispielsweise bei Franz und König (1984). Diese Formulierung der Nutzenfunktion kommt Becker (1964), Seite 1 am nächsten, der über Ausbildungsinvestitionen schrieb: " ... these investments improve skills, knowledge, or health, and thereby raise money or psychic incomes." Später ging der konsumptive Nutzenaspekt von Humanvermögen wieder verloren.

(2) Zur Begründung einer positiven Zeitpräferenzrate, die künftige Nutzenströme perspektivisch verkleinert, siehe Pigou (1960), Seite 24 f, Böhm-Bawerk (1959), Seite 265 ff, Maital und Maital (1977) sowie Olson und Bailey (1981). Strotz (1955-56) liefert Anhaltspunkte, warum eine konstante Zeitpräferenzrate gerechtfertigt erscheint; Uzawa (1968) und Goldman (1969) zeigen die Folgen einer variablen Diskontierungsrate ρ(t); sie könnte ohne Schwierigkeiten in das Modell integriert werden.

(3) Der Zeitindex t einer Variablen wird im folgenden meist weggelassen, um die Schreibweise übersichtlicher zu gestalten.

Ferner sei angenommen, das Wirtschaftssubjekt könne ohne Konsum, Freizeit und Humanvermögen nicht existieren und hinterlasse seinen Erben ein positives Geldvermögen:

$$\lim_{c \to 0} U_c = \infty \qquad \lim_{f \to 0} U_f = \infty \qquad \lim_{H \to 0} U_H = \infty \qquad \lim_{K \to 0} Z_K = \infty \qquad \text{C.3}$$

Nutzenfunktional N kann nur unter einer Reihe von Restriktionen maximiert werden. Da ist zunächst die Zeitbeschränkung des Wirtschaftssubjekts:

$$f + 1 = 1 \qquad\qquad\qquad \text{C.4}$$

l bezeichnet hier jene Zeit, die nicht als Freizeit verbracht, sondern für Arbeit und Ausbildung insgesamt aufgewandt wird. Welcher Teil von 1 der Ausbildung dient, das gibt s an.

Bei s=1 wird alle Zeit, die nicht Freizeit ist, für Ausbildung genutzt; das Wirtschaftssubjekt hat einen Arbeitsplatz gewählt, auf dem nur Humanvermögen produziert wird - es besucht eine Schule.

In der Realität wird ein großer Teil des Humanvermögens nicht in der Schule, sondern am Arbeitsplatz beim on-the-job-training erworben. Von der gesamten Zeit l, die ein Wirtschaftssubjekt dort zubringt, dient offensichtlich ein bestimmter Teil s der Fortbildung und nur der Rest der produktiven Arbeit für das Unternehmen. Unterstellt man einen vollkommenen Arbeitsmarkt, auf dem ein Kontinuum unterschiedlicher Arbeits- und Trainingsgelegenheiten als Arbeitsplätze angeboten und nachgefragt werden, so variiert s stetig (1):

$$0 \leq s \leq 1 \qquad\qquad\qquad \text{C.5}$$

Bei s=0 hat das Wirtschaftsubjekt einen Arbeitsplatz ohne on-the-job-training gewählt: l wird jetzt vollständig als Arbeitszeit verwendet.

---

(1) Die Arbeit folgt hier Blinder und Weiss (1974), (1976). Diese Sicht des Arbeitsmarktes stammt ursprünglich von Rosen (1972), Seite 238: "The nature of the market is such that workers have their choice among all-or-nothing bargains or 'package deals', in which they simultaneously sell the services of their skills and 'purchase' a job offering a fixed opportunity to learn. By the same taken, firms purchase services of skills and at the same time 'sell' jobs offering learning possibilities. The labor market provides a broad range of choice in the matters, for different kinds of work activities offer a wide variety of learning opportunities."

Ausbildung vergrößert das Humanvermögen des Wirtschaftssubjekts - um so mehr, je mehr Zeit es dafür verwendet und je höher sein Bildungsstand bereits ist. Humanvermögen erhöht also nicht nur die Produktivität bei der Arbeit, sondern auch beim Lernen (1). Berücksichtigt man ferner, daß Humanvermögen vergessen oder durch neues Wissen teilweise entwertet werden kann - ausgedrückt durch die Abschreibungsrate δ -, so verändert sich das Humankapital während des Lebens des Wirtschaftssubjekts gemäß

$$\dot{H} = F(H,s,1) - \delta H \qquad\qquad C.6$$

Für die Produktionsfunktion F seien folgende Eigenschaften angenommen (2):

$$F_H > 0 \qquad F_s > 0 \qquad F_1 > 0 \qquad\qquad C.7$$

$$F_{HH} \leq 0 \qquad F_{ss} \leq 0 \qquad F_{11} \leq 0$$

Zu Beginn seines Lebens verfügt das Wirtschaftssubjekt über eine Erstausstattung an Humanvermögen in Höhe von

$$H(0) = H_o \qquad\qquad C.8$$

Investitionen in Humanvermögen verbrauchen Ressourcen und kosten deshalb: Schulausbildung (s=1) kostet den, der sie unternimmt, mindestens das Einkommen, das er sonst erzielt hätte (3). Wer sich am Arbeitsplatz fortbildet (0<s<1), verdient weniger als sein potentielles Einkommen, weil er dem Unternehmen zeitweise nicht produktiv zur Verfügung steht (4); und er verdient um so weniger, je mehr on-the-job-training er gewählt hat. Nur wer sich für einen Arbeitsplatz ohne Weiterbildungsmöglichkeit entscheidet (s=0), verdient sein potentielles Einkommen.

---

(1) Polachek, Kniesner und Harwood (1978) haben gezeigt, daß Fähigkeiten und Lernzeit die wichtigsten Determinanten des Lernerfolgs sind; es scheint daher gerechtfertigt, Humanvermögen und Ausbildungszeit als Argumente der Produktionsfunktion für Humanvermögen zu nehmen. Ben-Porath (1967), (1970) berücksichtigt zusätzlich Aufwendungen für Lernmittel, Mincer (1958), (1974) verwendet Ausbildungszeit als einziges Argument.
(2) Untersuchungen von Heckman (1976a) sowie von Heckman und Polachek (1974) weisen darauf hin, daß die Produktionsfunktion für Humanvermögen konkav in H und linear in der Lernzeit sl verläuft.
(3) Schulgebühren, Lernmittel usw. werden im Gegensatz zu beispielsweise Ben-Porath (1967), (1970) hier nicht berücksichtigt.
(4) Die Analyse beschränkt sich auf generelles Humanvermögen; spezifisches, dessen Kosten das Unternehmen tragen müßte, bleibt außer acht. Siehe dazu Becker (1962) oder Rosen (1972a).

Dieser "trade-off" zwischen Einkommen und Ausbildung sei beschrieben durch die Transformationskurve g(s) aus B.3 und B.4: Sie gibt an, wieviel Prozent seines potentiellen Lohnsatzes rH ein Wirtschaftssubjekt verdient, wenn es einen Arbeitsplatz wählt, auf dem von der dort zugebrachten Zeit l der Teil s für Fortbildung verwendet wird. Wie bekannt, muß für g(s) gelten:

$$g(1) = 0 \qquad g(0) = 1 \qquad g_s < 0 \qquad\qquad C.9$$

Das Einkommen auf einem beliebigen Arbeitsplatz beträgt daher:

$$y = rHg(s)l \qquad\qquad C.10$$

r bezeichnet auch hier den gegebenen und als konstant angenommenen Faktorpreis für Humanvermögen - zu diesem Preis kann das Wirtschaftssubjekt auf dem Arbeitsmarkt beliebige Mengen Humanvermögen anbieten und absetzen. Der realisierte Lohnsatz berechnet sich wie in B.3 zu $w(t) = rH(t)g[s(t)]$.

Weiter gilt für die Ersparnis während des Lebens des Wirtschaftssubjekts:

$$\dot{K} = iK + rHg(s)l - c \qquad\qquad C.11$$

i bezeichnet hier den Faktorpreis für Geldvermögen. Wiederum sei ein vollkommener Markt angenommen - das Wirtschaftssubjekt kann zu diesem Zinssatz beliebige Geldvermögen leihen oder verleihen.

Zu Beginn des Lebens schließlich betrage die Erstausstattung mit Geldververmögen:

$$K(0) = K_o \qquad\qquad C.12$$

Für das rationale Wirtschaftssubjekt stellt sich das Problem, ein Lebensprogramm $[c(t),l(t),s(t)]$ so zu wählen, daß der Lebensnutzen (C.1), ausgehend von gegebener Erstausstattung mit Humanvermögen und Geldvermögen (C.8, C.12), unter den Beschränkungen für die verfügbare Zeit (C.4, C.5) sowie den Restriktionen für die zeitliche Entwicklung von Humanvermögen und Geldvermögen (C.6, C.11) maximiert wird. Dieses Problem kann mit Hilfe der mathematischen Theorie optimaler Prozesse - der Kontrolltheorie - gelöst werden.

2. Die Optimalbedingungen

Die Hamilton-Funktion H für dieses intertemporale Entscheidungsproblem lautet

$$H = \{U(c,f,H,t) + \lambda[F(H,s,l)-\delta H] + \mu[iK+rHg(s)l-c]\}e^{-\rho t} \qquad \text{C.13}$$

mit den Kontrollvariablen $c(t)$, $l(t)$ und $s(t)$, den Zustandsvariablen $H(t)$ und $K(t)$ und den adjungierten Variablen $\lambda(t)e^{-\rho t}$ und $\mu(t)e^{-\rho t}$, die den Grenznutzen des Humanvermögens bzw. des Geldvermögens angeben.

Für ein Maximum von H müssen - unter Beachtung der Kuhn-Tucker-Regel (1) - folgende notwendige Bedingungen erfüllt sein:

$$U_c - \mu = 0 \qquad\qquad\qquad\qquad\qquad \text{C.14}$$

$$U_f - \lambda F_l - \mu r H g(s) = 0 \qquad\qquad 0 < f < 1 \qquad \text{C.15}$$

$$U_f - \lambda F_l - \mu r H g(s) \geq 0 \qquad\qquad f = 1 \qquad\qquad \text{C.16}$$

$$\lambda F_s + \mu r H g_s l \geq 0 \qquad\qquad s = 1 \qquad\qquad \text{C.17}$$

$$\lambda F_s + \mu r H g_s l = 0 \qquad\qquad 0 < s < 1 \qquad \text{C.18}$$

$$\lambda F_s + \mu r H g_s l \leq 0 \qquad\qquad s = 0 \qquad\qquad \text{C.19}$$

Für die Zustandsvariablen und die adjungierten Variablen gelten folgende Bewegungsgleichungen:

$$\dot{H} = F(H,s,l) - \delta H \qquad\qquad\qquad\qquad \text{C.20}$$

$$\dot{K} = iK + rHg(s)l - c \qquad\qquad\qquad\qquad \text{C.21}$$

$$-\dot{\lambda} + \rho\lambda = U_H + \lambda(F_H-\delta) + \mu rg(s)l \qquad\qquad \text{C.22}$$

$$-\dot{\mu} + \rho\mu = \mu i \qquad\qquad\qquad\qquad\qquad \text{C.23}$$

---

(1) Zur Erläuterung der Kuhn-Tucker-Bedingungen siehe Kuhn und Tucker (1951) sowie beispielsweise Baumol (1977), Seite 156 ff.

Gleichzeitig müssen folgende Anfangs- und Endbedingungen erfüllt sein:

$$H(0) = H_o \qquad\qquad\qquad\qquad \text{C.24}$$

$$K(0) = K_o \qquad\qquad\qquad\qquad \text{C.25}$$

$$\lambda(T) = 0 \qquad\qquad\qquad\qquad \text{C.26}$$

$$\mu(T)e^{-\rho T} = Z_{K(T)} \qquad\qquad\qquad\qquad \text{C.27}$$

Diese Optimalbedingungen lassen sich anschaulich ökonomisch interpretieren.

Die Marginalbedingungen C.14 und C.27 enthalten die Regeln für den optimalen Konsum des Wirtschaftssubjekts: Der Grenznutzen des Konsums U_c muß in jedem Augenblick dem Grenznutzen des Geldvermögens μ und am Lebensende zusätzlich dem Grenznutzen des Vermögens für die Erben, $Z_{K(T)}e^{\rho T}$, gleich sein. Auf diese Weise wird die optimale Allokation des Einkommens auf Konsum und Ersparnis gelöst - und in Zeiten, in denen das Einkommen kleiner als der Konsum ausfällt, die optimale Kreditaufnahme festgelegt.

Marginalbedingung C.15 bestimmt die Allokation der verfügbaren Zeit auf Freizeit f und Zeit l, die für Ausbildung und Arbeit genutzt wird: Im Optimum muß das Wirtschaftssubjekt soviel Freizeit wählen, daß der Grenznutzen der Freizeit gerade dem Grenznutzen der Nichtfreizeit gleich ist. Nichtfreizeit wird entweder nur für Ausbildung (s=1) oder nur für Arbeit (s=0) oder beim on-the-job-training (0<s<1) teils für Ausbildung, teils für Arbeit verwendet.

Ist s=1 optimal, muß nach C.15 die verfügbare Zeit so auf Freizeit und Ausbildung aufgeteilt werden, daß der Grenznutzen der Freizeit U_f gleich dem Grenznutzen der Ausbildungszeit λF_l ist (1). Ist s=0 optimal, wird die verfügbare Zeit dann rational für Freizeit und Arbeitszeit verwendet, wenn der Grenznutzen der Freizeit U_f dem Grenznutzen der Arbeitszeit μrH entspricht (2). Ist hingegen on-the-job-training optimal, so ist soviel Freizeit zu wählen, daß der Grenznutzen der Freizeit U_f gerade so groß wie die Summe aus Grenznutzen der Arbeitszeit $\mu rHg(s)$ und Grenznutzen der Ausbildungszeit λF_l ist.

---

(1) Term $\mu rHg(s)$ in C.15 nimmt für s=1 den Wert null an.
(2) Term λF_l in C.15 nimmt für s=0 den Wert null an; ferner gilt g(0) = 1.

C.16 besagt, ein rationales Wirtschaftssubjekt verwendet alle Zeit als Freizeit, wenn der Grenznutzen der Freizeit für f=1 größer oder gleich dem Grenznutzen der Ausbildungs- und Arbeitszeit ist.

Die Marginalbedingungen C.17 - C.19 bestimmen, wie die nicht als Freizeit verwendete Zeit optimal auf Arbeit und Ausbildung aufzuteilen ist: C.18 schreibt vor, so viel on-the-job-training zu wählen, daß der Grenznutzen der Ausbildung λF_s gerade so groß wie der Grenznutzen der Arbeitszeit $-\mu r H g_s l$ ist - der heutige marginale Nutzenverlust wird gerade durch den künftigen marginalen Nutzengewinn aufgewogen (1); das Wirtschaftssubjekt - so C.17 - geht zur Schule, wenn der Grenznutzen der Ausbildung für s=1 größer oder gleich dem Grenznutzen der Arbeit ist; es wählt - so C.19 - schließlich einen Arbeitsplatz ohne on-the-job-training, wenn der Grenznutzen der Ausbildung für s=0 kleiner oder gleich dem Grenznutzen der Arbeit ist.

Diese Marginalbedingungen bestimmen die intratemporale effiziente Allokation der Ressourcen. Die in jedem Augenblick optimalen Werte für $c(t)$, $l(t)$ und $s(t)$ sind gemäß C.14 - C.19 implizite Funktionen der Zustandsvariablen $H(t)$ und $K(t)$ sowie der undiskontierten adjungierten Variablen $\lambda(t)$ und $\mu(t)$. Damit aber das intertemporale Lebensprogramm $[c(t),l(t),s(t)]$ mehr als eine bloße Sequenz effizienter intratemporaler Einzelpläne ist, muß die zeitliche Entwicklung von $H(t)$, $K(t)$, $\lambda(t)$ und $\mu(t)$ modellendogen bestimmt werden. Dies geschieht mit Hilfe der Differentialgleichungen C.20 - C.23; sie müssen den Anfangs- und Endbedingungen C.24 - C.27 gehorchen.

C.20 und C.21 beschreiben, wie sich Humanvermögen und Geldvermögen, ausgehend von den Erstausstattungen H_O und K_O, entlang des optimalen Lebensplans $[c(t),l(t),s(t)]$ in der Zeit entwickeln.

C.22 und C.23 sind schwieriger zu interpretieren. Auf der rechten Seite steht jeweils der zusätzliche Nutzen, der aus einer marginalen Einheit Humanvermögen und Geldvermögen im Zeitpunkt t resultiert. Marginales Humanvermögen beispielsweise stiftet zunächst zusätzlichen konsumptiven Nutzen in Höhe von U_H, ferner Nutzen in Höhe von $\lambda(F_H-\delta)$ gemäß seiner Nettogrenzproduktivität bei der Produktion von neuem Humanvermögen und schließlich Nutzen in Höhe von $\mu r g(s) l$, der aus dem marginalen Arbeitseinkommen fließt.

---

(1) Es gilt: $g_s < 0$, so daß der Ausdruck $-\mu r H g_s l$ positiv ist.

Geldvermögen erbringt zusätzlichen Nutzen in Höhe von μi, der aus dem marginalen Zinseinkommen resultiert.

Auf der linken Seite von C.22 und C.23 steht die negative Veränderung des Grenznutzens des Humanvermögens $\lambda(t)e^{-\rho t}$ bzw. des Grenznutzens des Geldvermögens $\mu(t)e^{-\rho t}$ in der Zeit. Die Differentialgleichungen C.22 und C.23 sagen damit aus, im intertemporalen Optimum sinken die Grenznutzen von Humanvermögen und Geldvermögen in jedem Augenblick um genau soviel, wie Humanvermögen und Geldvermögen gleichzeitig an Nutzen zur Maximierung des Lebensnutzens beitragen. Am Ende des Lebens besitzt Humanvermögen keinen positiven Grenznutzen $\lambda(T)$ mehr, weil es nicht vererbbar ist - im Gegensatz zu Geldvermögen, dessen Grenznutzen $\mu(T)e^{-\rho T}$ dann dem Grenznutzen des Vermögens für die Erben, $Z_{K(T)}$, entspricht (1). Dies schreiben die Endbedingungen C.26 und C.27 vor.

Alternativ können C.22 und C.23 als Bedingungen für die optimale intertemporale Allokation von Humanvermögen und Geldvermögen interpretiert werden. Dazu sei angenommen, das marginale Humanvermögen und Geldvermögen in t resultiere daraus, daß in einem früheren Zeitpunkt auf diese marginalen Vermögen verzichtet werde. In diesem Fall wird der Nutzenzuwachs in t über einen Nutzenverlust erkauft, der darin besteht, daß zwischen den beiden Zeitpunkten auf den Nutzenstrom aus diesen Vermögen verzichtet werden muß. Liegen beide Zeitpunkte nur marginal auseinander, so wird diese Nutzeneinbuße durch den Rückgang der Grenznutzen von Humanvermögen und Geldvermögen, $\lambda(t)e^{-\rho t}$ und $\mu(t)e^{-\rho t}$, beschrieben. So interpretiert, besagen C.22 und C.23, daß entlang der optimalen Zeitpfade der Lebensnutzen durch intertemporale Reallokation von Humanvermögen und Geldvermögen nicht mehr erhöht werden kann, weil jedem Nutzengewinn ein gleich hoher Nutzenverlust gegenübersteht (2).

Sind alle notwendigen Bedingungen C.14 - C.27 erfüllt, dann ist es für das Wirtschaftssubjekt nicht mehr möglich, durch Reallokation seiner Ressourcen den Lebensnutzen zu steigern - jede andere intertemporale Allokation seiner Zeit auf Freizeit, Ausbildung und Arbeit sowie von Einkommen auf Konsum und Ersparnis führt zu Wohlfahrtseinbußen (3).

---

(1) Zur Interpretation der notwendigen Bedingungen bei ökonomischen kontrolltheoretischen Problemen siehe Dorfman (1969), Benavie (1970) sowie Siebert (1984).
(2) Für eine ähnliche Interpretation siehe Wolff (1981), Seite 30 ff.
(3) Streng genommen müßte gezeigt werden, daß auch die hinreichenden Bedingungen erfüllt sind. Dies ist möglich, aber langwierig.

3. Spezifikation des Modells

In den Optimalbedingungen liegen alle Informationen über den nutzenmaxi-
malen Lebensplan [c(t),l(t),s(t)] des Wirtschaftssubjekts verborgen. Um die
optimale intertemporale Allokation der Ressourcen im einzelnen sichtbar zu
machen, muß das Modell gelöst werden; dies gelingt nicht mehr analytisch,
sondern nur noch numerisch. Dazu sind für ein repräsentatives Wirtschaftssubjekt zum einen die Nutzenfunktionen U(c,f,H,t) und Z[K(T)], die Produktionsfunktion für Humanvermögen F(H,sl) sowie die Transformationskurve für
Einkommen und Ausbildung g(s) zu spezifizieren; zum anderen müssen die
Erstausstattungen mit Humanvermögen H_o, Geldvermögen K_o und Lebenszeit T
sowie die Faktorpreise w und i festgelegt werden.

a) Die Nutzenfunktionen

Für die Nutzenfunktion U(c,f,H,t) wird die additive, isoelastische Form

$$N = \frac{c^{1-\alpha}}{1-\alpha} + \xi \frac{f^{1-\beta}}{1-\beta} + \nu t \frac{H^{1-\gamma}}{1-\gamma} \qquad C.28$$

gewählt. Strenge Additivität anzunehmen, ist nicht unproblematisch, weil damit Komplementaritätsbeziehungen zwischen Konsum, Freizeit und Humanvermögen ausgeschlossen sind (1); die numerische Lösung aber wird dadurch
beträchtlich erleichtert.

Analog wird die Nutzenfunktion Z[K(T)] für das zu vererbende Vermögen
spezifiziert:

$$Z = \pi \frac{K(T)^{1-\kappa}}{1-\kappa} \qquad C.29$$

Diese Nutzenfunktionen erfüllen die Konkavitätseigenschaften aus C.2 und
C.3 und haben in der Ökonomie Tradition: Sie spielen eine zentrale Rolle
in der Theorie der Wahlhandlungen unter Risiko (2), bilden die Basis für
Friedmans permanente Einkommenshypothese (3) und werden wegen ihrer ange-

---

(1) Blundell und Walker (1981) halten die Additivitätsannahme für bedenk-
    lich, Houthakker (1960) nennt Gründe, die sie rechtfertigen. Siehe auch
    Brown und Deaton (1972) sowie Philps (1974), Seite 86 ff.
(2) Siehe Pratt (1964) und Arrow (1970).
(3) Siehe Friedman (1957).

nehmen Eigenschaften in vielen ökonomischen Untersuchungen verwendet (1).
Ihre Parameter $-\alpha$, $-\beta$, $-\gamma$ und $-\kappa$ geben jeweils die Elastizität des Grenznutzens an; ξ, ν und π sind als Gewichte zu interpretieren, die das Wirtschaftssubjekt der Freizeit, dem Humanvermögen und dem Vermögen für die Erben relativ zum Konsum von Gütern beimißt. In C.28 ist ν mit t multipliziert, um auszudrücken, daß das Wirtschaftssubjekt der Bildung mit höherem
Alter steigende Bedeutung verleiht (2). Die gewählte Funktionsform ist im
übrigen allgemeiner als die häufig verwandte Bernoulli-Nutzenfunktion (3).

Das Lebensnutzenfunktional N aus C.1 erhält damit die spezielle Form:

$$N = \int_0^T [\frac{c^{1-\alpha}}{1-\alpha} + \xi \frac{f^{1-\beta}}{1-\beta} + \nu t \frac{H^{1-\gamma}}{1-\gamma}]e^{-\rho t} \, dt + \pi \frac{K(T)^{1-\kappa}}{1-\kappa} \qquad C.30$$

Die Präferenzen des Wirtschaftssubjekts sind erst vollständig determiniert,
wenn Werte für α, β, γ und κ, für ξ, ν und π sowie für die Diskontierungsrate ρ gefunden sind. Dies ist das nächste Ziel; dabei wird, wenn immer
möglich, auf empirische Untersuchungen zurückgegriffen.

- α gibt die Elastizität des Grenznutzens des Konsums wieder, oft auch als
Elastizität des Grenznutzens des Einkommens oder des Geldes bezeichnet.

$$-\alpha = \frac{U_{cc} \, c}{U_c} \qquad C.31$$

Schätzungen dieser Größe haben eine lange Geschichte; erste Versuche sind
von Fisher und Frisch unternommen worden (4). Fellner (5) hat später
in den Vereinigten Staaten für Nahrungsmittel eine Elastizität des Grenznutzens von -1.5 errechnet. Powell, Ho und Wilson (6) schätzten, ebenfalls
für die USA, die Elastizität des Grenznutzens zahlreicher Konsumgüter auf
durchschnittlich -1.5; schließlich kam Mera (7) bei einer Analyse der

---

(1) Beispielsweise in Atkinson (1971), Brown (1980), Driffill und Rosen
    (1981), Palmer (1981), Summers (1981) oder Franz und König (1984).
(2) Es hätte die Ergebnisse dieser Arbeit in keiner Weise beeinträchtigt,
    wenn - weniger realistisch - ein konstantes Gewicht für die Nutzenfunk-
    tion von Humanvermögen angenommen worden wäre.
(3) Für $\alpha = \beta = \gamma = \kappa = 1$ wird U zu: $U = \ln c + \xi \ln f + \nu t \ln H$. Für Z
    gilt dann analog: $Z = \pi \ln K(T)$.
(4) Fisher (1927) und Frisch (1932), (1959).
(5) Siehe Fellner (1967).
(6) Siehe Powell, Ho und Wilson (1968).
(7) Siehe Mera (1969).

direkten Steuern in den USA zu dem Schluß, daß - unterstellt man das Prinzip gleicher absoluter Steueropfer - die implizit angenommene Nutzenfunktion des Einkommens von der Form

$$U_y = a\,y^{-1.5} \qquad\qquad a = konstant \qquad\qquad C.32$$

sein muß, was wiederum für die Elastizität des Grenznutzens des Einkommens einen Wert von -1.5 ergibt. Zahlreiche weitere Untersuchungen liefern - wie Brown und Deaton (1) berichten - im Durchschnitt etwas größere absolute Elastizitäten (2); mitunter treten auch beträchtliche Divergenzen auf. Tabelle C.1 zeigt, welche Werte für α diese Untersuchungen implizierten.

Land	Untersuchung	Wert für α
Australien	Byron (1968)	2.1
	Hoa (1968)	1.7 - 4.3
Chile	Powell (1966)	1.5 - 2.5
Großbritannien	Deaton (1972)	2.8
Kanada	Powell (1965)	1.6
Niederlande	Barten (1969)	1.8
	Theil und Brooks (1970)	1.8
	Theil (1971)	1.8
Norwegen	Johansen (1968)	3.0 - 5.0
Spanien	Lluch (1971)	0.4
USA	Fellner (1967)	1.5
	Powell, Ho und Wilson (1968)	1.5
	Mera (1969)	1.5

Tabelle C.1   Übersicht über Untersuchungen zur Ermittlung der Elastizität des Grenznutzens des Konsums; in der Tabelle sind die absoluten Werte dieser errechneten Elastizitäten gegeben - sie entsprechen dem gesuchten α.

---

(1) Siehe Brown und Deaton (1972), Seite 1206.
(2) Einige Methoden zur Bestimmung des Grenznutzens des Konsums beschreibt Maital (1973).

Aus Tabelle C.1 errechnet sich eine durchschnittliche Elastizität des Grenznutzens des Konsums von -2.0 - für das repräsentative Wirtschaftssubjekt wird daher α = 2.0 angenommen.

- β bezeichnet die Elastizität des Grenznutzens der Freizeit:

$$- \beta = \frac{V_{ff}\ f}{V_f} \qquad \text{C.33}$$

Es scheint keine Untersuchung zu existieren, in der die Elastizität des Grenznutzens der Freizeit direkt gemessen wird. Dafür aber gibt es eine Fülle empirischer Arbeiten, die Lohn- und Einkommenselastizitäten des Arbeitsangebots ausweisen (1). Eine davon, die Vermögenseinkommenselastizität des Arbeitseinkommens, wird im folgenden benutzt, um den unbekannten Parameter β zu bestimmen (2). Sie ist definiert als

$$\eta_{1,z} = \frac{d1}{dz}\frac{z}{1} \qquad \text{C.34}$$

und gibt - grob gesprochen - an, um wieviel Prozent sich die angebotene Arbeitszeit 1 ändert, wenn das Vermögenseinkommen z um ein Prozent variiert.

Um den Zusammenhang zwischen dieser Elastizität des Arbeitsangebots und der gesuchten Elastizität des Grenznutzens der Freizeit herzuleiten, wird ein Wirtschaftssubjekt betrachtet, das seinen Nutzen N

$$N = U(c) + V(f) \qquad \text{C.35}$$

unter den Nebenbedingungen

$$w1 + z - c = 0 \qquad \text{C.36}$$

$$f + 1 - 1 = 0 \qquad \text{C.37}$$

maximiert. Im Nutzenoptimum muß der Grenznutzen der Freizeit gleich dem Grenznutzen der Arbeitszeit sein:

---

(1) Einen Überblick über die Vielzahl dieser Untersuchungen geben Killingsworth (1981) sowie Heckman, Killingsworth und MaCurdy (1981).
(2) Im Prinzip eignet sich jede der in den Untersuchungen berechneten Lohn- und Einkommenselastizitäten des Arbeitsangebots zur Bestimmung von β.

$$wU_c - V_f = 0 \qquad \text{C.38}$$

Um die Reaktion des optimalen Arbeitsangebots auf eine marginale Variation des Vermögenseinkommens bestimmen zu können, werden C.36 - C.38 nach z differentiert:

$$
\begin{bmatrix} wU_{cc} & V_{ff} \\ -1 & w \end{bmatrix} \cdot \begin{bmatrix} c_z \\ l_z \end{bmatrix} = \begin{bmatrix} 0 \\ -1 \end{bmatrix} \qquad \text{C.39}
$$

Mit Hilfe der Cramer-Regel (1) lassen sich sofort die Lösungen der Unbekannten c_z und l_z angeben:

$$
\begin{bmatrix} c_z \\ l_z \end{bmatrix} = \frac{1}{\Delta} \begin{bmatrix} V_{ff} \\ -wU_{cc} \end{bmatrix} \qquad \text{C.40}
$$

Δ bezeichnet die Koeffizientendeterminante

$$\Delta = w^2 U_{cc} + V_{ff} \qquad \text{C.41}$$

C.40 in C.34 eingesetzt und umgeformt, liefert schließlich für die Einkommenselastizität $\eta_{l,z}$ des Arbeitsangebots:

$$\eta_{l,z} = \frac{-z}{wl + \dfrac{V_{ff}}{V_f}\dfrac{f}{U_{cc}}\dfrac{U_c}{c}\dfrac{lc}{f}} \qquad \text{C.42}$$

Berücksichtigt man C.31 und C.33, so erhält man die gesuchte Beziehung

---

(1) Zur Erläuterung der Cramer-Regel siehe Henderson und Quandt (1983), Seite 380 ff oder Intrilligator (1971), Seite 489.

zwischen β und der Einkommenselastizität des Arbeitsangebots $\eta_{l,z}$

$$\beta = - \alpha \left[\frac{(1-a)}{\eta} + a\right] b \qquad\qquad C.43$$

mit

$$a = \frac{wl}{wl+z} \qquad\qquad b = \frac{f}{l} \qquad\qquad C.44$$

Angenommen, das repräsentative Wirtschaftssubjekt bezieht 90 Prozent seines Markteinkommens als Arbeitseinkommen und nur 10 Prozent als Vermögenseinkommen (1) und verbringt die Hälfte seiner verfügbaren Zeit als Freizeit, so nimmt a den Wert 0.9 und b den Wert 1 an.

Tabelle C.2 gibt eine Übersicht über empirisch ermittelte Werte der Einkommenselastizität des Arbeitsangebots von Männern. Die Ergebnisse zeigen, daß Freizeit offensichtlich ein normales Gut mit einer allerdings kleinen Einkommenselastizität ist.

Untersuchung	Einkommenselastizität des Arbeitsangebots
Kosters (1969)	0.0 bis -0.023
Hill (1973)	-0.016 bis -0.068
Boskin (1973)	-0.02 bis -0.05
Greenhalgh (1979)	-0.07
Ashworth und Ulph (1981)	-0.02 bis -0.10
Brown, Levin und Ulph (1981)	-0.007 bis -0.029
Killingsworth (1981)	0.0 bis -0.160
Ruffell (1981)	-0.01 bis -0.07

Tabelle C.2   Empirisch ermittelte Einkommenselastizitäten des Arbeitsangebots von Männern (2).

(1) Dies entspricht in etwa den Verhältnissen in einem durchschnittlichen Arbeitnehmerhaushalt in der Bundesrepublik Deutschland; siehe dazu Statistisches Bundesamt (1982), Seite 183 f.
(2) Den einzelnen Untersuchungen liegen teilweise leicht differierende Einkommensabgrenzungen zugrunde.

Nimmt man für $\eta_{1,z}$ den Mittelwert von -0.06, so liefert C.43 mit α = 2.0, a = 0.9 und b = 1 für β den Wert $1.5\overline{3}$ - es scheint daher gerechtfertigt, für das repräsentative Wirtschaftssubjekt β = 1.5 anzunehmen.

- κ bezeichnet in C.29 die Elastizität des Grenznutzens des Vererbungsvermögens K(T):

$$- \kappa = \frac{Z_{KK}\,K}{Z_K} \qquad\qquad C.45$$

Wiederum existiert offensichtlich keine Untersuchung, welche die gesuchte Elastizität direkt schätzt. Dafür liegen einige Arbeiten vor, in denen die "full-wealth-elasticity" $\eta_{K(T),W}$ des Vererbungsvermögens ermittelt wird.

$$\eta_{K(T),W} = \frac{dK(T)}{dW}\,\frac{W}{K(T)} \qquad\qquad C.46$$

siehe Blinder (1974) S. 37

Sie gibt - grob gesagt - an, um wieviel Prozent das den Erben hinterlassene Vermögen wächst, wenn sich der "full wealth" W - gemäß B.15 die Summe aus Lebenseinkommen Y und Erstausstattung mit Geldvermögen K_0 - des Wirtschaftssubjekts um ein Prozent erhöht. Von dieser Elastizität läßt sich auf das unbekannte κ schließen.

Dazu betrachtet man ein Wirtschaftssubjekt, das seinen Lebensnutzen N

$$N = \int_0^T \frac{c^{1-\alpha}}{1-\alpha}\, e^{-\rho t}\, dt + \pi\, \frac{K(T)^{1-\kappa}}{1-\kappa} \qquad\qquad C.47$$

unter den Nebenbedingungen

$$\dot{K} = iK + y - c \qquad\qquad C.48$$

$$K(0) = K_0 \qquad\qquad C.49$$

maximiert. Über die Hamilton-Funktion H

$$H = [\frac{c^{1-\alpha}}{1-\alpha} + \mu(iK + y - c)]e^{-\rho t} \qquad\qquad C.50$$

erhält man mit $\mu(t)e^{-\rho t}$ als Grenznutzen des Geldvermögens K(t) zusätzlich

zu C.48 und C.49 als notwendige Bedingungen für ein intertemporales Nutzenoptimum:

$$c^{-\alpha} = \mu \qquad\qquad\qquad \text{C.51}$$

$$\dot{\mu} = \mu(\rho - i) \qquad\qquad\qquad \text{C.52}$$

$$\mu(T)e^{-\rho T} = \pi\, K(T)^{-\kappa} \qquad\qquad (1) \qquad \text{C.53}$$

C.51 nach t differentiert und C.52 eingesetzt, führt über

$$\dot{c} = -\frac{\rho - i}{\alpha}\, c \qquad\qquad\qquad \text{C.54}$$

auf den optimalen Konsumpfad

$$c(t) = c(0)\; e^{(\frac{i-\rho}{\alpha})t} \qquad\qquad\qquad \text{C.55}$$

C.52 integriert und aus C.51 $\mu(0) = c(0)^{-\alpha}$ berücksichtigt, liefert für t=T:

$$\mu(T) = c(0)^{-\alpha}\, e^{(\rho - i)T} \qquad\qquad\qquad \text{C.56}$$

Aus C.56 und C.53 ergibt sich der optimale Konsum zum Beginn des Lebens als
eine Funktion des Endvermögens:

$$c(0) = [\pi\, K(T)^{-\kappa}\, e^{iT}]^{-\frac{1}{\alpha}} \qquad\qquad\qquad \text{C.57}$$

Für den Konsumpfad läßt sich daher schreiben: *Nicht zum Exponent gehörig*

$$c(t) = [\pi\, K(T)^{-\kappa}\, e^{iT}]^{-\frac{1}{\alpha}} \left[e^{(\frac{i-\rho}{\alpha})t} \right] \qquad\qquad \text{C.58}$$

Beachtet man schließlich, daß - übers ganze Leben gesehen - der Barwert des
Konsumstroms und der Barwert des Endvermögens dem "full wealth" gleich sein
müssen, so erhält man:

$$W = \int_0^T [\pi\, K(T)^{-\kappa} \cdot e^{iT}]^{-\frac{1}{\alpha}} \left[e^{(\frac{i-\rho}{\alpha})t} \right] e^{-it}\, dt + K(T)e^{-iT} \qquad \text{C.59}$$

---

(1) Die notwendigen Bedingungen dieses einfachen life-cycle-Modells sind
    natürlich auch unter C.14 - C.27 enthalten.

Aus C.59 errechnet sich die gesuchte Elastizität $\eta_{K(T),W}$ als:

$$\eta_{K(T),W} = \frac{1}{\frac{\kappa}{\alpha} + \frac{K(T)e^{-iT}}{W}\,(1 - \frac{\kappa}{\alpha})} \qquad\qquad C.60$$

Unterstellt man, der Barwert des Endvermögens, $K(T)e^{-iT}$, sei im Vergleich zum "full wealth" W sehr klein - was realistisch ist -, so ergibt sich für κ die einfache Formel (1):

$$\kappa = \frac{\alpha}{\eta_{K(T),W}} \qquad\qquad C.61$$

Die empirisch ermittelten Elastizitäten des Vererbungsvermögens streuen, wie Tabelle C.3 zeigt, beträchtlich; auch wurden sie meist nicht in Bezug auf "full wealth" W, sondern in Bezug auf das Lebenseinkommen Y errechnet. Sie sind jedoch die einzige Möglichkeit, κ zu schätzen.

Untersuchung	"Full wealth"-Elastizität des Erbvermögens
Menchik (1980)	2.5
Adams (1980)	1.3
Tomes (1981)	1.7
Tomes (1982)	0.93 - 2.93
Menchik und David (1983)	0.29 - 3.92

Tabelle C.3 Empirisch ermittelte Werte für die Elastizität des Erbvermögens in Bezug auf "full wealth" oder Lebenseinkommen.

Für $\eta_{K(T),W}$ = 2.5 erhält das repräsentative Wirtschaftssubjekt mit α = 2.0 ein κ in Höhe von 0.8 - der Grenznutzen des Vererbungsvermögens fällt somit langsamer als der Grenznutzen des Konsums und der Freizeit; dies bedeutet, das Wirtschaftssubjekt betrachtet Vermögen für die Erben im Vergleich zu Konsum und Freizeit als Luxusgut.

Es war keine Untersuchung zu finden, die erlaubt hätte, auf den Parameter γ aus der Nutzenfunktion für Humanvermögen zu schließen. Humanvermögen wird

---

(1) Siehe dazu auch Blinder (1974), Seite 37.

dort als Konsumgut gesehen. Bildung wegen ihres konsumptiven Nutzens nachzufragen, können sich wohl nur wenige leisten - Humanvermögen wird in erster Linie erworben, um den Lebensunterhalt zu sichern. Es wurde daher in
der Nutzenfunktion als Luxusgut modelliert und erhielt die gleiche Elastizität des Grenznutzens wie das vererbte Geldvermögen; γ nimmt wie κ den
Wert 0.8 an.

Die Parameter ξ, ν und π legen fest, welches Gewicht das Wirtschaftssubjekt
der Freizeit, dem Humanvermögen und dem Vermögen für die Erben im Vergleich
zum Konsum von Gütern beimißt. Je größer diese Werte, desto dringlicher
wird das betreffende Gut begehrt. Würde beispielsweise ν gleich 0 gesetzt,
so hätte Humanvermögen keinen konsumptiven Nutzen.

Es war nicht möglich, diese Präferenzparameter empirisch abzusichern: ξ
wurde so justiert, daß das repräsentative Wirtschaftssubjekt während des
Arbeitslebens etwa die Hälfte seiner Zeit als Freizeit verbrachte. Dies
führte auf den Wert 0.4 für ξ. ν erhielt 0.0015 zugeordnet, um auch hier
auszudrücken, daß Humanvermögen als Konsumgut eine untergeordnete Rolle
spielt; π wurde so gewählt, daß das den Erben hinterlassene Vermögen K(T)
höher als die geerbte Erstausstattung an Geldvermögen K_0 ausfiel; dies war
beispielsweise bei $\pi = 0.2$ erfüllt.

Künftige Nutzenströme werden mit der Zeitpräferenzrate ρ abdiskontiert.
Olson und Bailey (1) zeigten, daß es plausibel ist, eine Diskontierungsrate
größer als null, aber kleiner als der Realzins anzunehmen. Im Modell wurde
ρ gleich 0.01 gesetzt (2).

Die bisherige Diskussion zeigte, daß bei der Modellierung der Präferenzen
des repräsentativen Wirtschaftssubjekts nicht immer auf empirische Werte
zurückgegriffen werden konnte. Wie die Simulationen jedoch demonstrierten,
ist keines der qualitativen Ergebnisse des Modells an einen bestimmten
Parameterwert oder an eine bestimmte Parameterkonstellation gebunden. Freilich lassen sich interessante quantitative Auswirkungen auf die intertemporale Allokation der Ressourcen beobachten, wenn einzelne Präferenzparameter
variiert werden. Einige dieser Ergebnisse werden später noch präsentiert.

---

(1) Siehe Olson und Bailey (1981), Seite 7 ff.
(2) Eine Zeitpräferenzrate von 0.01 benutzen beispielsweise auch Driffill
    (1979) und Lee (1981).

b) Die Produktionsfunktion für Humanvermögen

Die Produktionsfunktion für Humanvermögen F(H,s,l) wurde spezifiziert als:

$$F = \sigma H^\epsilon sl \qquad\qquad\qquad C.62$$

Der Niveauparameter σ dieser Cobb-Douglas-Funktion wurde gleich 1.0 gesetzt, nachdem sich keine zuverlässigen empirischen Schätzungen finden
ließen - die ermittelten Werte schwankten zwischen 0.0014 und 45.49 in den
einzelnen Studien (1).

ϵ gibt als partielle Produktionselastizität an, wie gut das Wirtschaftssubjekt sein vorhandenes Humanvermögen zur Produktion von neuem Humanvermögen
zu nutzen versteht.

$$\epsilon = \frac{dF}{dH} \frac{H}{F} \qquad\qquad\qquad C.63$$

Untersuchungen von Haley (2) führten auf Werte zwischen 0.54 und 0.60 für
diesen Fähigkeitsparameter; ähnliche Ergebnisse erzielte Heckman (3), der
ϵ zwischen 0.51 und 0.54 schätzte. Diesen Studien lagen Modelle zugrunde,
die Humanvermögen keinen konsumptiven Nutzen zubilligten. Deshalb sind die
Werte für ϵ wohl überschätzt worden: Bei den Simulationen des hier vorgestellten Modells zeigte sich, daß - wird Humanvermögen aus der Nutzenfunktion entfernt - mit $\epsilon = 0.5$ das Ende der Schulzeit bei etwa 18 Jahren lag;
dieses Ergebnis deckt sich mit den Resultaten von Haley und Heckman. Bil-
ligte man hingegen Bildung auch konsumptiven Nutzen zu, so wurde die
gleiche Ausbildungsdauer bereits bei $\epsilon = 0.35$ erreicht - das repräsentative
Wirtschaftssubjekt erhielt denn auch diesen Wert und nicht 0.5 für ϵ zugeordnet.

In C.62 ist unterstellt, die für Bildung aufgewandte Zeit sl gehe linear
in die Produktionsfunktion für Humanvermögen ein. Dies läßt sich empirisch
bestätigen: Mincer (4) wie auch Heckman (5) schätzten die partielle Produk-

---

(1) Heckman (1976), (1976a) schätzte mit Hilfe verschiedener Modelle σ auf
    0.0014, 1.53, 14.3 - 17.3 sowie auf 45.49; Haley (1976) stieß auf 0.5
    und Rosen (1976) auf 0.16 als Wert für σ.
(2) Siehe Haley (1976), Seite 1233.
(3) Siehe Heckman (1976), Seite S36. In Heckman (1976a) findet sich für ϵ
    der unplausible negative Wert von -6.63.
(4) Siehe Mincer (1970a).
(5) Siehe Heckman (1976a), Seite 250.

tionselastizität jeweils auf 0.99 und Heckman und Polachek (1) stellten fest, daß längere Ausbildungszeiten zu konstanten prozentualen Einkommenszuwächsen führen, was wiederum eine Produktionselastizität von 1.0 impliziert (2).

Mit der Produktionsfunktion von C.62 verändert sich das Humanvermögen während des Lebens des Wirtschaftssubjekts gemäß:

$$\dot{H} = \sigma H^{\varepsilon} s1 - \delta H \qquad\qquad\qquad C.64$$

Die Abschreibungsrate δ wurde auf 0.01 festgelegt, nachdem Schätzungen von Mincer (3) auf 1.2 Prozent sowie von Carliner (4) auf 0.3 bis 0.7 Prozent für 48- bis 60jährige und auf 1.6 Prozent für über 60jährige Personen geführt haben. Haley (5) fand Werte zwischen 0.5 und 4.3 Prozent und Heckman schließlich stieß auf 0.16 Prozent (6) und 3.7 bis 7.0 Prozent (7).

c) Die Transformationskurve für Einkommen und Ausbildung

Das Wirtschaftssubjekt muß, wenn es sich weiterbildet - ob in der Schule oder am Arbeitsplatz - auf mögliches Einkommen verzichten; und zwar auf um so mehr Einkommen, je mehr Zeit für Ausbildung statt für Arbeit verwendet wird. Wieviel Prozent des potentiellen Einkommens bei alternativen Fortbildungsanstrengungen s noch realisiert werden können, beschreibt die Transformationskurve g(s). Sie besitzt die Eigenschaften:

$$g(0) = 1 \qquad\qquad g_s < 0 \qquad\qquad g(1) = 0 \qquad\qquad C.65$$

Die einfachste Funktion, welche diesen Kriterien genügt, wäre g(s) = 1-s.

---

(1) Siehe Heckman und Polachek (1974), Seite 353. Sie bestätigen mit ihrer Schätzung Mincers earnings-function im einfachen schooling-Modell.
(2) Produktionsfunktion F weist mit einer partiellen Produktionselastizität der Ausbildungszeit von eins und des Humanvermögens von kleiner eins einen "market bias" auf: die Produktivität des Humanvermögens steigt bei der Arbeit stärker als bei der Ausbildung; zusätzliche Einheiten Humanvermögen müssen mit steigendem Bildungsniveau zu steigenden marginalen Opportunitätskosten erworben werden. Zur Auswirkung auf den Verlauf der Lebenseinkommensprofile siehe Stephan (1976).
(3) Siehe Mincer (1976), Seite 147.
(4) Siehe Carliner (1982), Seite 32 f.
(5) Siehe Haley (1976), Seite 1233.
(6) Siehe Heckman (1976a), Seite 250.
(7) Siehe Heckman (1976), Seite S36.

Wer seine Arbeitszeit zugunsten von Ausbildung um einen bestimmten Prozentsatz kürzt, vermindert in diesem Fall sein Einkommen um ebenfalls diesen
Prozentsatz - ein Wirtschaftssubjekt wäre indifferent zwischen einer Kombination aus Teilzeitarbeit und Teilzeitschulbesuch und einem Arbeitsplatz
mit entsprechendem on-the-job-training; denn in beiden Fällen wäre das
realisierbare Einkommen gleich hoch.

In der Wirklichkeit ist on-the-job-training und nicht Teilzeitarbeit mit
Schulbesuch die Regel. Blinder und Weiss sehen den Grund darin: "The essen-
ce of learning from experience, as distinct from formal schooling, is that
the work environment facilitates the aquisition of productive skills" (1).
Wenn Fähigkeiten am Arbeitsplatz ressourcensparender erworben werden können, dann muß für die Transformationskurve

$$g(s) > 1-s \qquad\qquad 0 < s < 1 \qquad\qquad\qquad \text{C.66}$$

gelten. Sie verläuft damit, wie in Abbildung C.1 gezeichnet, konkav und hat
als weitere Eigenschaft:

$$g_{ss} < 0 \qquad\qquad\qquad\qquad\qquad\qquad\qquad \text{C.67}$$

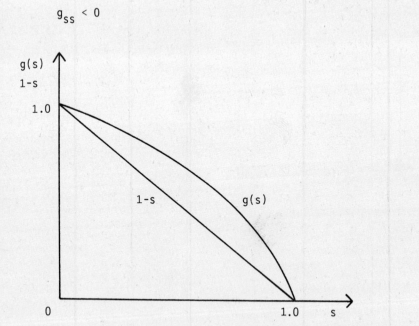

Abbildung C.1 Der Trade-off zwischen Einkommen und Ausbildung

---

(1) Blinder und Weiss (1976), Seite 453. Für eine alternative Begründung
    einer konkaven Transformationskurve siehe Rosen (1972), Seite 333.

On-the-job-training ist jetzt attraktiver als eine Kombination aus Teilzeitarbeit und Schulbesuch, denn der gleiche Zuwachs an Humanvermögen
kostet jetzt weniger income foregone.

Nachdem empirische Untersuchungen zum Trade-off zwischen Einkommen und Ausbildung fehlen, soll für g(s) die einfachste Form gewählt werden, die den
Anforderungen C.65 - C.67 genügt. Setzt man die zweite Ableitung von g(s)
konstant,

$$g_{ss} = -2a \qquad\qquad a > 0 \qquad\qquad\qquad\qquad C.68$$

so erhält man nach zweifacher Integration die Funktion g(s).

$$g(s) = - as^2 + bs + c \qquad\qquad\qquad\qquad C.69$$

Die beiden Integrationskonstanten b und c errechnen sich mit Hilfe von C.65
sofort zu c = 1 und b = -(1-a). Die Transformationskurve g(s) enthält damit
nur noch die Konstante a als Unbekannte:

$$g(s) = 1 - as^2 - (1-a)s \qquad\qquad\qquad\qquad C.70$$

Um sie näherungsweise zu bestimmen, wird g(s) nach a aufgelöst:

$$a = \frac{g(s) - (1-s)}{s(1-s)} \qquad\qquad\qquad\qquad C.71$$

s bezeichnet den Teil der Zeit, der am Arbeitsplatz für Weiterbildung auf-
gewendet wird, g(s) sagt aus, wieviel Prozent des potentiellen Einkommens
dann noch verdient werden. Nimmt man einen Lehrling und unterstellt, daß er
75 Prozent seiner Zeit im Unternehmen der Ausbildung widmet und noch 30
Prozent des Einkommens eines Hilfsarbeiters verdient, so errechnet sich der
unbekannte Parameter a nach C.71 zu 0.2$\overline{6}$. Für a wurde schließlich der Wert
0.3 angenommen. Simulationen zeigten, daß die Lösung des Modells auf
Variationen von a wenig sensibel reagiert (1).

---

(1) Es wird in erster Linie die Länge des on-the-job-training beeinflußt:
     je kleiner a, desto kürzer das on-the-job-training.

d) Erstausstattung mit Humanvermögen, Geldvermögen und Zeit

Die Erstausstattung des Wirtschaftssubjekts mit Humanvermögen H_o zu Beginn seines Lebens wurde auf 1.0 normiert, nachdem keine Hoffnung bestand, dafür empirische Werte zu finden.

Die Erstausstattung mit Geldvermögen K_o bezeichnet im Modell den Barwert aller Transfers, welche die Eltern dem Wirtschaftssubjekt zukommen lassen. Dazu zählen außer den vererbten Vermögen vor allem die Kosten der Erziehung, die als Vorgriff auf das Erbvermögen interpretiert werden können. K_o muß deshalb mindestens so hoch angesetzt werden, daß Kindheit und Jugend schuldenfrei überstanden werden. Im vorliegenden Modell wurde K_o so gewählt, daß das repräsentative Wirtschaftssubjekt etwa die ersten 16 Lebensjahre damit finanzieren konnte. Dies implizierte einen Betrag von 40 Geldeinheiten für K_o. Später wird ausführlich dargelegt, wie die intertemporalen Allokationsentscheidungen durch höhere und niedrigere Erstausstattungen mit Geldvermögen beeinflußt werden.

Die Lebensdauer T des Wirtschaftssubjekts wurde mit 75 Jahren angenommen - ein Wert, welcher der durchschnittlichen Lebenserwartung in Industrieländern entspricht.

e) Die Faktorpreise für Humanvermögen und Geldvermögen

r, der Preis, mit dem eine Einheit Humanvermögen auf dem Arbeitsmarkt entlohnt wird, wurde der Einfachheit halber mit 1.0 angesetzt. Dies hat den Vorteil, daß das Humanvermögen des Wirtschaftssubjekts als potentieller Lohnsatz zu interpretieren ist. Der realisierte Lohnsatz w berechnet sich gemäß B.3 als $rHg(s)$ bzw. $Hg(s)$.

Das Wirtschaftssubjekt kann schließlich Geldvermögen auf dem Kapitalmarkt zum Zinssatz von i verleihen oder leihen. Für i wurde mit 0.04 ein Wert gewählt, der in der Vergangenheit in etwa dem langfristigen Realzins entsprochen hat (1).

---

(1) Siehe Woll (1981), Seite 495.

II. Die Simulation des Lebenszyklus-Modells

Die Präferenzen des repräsentativen Wirtschaftsubjekts sind durch die Werte
der folgenden Parameter charakterisiert worden:

α	β	γ	κ
2.0	1.5	0.8	0.8

ρ	ξ	ν	π
0.01	0.4	0.0015	0.2

$-\alpha$, $-\beta$, $-\gamma$ und $-\kappa$ geben die Elastizität des Grenznutzens des Konsums, der
Freizeit, des Humanvermögens und des Vermögens für die Erben wieder; ξ, ν
und π beschreiben, wie wichtig das Wirtschaftssubjekt Freizeit, Humanvermögen und Vererbungsvermögen im Vergleich zum Konsum von Gütern hält; mit
ρ wird künftiger Nutzen abdiskontiert.

Angeborene Fähigkeiten und Erstausstattungen des Wirtschaftssubjekts sind
spezifiziert durch:

σ	ε	H_0	K_0	T
1.0	0.35	1.0	40.0	75

σ und ε bestimmen den Verlauf der Produktionsfunktion für Humanvermögen:
σ bezeichnet einen allgemeinen Fähigkeitsindex, ε die Produktionselastizität des Humanvermögens. H_0, K_0 und T stellen die Erstausstattungen des
Wirtschaftssubjekts mit Humanvermögen, Geldvermögen und Lebenszeit dar.

Die ökonomische Umwelt des Wirtschaftssubjekts wird durch folgende Parameter beschrieben:

r	i	a	δ
1.0	0.04	0.3	0.01

Auf den Faktormärkten sieht sich das Wirtschaftssubjekt den Preisen r und i für Humanvermögen und Geldvermögen gegenüber; von den Unternehmen werden Arbeitsplätze mit on-the-job-training angeboten, deren Trade-off zwischen Einkommen und Ausbildung durch den Parameter a bestimmt ist. Humanvermögen veraltet schließlich mit der Rate δ.

Das Lebenszyklus-Modell wird nun für das repräsentative Wirtschaftssubjekt numerisch gelöst; dann wird sich zeigen, ob der optimale intertemporale Lebensplan [c(t),l(t),s(t)] den typischen Lebensverlauf der Realität erklären kann.

1. Das intertemporale Allokationsproblem als Randwertaufgabe

Numerisch die Lösung eines Kontrollproblem zu finden, ist im allgemeinen keine triviale Aufgabe. Sie wird leichter, wenn die Optimalbedingungen in ein Randwertproblem übergeführt werden; im vorliegenden Fall besteht es aus einem System von vier nichtlinearen Differentialgleichungen:

$$
\begin{bmatrix} \dot{H} \\ \dot{K} \\ \dot{\lambda} \\ \dot{\mu} \end{bmatrix}
=
\begin{bmatrix}
\sigma H^{\epsilon} sl - \delta H \\
iK + rH[1-(1-a)s-as^2]l - c \\
\lambda(\rho+\delta-\epsilon\sigma H^{\epsilon-1}sl) - \mu r[1-(1-a)s-as^2]l - \nu t H^{-\gamma} \\
\mu(\rho-i)
\end{bmatrix}
\qquad \text{C.72}
$$

Für dieses Differentialgleichungssystem für die Zustandsvariablen H und K und die adjungierten Variablen λ und μ gelten die Randbedingungen:

$$
\begin{bmatrix}
H(0) - H_o \\
K(0) - K_o \\
\lambda(T) \\
\mu(T)e^{-\rho T} - \pi K(T)^{-\kappa}
\end{bmatrix}
= 0
\qquad \text{C.73}
$$

Die Kontrollvariablen c, l und s in C.72 lassen sich nach C.14 - C.19 als Funktionen von $\dot{H}$, K, λ und μ ausdrücken:

$$c = \tilde{c} \qquad\qquad\qquad\qquad\qquad\qquad\qquad\qquad C.74$$

$$l = \begin{cases} 0 & h_3 < 0 \\[2ex] \tilde{l} & \text{sonst} \end{cases} \qquad\qquad\qquad\qquad C.75$$

$$s = \begin{cases} 1 & h_1 > 0 \\[1ex] 0 & h_2 < 0 \\[1ex] \tilde{s} & \text{sonst} \end{cases} \qquad\qquad\qquad\qquad C.76$$

mit

$$\begin{bmatrix} \tilde{c} \\[3ex] \tilde{l} \\[3ex] \tilde{s} \end{bmatrix} = \begin{bmatrix} \mu^{-\frac{1}{\alpha}} \\[3ex] 1 - [\dfrac{\lambda\sigma H^{\epsilon}\tilde{s}l+\mu rH\{1-(1-a)s-as^2\}}{\xi}]^{-\frac{1}{\beta}} \\[3ex] [\dfrac{\lambda\sigma H^{\epsilon}}{\mu rH} - (1-a)]\,\dfrac{1}{2a} \end{bmatrix} \qquad C.77$$

h_1, h_2 und h_3 bezeichnen die drei Schaltfunktionen, deren Nullstellen die Schaltpunkte t_i bestimmen, an denen eine Beschränkung einer Kontrollvariablen wirksam oder unwirksam wird. In diesem Modell haben die Schaltpunkte besondere Bedeutungen: Die Nullstelle von h_1 in t_1 markiert das Ende der Schulausbildung und damit den Beginn des Erwerbslebens; die Nullstelle von h_2 markiert den Zeitpunkt t_2 im Arbeitsleben, an dem das Wirtschaftssubjekt alle Fortbildung beendet und sich einen Arbeitsplatz ohne on-the-job-training sucht. Schließlich beschreibt die Nullstelle von h_3 zum Zeitpunkt t_3 das Ende des Arbeitslebens und den Beginn des Ruhestandes. Diese drei Schaltfunktionen sind definiert als:

$$
\begin{bmatrix} h_1 \\ h_2 \\ h_3 \end{bmatrix} = \begin{bmatrix} \tilde{s} - 1.0 \\ \tilde{s} \\ \tilde{1} \end{bmatrix}
\qquad\qquad \text{C.78}
$$

Das Differentialgleichungssystem C.72 - C.78 für das Intervall [0,T] numerisch zu lösen, bereitete keine besonderen Schwierigkeiten, wenn für alle vier Variablen H, K, λ und μ die Anfangsbedingungen in t=0 gegeben wären. Dann bräuchte lediglich ein Anfangswertproblem integriert zu werden und die Lösung wäre gefunden. Im vorliegenden Fall sind Anfangsbedingungen aber nur für die Zustandsvariablen H und K über die Erstausstattung des Wirtschafts-subjekts mit Humanvermögen und Geldvermögen gegeben. Für die beiden adjun-gierten Variablen λ und μ hingegen fehlen sie; dafür sind für sie Bedingun-gen am Ende des Intervalls in t=T vorgeschrieben. Das Problem bei der Lö-sung des Modells besteht also darin, für die adjungierten Variablen λ und μ die fehlenden Anfangsbedingungen so zu bestimmen, daß das Differential-gleichungssystem auch die Endbedingungen erfüllt. Dies ist im allgemeinen nicht so einfach wie es klingt.

In vielen Fällen führt es nicht zum Ziel, Schätzwerte für die fehlenden An-fangsbedingungen zu nehmen, zu integrieren und diese Schätzwerte von Itera-tion zu Iteration so abzuändern, daß die Endbedingungen für λ und μ immer besser getroffen werden. Denn das Differentialgleichungssystem C.72 - C.78 reagiert unter Umständen sehr empfindlich selbst auf kleine Variationen der Startwerte. In der Praxis führt dies dazu, daß der Algorithmus nicht gegen die richtige Lösung konvergiert (1).

Diesem einfachen "Schießverfahren" ist die Mehrzielmethode überlegen (2). Sie unterteilt das Intervall [0,T] in m Teilintervalle und macht aus einem

---

(1) Siehe dazu Stoer und Bulirsch (1973), Seite 164 ff.
(2) Für eine ausführliche Beschreibung der Mehrzielmethode siehe Bulirsch (1971).

91

Anfangswertproblem auf diese Weise m-1 solcher Anfangswertprobleme; für jedes Teilintervall sind nun geschätzte Startwerte bereitzustellen. Wird über [0,T] integriert, so werden an den Intervallgrenzen Endwerte und Startwerte im allgemeinen nicht übereinstimmen und die Endbedingungen verletzt sein. Bei jeder Iteration werden an den Startwerten der Teilintervalle daher Korrekturen angebracht. Gelingen diese Korrekturen derart, daß die Sprünge an den Intervallgrenzen immer kleiner und auch die Endbedingungen erfüllt werden, so erhält man schließlich eine durchgehend glatte Trajektorie - die fehlenden Anfangsbedingungen sind gefunden, das Randwertproblem ist gelöst. Der Vorteil der Mehrzielmethode gegenüber dem Zwei-Punkt-Schießverfahren liegt in ihren besseren Konvergenzeigenschaften begründet.

Das vorliegende Randwertproblem ist nach der Mehrzielmethode mit Hilfe des Programmpakets OPTSOL gelöst worden, das Prof. Dr. Roland Bulirsch (Technische Universität München) entwickelt hatte und freundlicherweise zur Verfügung stellte (1). OPTSOL erlaubt die Lösung von Randwertproblemen, wie sie sich aus kontrolltheoretischen Aufgabenstellungen ergeben; es vermag systematisch Beschränkungen von Kontrollvariablen und Zustandsvariablen zu berücksichtigen (2).

2. Der Lebensverlauf des repräsentativen Wirtschaftssubjekts

Der homo oeconomicus dieser einfachen Modellwelt beginnt sein Leben mit einer längeren Zeit der Schulausbildung (Phase I); sie endet im Alter von 17.92 Jahren. Danach tritt er in das Arbeitsleben ein und besetzt einen Arbeitsplatz mit on-the-job-training (Phase II); die Fortbildung im Unternehmen nimmt zunächst den überwiegenden Teil des Arbeitstages ein, so als ob das Wirtschaftssubjekt eine Berufsausbildung absolvierte; je älter es wird, desto weniger on-the-job-training wird gewählt. Schließlich beendet es im Alter von 56.46 Jahren alle Weiterbildung und sucht sich einen Arbeitsplatz ohne on-the-job-training (Phase III). Ab diesem Zeitpunkt wird nur noch produktiv im Unternehmen gearbeitet. Im Alter von 64.68 Jahren endlich beschließt das Wirtschaftssubjekt das Arbeitsleben und geht freiwillig in den Ruhestand (Phase IV), den es bis zum Lebensende mit 75 Jahren genießt.

---

(1) Mein besonderer Dank gilt Prof. Dr. Hans Joachim Oberle (Universität Hamburg) für seine freundliche und geduldige Hilfe. Er hat von Anfang an mit Rat und Tat die Simulation dieses life-cycle-Modells begleitet und eine erste Lösung erarbeitet.
(2) Eine genaue Beschreibung von OPTSOL findet sich in Bulirsch (1971).

Im folgenden werden diese vier Lebensabschnitte und der optimale Lebensplan [c(t),l(t),s(t)], der in Abbildung C.2 dargestellt ist, ökonomisch analysiert. Um dies zu erleichtern, sei daran erinnert, daß die Produktionsfunktion für Humanvermögen in C.62 als $F(H,s,l) = \sigma H^\epsilon sl$ spezifiziert worden ist und daß nach C.10 für das Arbeitseinkommen $y = rHg(s)l$ gilt. Außerdem war bei der Interpretation der Optimalbedingungen in C.I.2. gezeigt worden, daß die Grenznutzen von Humankapital und Geldvermögen, λ und μ, mit dem Alter des Wirtschaftssubjekts sinken, weil mit steigendem t sich die Zeitspanne [t,T] verkürzt, während der diese Vermögen dem Wirtschaftssubjekt Nutzen stiften können. Der Grenznutzen des Geldvermögens ist im übrigen identisch mit dem Grenznutzen des Einkommens.

Phase I: Der Grenznutzen der Ausbildung, das Produkt aus marginalem neugebildetem Humankapital $F_s = \sigma H^\epsilon l$ und dem Grenznutzen des Humanvermögens λ, ist gemäß C.17 zu Lebensbeginn größer als der Grenznutzen der Arbeit, das Produkt aus marginalem Einkommen $rHg_s l$ und Grenznutzen des Einkommens μ. Deshalb wählt das Wirtschaftssubjekt s=1. Ausbildung vergrößert das Humankapital; dies hat zwei Effekte: zum einen steigt die Grenzproduktivität der Ausbildung, weil zur Produktion von Humanvermögen jetzt mehr vom Produktionsfaktor Humanvermögen eingesetzt werden kann; zum anderen nimmt das marginale income foregone mit höherer Bildung zu. Weil die marginalen Produktivitäten von Ausbildung und Arbeit sich schneller erhöhen als gleichzeitig die Grenznutzen von Humanvermögen und Einkommen sinken, steigen die Grenznutzen von Ausbildung und Arbeit an - der von Arbeit allerdings rascher (1). Im Alter von 17.92 Jahren sind beide Grenznutzen für s=1 einander gleich: das Ende der Schulzeit ist gekommen.

Die steigende Produktivität des Wirtschaftssubjekts in der Schule bei der Bildung von neuem Humanvermögen hat Auswirkungen auf die Wahl der optimalen Freizeit: Um nach C.15 den Ausgleich der Grenznutzen von Freizeit U_f und Ausbildungszeit $\lambda F_l = \lambda \sigma H^\epsilon$ sicherzustellen, muß die Freizeit eingeschränkt werden - mit zunehmendem Humanvermögen widmet das Wirtschaftssubjekt immer mehr seiner Zeit der Ausbildung. In Abbildung C.2 steigt der Pfad l(t) während Phase I wegen zunehmender marginaler Opportunitätskosten der Freizeit daher an.

---

(1) Dies liegt daran, daß die Produktivität der Arbeit proportional mit dem Humanvermögen, die Produktivität der Ausbildung jedoch unterproportional mit dem Humanvermögen steigt. Aber auch ohne "market bias" - also bei "neutrality" oder "production bias" - käme es dazu, wenn auch zeitlich verzögert. Siehe dazu Stephan (1976).

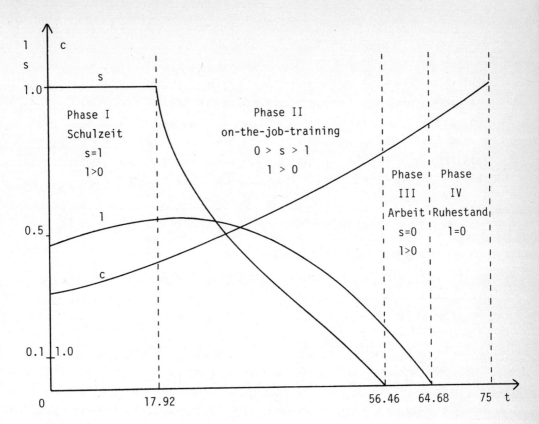

Abbildung C.2 Das optimale Lebensprogramm [c(t),l(t),s(t)] des repräsentativen Wirtschaftssubjekts.

Phase II: Zunächst steigen - wie in Phase I - die Grenzproduktivität der
Ausbildung und das marginale Einkommen schneller als die Grenznutzen von
Humanvermögen und Einkommen sinken: die marginalen Opportunitätskosten der
Freizeit nehmen weiterhin zu und das Wirtschaftssubjekt erhöht zu Beginn
des on-the-job-trainings seine für Ausbildung und Arbeit aufgewandte Zeit
und fragt weniger Freizeit nach.

Doch gleichzeitig ändert sich die optimale Aufteilung der Nichtfreizeit
gemäß C.18 auf Ausbildung und Arbeit zugunsten von Arbeit; denn mit zunehmendem Alter und Humanvermögen bliebe auch in Phase II der Anstieg des
Grenznutzens der Ausbildung hinter dem des Grenznutzens der Arbeit zurück,
wenn nicht zum Ausgleich der Grenznutzen das on-the-job-training vermindert
würde.

Schränkt das Wirtschaftssubjekt aber seine Fortbildung am Arbeitsplatz ein, nimmt sein Humanvermögen langsamer zu; entsprechend geringer wächst die Grenzproduktivität der Ausbildung und das marginale Arbeitseinkommen. Schließlich kann der Rückgang der Grenznutzen von Humanvermögen und Einkommen nicht mehr kompensiert werden - die Grenznutzen von Arbeit und Ausbildung sinken, und bei niedrigeren marginalen Opportunitätskosten fragt das Wirtschaftssubjekt wieder mehr Freizeit nach. Abbildung C.2 zeigt, daß der Zeitpfad von l(t) nach Anstieg und Maximum für den Rest von Phase II abfällt. s(t) sinkt monoton in Phase II: Im Alter von 56.46 Jahren lohnt schließlich gemäß C.19 gar keine Fortbildung mehr.

Phase III: Das Wirtschaftssubjekt verteilt jetzt seine verfügbare Zeit gemäß C.15 so auf Freizeit und Arbeitszeit, daß ihre Grenznutzen einander gleich sind. Der Grenznutzen der Arbeitszeit $\mu r H$ fällt jedoch in dieser Phase aus zwei Gründen: zum einen sinkt das Humanvermögen des Wirtschaftssubjekts, weil die Verfallrate nicht mehr durch Fortbildung kompensiert wird; zum anderen sinkt der Grenznutzen des Einkommens. Verminderte marginale Opportunitätskosten der Freizeit führen dazu, daß die Arbeitszeit immer mehr eingeschränkt wird. Im Alter von 64.68 Jahren endlich ist der Grenznutzen der Arbeitszeit soweit abgesunken, daß nur noch Freizeit lohnt: der letzte Lebensabschnitt, der Ruhestand, hat begonnen.

Phase IV: Der Grenznutzen der Arbeitszeit ist jetzt gemäß C.16 kleiner als der Grenznutzen der Freizeit und sinkt weiter, so daß das Wirtschaftssubjekt den Ruhestand bis zum Lebensende im Alter von 75 Jahren beibehält.

Die Arbeitszeit l(t) zeigt über den Lebenszyklus den charakteristischen Verlauf, den empirische Untersuchungen immer wieder ermittelt haben: Sie steigt in jungen Jahren an, erreicht ein Maximum und fällt zum Ruhestand hin ab. Für die Bundesrepublik Deutschland hat Wagner (1) solche Verläufe festgestellt; in den USA stießen beispielsweise Ghez und Becker (2) oder Smith (3) auf das gleiche Phänomen.

Auch Verlauf und Dauer des on-the-job-training s(t) werden vom Modell richtig vorhergesagt: Mincer (4) und Heckman (5) fanden in ihren empirischen

---

(1) Siehe Wagner (1979), Seite 65.
(2) Siehe Ghez und Becker (1975), Seite 85 ff.
(3) Siehe Smith (1977), Seite 213 - 217.
(4) Siehe Mincer (1962).
(5) Siehe Heckman (1976a), Seite 251 ff.

Arbeiten, daß nach dem Schulabschluß zunächst viel, später immer weniger on-the-job-training nachgefragt wird; im Alter zwischen 37 und 57 Jahren endet schließlich in aller Regel die berufliche Weiterbildung. Das Wirtschaftssubjekt des vorliegenden Modells stellt das on-the-job-training mit 56.46 Jahren ein.

Wie Abbildung C.2 zeigt, steigt der Konsumpfad $c(t)$ während des gesamten Lebens des Wirtschaftssubjekts an; dies ist das zwangsläufige Ergebnis eines life-cycle-Modells, in dem der Zinssatz i größer als die Zeitpräferenzrate ρ ist (1): Ausgehend von einem konstanten Konsumpfad, kann der Lebensnutzen erhöht werden, wenn heute auf Konsum verzichtet, gespart und erst morgen konsumiert wird. Diese intertemporale Substitution lohnt, so lange der abdiskontierte Nutzengewinn aus marginalem künftigem Konsum größer als der marginale heutige Nutzenverlust ist.

Ein monoton ansteigender Konsumpfad scheint aber im Gegensatz zu den intertemporalen Konsumverläufen in der Realität zu stehen, wie sie beispielsweise von Ghez und Becker (2) ermittelt wurden. Danach steigen die Konsumausgaben an, erreichen ein Maximum und sinken dann wieder. Irvine (3) bemerkte aber, daß sich empirisch festgestellte Konsumverläufe auf Familien beziehen, deren Größe im Zeitablauf wechselt; life-cycle-Modelle indes sagen den Konsumverlauf für Individuen bzw. für Haushalte fester Größe voraus. Irvine ergänzte das Modell so, daß die Familiengröße endogen bestimmt wurde und erhielt als Ergebnis einen Konsumpfad mit einem Maximum etwa um die Lebensmitte: "When family size is increasing we can observe positive rates of growth in consumption and the opposite occurs when family size is decreasing" (4). Irving zeigte damit, daß ein monoton ansteigender individueller Konsumverlauf, wie ihn das life-cycle-Modell voraussagt, nicht mit den intertemporalen Konsumpfaden der Realität, die ein Maximum aufweisen, in Widerspruch steht.

Das vorliegende Modell kann jedoch nicht nur Reihenfolge und Dauer der einzelnen Lebensphasen, wie sie in der Realität zu beobachten sind, erklären; es generiert auch der Wirklichkeit entsprechende Einkommens- und Vermögensprofile über das Leben des Wirtschaftssubjekts. Dies wird nun demonstriert.

---

(1) Siehe dazu auch C.54 und C.55 bzw. B.87.
(2) Siehe Ghez und Becker (1975), Seite 58 ff.
(3) Irvine (1978).
(4) Irvine (1978), Seite 308.

3. Lohnsatz, Arbeitszeit und Arbeitseinkommen

Das Humanvermögen des Wirtschaftssubjekts, in diesem Modell identisch mit dem Lohnsatz, der bei Verzicht auf Ausbildung verdient werden könnte, verändert sich mit der Rate:

$$\frac{\dot{H}}{H} = \sigma H^{\epsilon-1} s l - H \delta \qquad \text{C.79}$$

Es steigt in Phase I und II an, bis es im Alter des Wirtschaftssubjekts von 43.86 Jahren ein Maximum durchläuft - in diesem Augenblick reicht das on-the-job-training gerade noch aus, die Verfallrate δ zu kompensieren; danach sinkt das Humanvermögen bis zum Lebensende hin ab, in Phase III und IV zuletzt mit der Rate:

$$\frac{\dot{H}}{H} = - \delta \qquad \text{C.80}$$

Der Lohnsatz, welcher am Arbeitsplatz tatsächlich verdient wird, berechnet sich nach B.3 als w = rHg(s). Er wird zu Beginn des on-the-job-trainings positiv und verändert sich gemäß:

$$\frac{\dot{w}}{w} = \frac{\dot{H}}{H} + \frac{g_s}{g(s)} \dot{s} \qquad \text{C.81}$$

Verglichen mit dem potentiellen Lohnsatz steigt er in Phase II schneller an und erreicht sein Maximum später (1) - im Modell am Ende des on-the-job-training, wenn das Wirtschaftssubjekt 56.46 Jahre alt ist. In Phase III und IV ist er identisch mit dem potentiellen Lohnsatz und fällt mit der Rate δ.

Das Arbeitseinkommen y = wl ist während Schulzeit und Ruhestand null und verändert sich während des Erwerbslebens gemäß:

$$\frac{\dot{y}}{y} = \frac{\dot{w}}{w} + \frac{\dot{l}}{l} \qquad \text{C.82}$$

Es steigt in Phase II zunächst steil an, weil sowohl Lohnsatz als auch Arbeitszeit zunehmen. Wenn das Wirtschaftssubjekt 21.45 Jahre alt ist, erreicht die Arbeitszeit ihr Maximum und beginnt danach zu sinken; das Arbeitseinkommen erhöht sich mit abnehmender Rate noch, so lange der Anstieg des Lohnsatzes ausreicht, den Rückgang der Arbeitszeit auszugleichen. Im

---

(1) Dies ist deswegen der Fall, weil $g_s < 0$ und $\dot{s} < 0$ gilt.

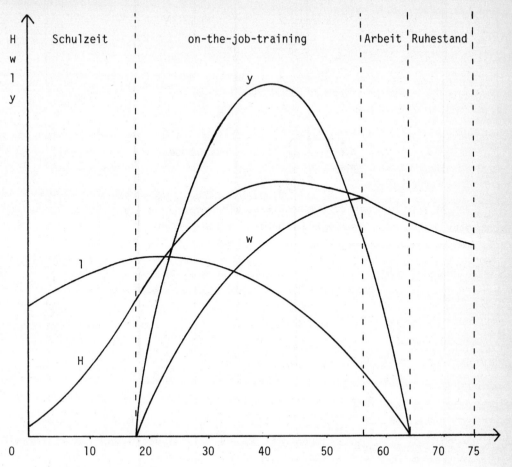

Abbildung C.3 Humanvermögen H, Lohnsatz w, Arbeitszeit l und Arbeitseinkommen y im Leben des repräsentativen Wirtschaftssubjekts.

Alter von 40.55 Jahren erzielt das Wirtschaftssubjekt sein höchstes Arbeitseinkommen, welches danach kontinuierlich bis zum Beginn des Ruhestandes absinkt (1).

Abbildung C.3 zeigt zusammenfassend die Verläufe von Humanvermögen, Lohnsatz, Arbeitszeit und Arbeitseinkommen während des Lebens des repräsenta-

---

(1) Im vorliegenden Fall sinkt das Arbeitseinkommen zum Ende des Erwerbs-
    lebens bis auf den Wert null ab, weil die optimale Arbeitszeit stetig
    vermindert wird. Würde dies, etwa durch institutionelle Regelungen ver-
    hindert, so hätte das Arbeitseinkommen den gleichen Verlauf wie der
    Lohnsatz w.

tiven Wirtschaftssubjekts. Die vom Modell generierten konkaven Zeitpfade von Lohnsatz und Arbeitseinkommen werden durch zahlreiche empirische Untersuchungen bestätigt (1).

In diesen Untersuchungen stellt sich ferner heraus, daß die Maxima von Arbeitszeit, Lohnsatz und Arbeitseinkommen stets in der gleichen Reihenfolge durchlaufen werden: Zuerst erreicht die Arbeitszeit ihr Maximum, dann das Arbeitseinkommen und schließlich der Lohnsatz (2). Offensichtlich wird der Abfall des Lebenseinkommensprofils durch den Rückgang der Arbeitszeit eingeleitet. Das Modell wird diesem empirischen Phänomen gerecht: Das repräsentative Wirtschaftssubjekt bietet die meiste Arbeit im Alter von 21.45 Jahren an, erzielt das höchste Arbeitseinkommen mit 40.55 Jahren und verdient den höchsten Lohnsatz mit 56.46 Jahren.

4. Konsum, Ersparnis, Geldvermögen und Zinseinkommen

Während der Schulzeit bezieht das Wirtschaftssubjekt kein Arbeitseinkommen. Die Ersparnis $\dot{K}$

$$\dot{K} = iK - c \qquad\qquad C.83$$

ist daher negativ, wenn die Zinseinkommen kleiner als die Konsumausgaben sind; dies ist hier der Fall - das Wirtschaftssubjekt baut, wie Abbildung C.4 zeigt, seine Erstausstattung mit Geldvermögen K_0 beständig ab. Sein Geldvermögen ist schließlich im Alter von 14.86 Jahren aufgebraucht (3). Anschließend muß es sich verschulden, um seine Ausbildung zu Ende zu finanzieren. Beim Schulabschluß im Alter von 17.92 Jahren sieht sich das repräsentative Wirtschaftssubjekt einem Schuldenstand von 13.39 Geldeinheiten gegenüber (4).

---

(1) Siehe etwa Mincer (1974), Seite 66 ff, Ghez und Becker (1975), Seite 85 ff, Thatcher (1976), Seite 235, Heckman (1976a), Seite 248, Ruggles und Ruggles (1977), Seite 123 ff, Creedy (1977), Seite 418 sowie für die Bundesrepublik Deutschland Clement, Tessaring und Weißhuhn (1980), Seite 200 f oder Helberger (1983), Seite 86 ff.
(2) Siehe beispielsweise Killingsworth (1981), Seite 30; ferner Ghez und Becker (1975), Seite 85 ff, Mincer (1976), Seite 144, (1974), Seite 66 ff oder Smith (1981), Seite 213.
(3) Die Erstausstattung war gerade so justiert worden, daß etwa die ersten 15 Lebensjahre schuldenfrei überstanden werden können.
(4) Welchen Einfluß eine höhere Erstausstattung an Geldvermögen auf den Lebensverlauf hat, wird im nächsten Abschnitt ausführlich diskutiert.

Diese Schulden vergrößern sich zu Beginn des Erwerbslebens weiter, weil die Ersparnis

$$\dot{K} = iK + y - c \qquad\qquad C.84$$

zunächst noch negativ ist; mit zunehmender Dauer des Berufslebens steigt das Arbeitseinkommen und reicht im Alter des Wirtschaftssubjekts von 24.93 Jahren aus, den laufenden Konsum und die Kreditzinsen zu decken - die Ersparnis ist null, die Schulden haben ihr Maximum bei 29.93 Geldeinheiten erreicht. Danach setzt bei weiter steigendem Arbeitseinkommen der Schuldenabbau ein; er dauert bis zum Alter von 35.16 Jahren.

Während des restlichen Erwerbslebens spart das Wirtschaftssubjekt für den Ruhestand und die Erben und tritt als Kapitalanbieter auf. Wenn es 45.08 Jahre alt ist, erreicht die Ersparnis ihr Maximum, danach sinkt sie wieder ab, weil die Konsumausgaben weiter steigen, das Arbeitseinkommen aber abnimmt. Im Alter von 61.91 Jahren verfügt das Wirtschaftssubjekt mit 150.97 Geldeinheiten über das höchste Geldvermögen seines Lebens.

Wie Abbildung C.4 zeigt, setzt unmittelbar danach der Abbau des Geldvermögens ein, der sich während des Ruhestandes beschleunigt, wenn das Wirtschaftssubjekt seinen Lebensunterhalt ganz aus seinem Vermögen und den Zinseinkommen bestreiten muß. Am Lebensende ist das Geldvermögen auf 105.97 Geldeinheiten abgesunken, die den Erben hinterlassen werden.

Das Modell zeigt, daß Ersparnis und Vermögen - und damit das optimale Kapitalangebot - über den Lebenszyklus des Wirtschaftssubjekts hinweg erheblichen Schwankungen unterworfen sind. Im wesentlichen sagt es kleine bzw. negative Vermögen für die Jahre unter 35 voraus, einen steilen Anstieg des Vermögens in der Lebensphase zwischen 35 und 55 Jahren, ein Maximum gegen Ende des Erwerbslebens und einen Rückgang während des Ruhestandes.

Ein solches Spar- und Vermögensprofil korrespondiert gut mit den Ergebnissen einer empirischen Untersuchung von King und Dicks-Mireaux (1). Sie fanden heraus: "Wealth accumulation is rapid in the age range 30 - 55, reaches a plateau in the pre-retirement phase, and then decumulation occurs in retirement ... The hump-shaped pattern is clearly evident" (2). Den

---

(1) King und Dicks-Mireaux (1982) stützen sich auf Daten für Kanada.
(2) King und Dicks-Mireaux (1982), Seite 258.

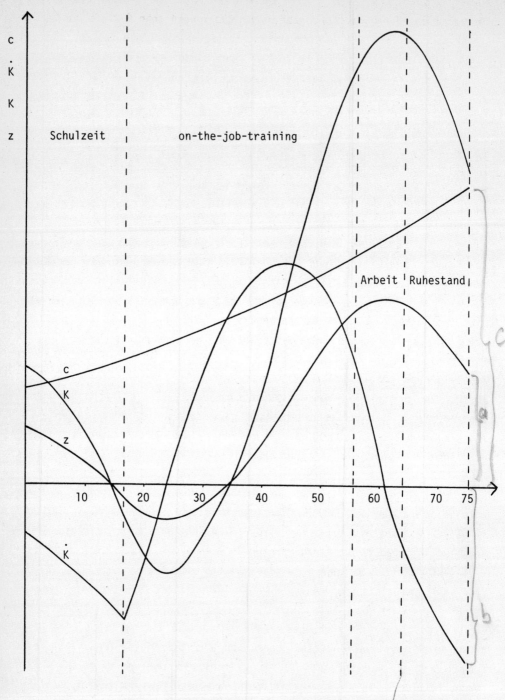

<u>Abbildung C.4</u>   Konsum c, Ersparnis K, Geldvermögen K und Zinseinkommen z
während des Lebens des repräsentativen Wirtschaftssubjekts.

Rückgang des Vermögens, das nach ihren Rechnungen sein Maximum in der Altersklasse der 60- bis 64jährigen erreicht, schätzten sie auf 26.3 Prozent - im Modell beträgt er 29.8 Prozent. In der Bundesrepublik Deutschland wird bei den Einkommens- und Verbrauchsstichproben auch das Nettogeldvermögen der Haushalte ermittelt. Die Auswertung der Befragung aus dem Jahr 1978 zeigt das bekannte Altersprofil: Das Nettovermögen steigt mit dem Alter des Haushaltsvorstandes an, erreicht in der Klasse der 55- bis 65jährigen sein Maximum und fällt danach wieder um etwa 20 Prozent. In Tabelle C.4 sind außer diesen Ergebnissen für die Bundesrepublik auch die Resultate einiger entsprechender Untersuchungen in anderen Ländern angegeben.

	Alter des Haushaltsvorstandes					
	- 25	25 - 35	35 - 45	45 - 55	55 - 65	über 65
BRD (1) 1978	6 922	14 001	18 132	19 670	20 557	16 480
Kanada (2) 1969/70	1 300	8 600	17 900	26 500	26 600	22 300
USA (3) 1969	15 400	23 100	31 100	45 500	56 800	52 100
England (4) 1953	40	320	760	1 160	1 200	1 180

Tabelle C.4   Altersvermögensprofile in ausgewählten Ländern (5).

(1) Siehe Statistisches Bundesamt (1981), Seite 20; Angaben in DM.
(2) Siehe Wolfson (1979), Seite 133; Angaben in kanadischen Dollar.
(3) Siehe Wolff (1979), Table 4; Angaben in US-Dollar.
(4) Siehe Lydall (1955), Seite 143; Angaben in englischen Pfund.
(5) Den einzelnen Untersuchungen liegen natürlich sehr unterschiedliche Vermögensabgrenzungen zugrunde; dies ist für den hier verfolgten Zweck aber nebensächlich.

Mit dem Verlauf des Geldvermögens wird zugleich das optimale intertemporale Kapitalangebot des Wirtschaftssubjekts erklärt. Es ist, ähnlich dem Arbeitseinkommen, starken Schwankungen über den Lebenszyklus hinweg unterworfen: Im Alter zwischen 14.86 und 35.16 Jahren tritt das Wirtschaftssubjekt als Kapitalnachfrager auf, ansonsten als Kapitalanbieter, wobei das optimale Kapitalangebot dann am größten, wenn das Arbeitsangebot am kleinsten ist - hauptsächlich also gegen Ende des Erwerbslebens und im Ruhestand.

Der Verlauf des Zinseinkommens $z = iK$ ist bis auf den Proportionalitätsfaktor i identisch mit dem Zeitpfad des Geldvermögens und durchläuft wie das Arbeitseinkommen einen bestimmten charakteristischen Zyklus: In Abbildung C.4 ist der intertemporale Verlauf des Zinseinkommens eingezeichnet.

5. Das Gesamteinkommen im Lebensverlauf

Das Gesamteinkommen v des Wirtschaftssubjekts, nach B.1 definiert als Summe aus Arbeitseinkommen y und Zinseinkommen z, ist in Abbildung C.5 dargestellt. Es bezeichnet zugleich das verfügbare Einkommen. Während Schulzeit und Ruhestand fallen Zinseinkommen und Gesamteinkommen zusammen. Bis zum Abbau der Schulden im Alter von 35.16 Jahren ist das verfügbare Einkommen des Wirtschaftssubjekts kleiner als das Arbeitseinkommen, weil der Schuldendienst davon zu bestreiten ist; erst danach ist das verfügbare Einkommen größer als das Arbeitseinkommen.

6. Der optimale Lebensverlauf im Überblick

Hier werden die wichtigsten Daten des optimalen Lebensverlaufs des repräsentativen Wirtschaftssubjekts im Zusammenhang nochmals wiedergegeben (1).

Die Schaltpunkte, die das Ende der Schulzeit, des on-the-job-training und den Beginn des Ruhestandes anzeigen, liegen bei:

$t_1 = 17.92$	$t_2 = 56.46$	$t_3 = 64.68$

---

(1) Weil das Modell mit normierten Werten durchgerechnet wurde, müssen, um zu realistischen Größenordnungen zu kommen, Konsum, Humanvermögen, Geldvermögen und Einkommen mit einem geeigneten Proportionalitätsfaktor multipliziert werden. Dies wurde der Einfachheit halber hier unterlassen. Es war auch für die spätere Simulation der Einkommensverteilung nicht nötig, weil alle verwendeten Verteilungsmaße in Bezug auf proportionale Transformation invariant sind.

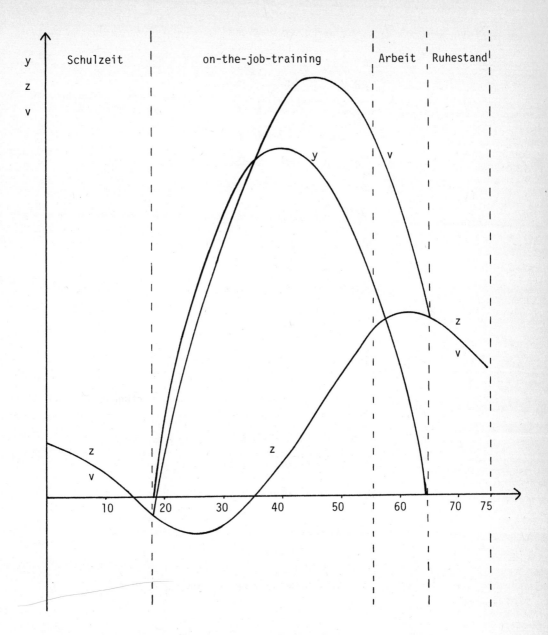

Abbildung C.5 Arbeitseinkommen y, Zinseinkommen z und Gesamteinkommen v
während des Lebens des repräsentativen Wirtschaftssubjekts.

Konsum, Arbeitszeit und on-the-job-training weisen diese Zeitprofile auf:

$c(0)$ = 3.2220	$l(0)$ = 0.4805	$s(t<t_1)$ = 1.0
$c(15)$ = 4.0350	$l(15)$ = 0.5428	$s(20)$ = 0.8714
	l_{max} = 0.5581	
$c(30)$ = 5.0531	$l(30)$ = 0.5341	$s(30)$ = 0.5124
$c(45)$ = 6.3282	$l(45)$ = 0.3960	$s(40)$ = 0.3069
$c(60)$ = 7.9249	$l(60)$ = 0.1174	$s(50)$ = 0.1309
$c(T)$ = 9.9246	$l(T)$ = 0.0	$s(t>t_2)$ = 0.0

Humankapital, Geldvermögen und Arbeitseinkommen entwickeln sich während des Lebens wie folgt:

$H(0)$ = 1.0	$K(0)$ = 40.0	$y(20)$ = 1.89
$H(t_1)$ = 18.27	$K(t_1)$ = -13.39	$y(25)$ = 5.92
H_{max} = 33.66	K_{min} = -29.93	$y(30)$ = 8.94
$H(t_2)$ = 31.39	$K(t_2)$ = 138.95	$y(35)$ = 10.81
	K_{max} = 150.97	y_{max} = 11.52
$H(t_3)$ = 28.91	$K(t_3)$ = 147.45	$y(45)$ = 11.08
$H(T)$ = 26.08	$K(T)$ = 105.97	$y(50)$ = 9.57

Arbeitsangebot, Arbeitseinkommen, Lohnsatz, Geldvermögen, Ersparnis und Humanvermögen erreichen ihre Maximal- bzw. Minimalwerte zu folgenden Zeitpunkten:

t_{lmax} = 21.45	t_{ymax} = 40.55	t_{wmax} = 56.46
t_{Kmin} = 24.93	$t_{\dot{K}max}$ = 45.08	t_{Kmax} = 61.91
	t_{Hmax} = 43.86	

Das repräsentative Wirtschaftssubjekt erzielt ein Lebenseinkommen Y von 74.39 Geldeinheiten, das zusammen mit der Erstausstattung K_o von 40.0 einen "full wealth" W von 114.39 ergibt; der Barwert dieser finanziellen Ressourcen wird in den Lebenskonsum C (1) in Höhe von 109.11 und das Vermögen für die Erben K(T) aufgeteilt, dessen Barwert 5.28 beträgt (2). Das Lebensnutzenfunktional N aus C.1 nimmt den Wert von -39.02 an (3).

Y = 74.39	W = 114.39	C = 109.11	N = - 39.02

Die unbekannten Anfangsbedingungen für die adjungierten Variablen des Randwertproblems betragen schließlich $\lambda(0) = 1.068292$ und $\mu(0) = 0.096324$. Sie geben an, um wieviel der Lebensnutzen steigt, wenn das Wirtschaftssubjekt in t=0 eine marginale Einheit Humanvermögen bzw. Geldvermögen mehr besitzt.

$\lambda(0) = 1.068292$	$\mu(0) = 0.096324$

Bisher wurde demonstriert, daß das vorgestellte Modell des intertemporalen Faktorangebots einen realistischen Lebensverlauf sowie empirisch abgesicherte Einkommens- und Vermögensprofile für das repräsentative Wirtschaftssubjekt generieren kann. Im folgenden Teil III wird analysiert, wie sich das optimale Lebensprogramm [c(t),l(t),s(t)] und die von ihm erzeugten Einkommens- und Vermögensprofile verändern, wenn exogene Parameter des Modells variiert werden; dies hat zwei Vorteile: zum einen bieten diese Untersuchungen eine weitere Möglichkeit, Ergebnisse des Modells mit Erfahrungen aus der Realität zu konfrontieren; zum anderen erlauben sie einen ersten Einblick in die intertemporale Dynamik des optimalen Faktorangebots (4).

---

(1) Der Lebenskonsum C ist definiert als Barwert aller Konsumausgaben während des Lebens:
$$C = \int_0^T c(t)e^{-it} \, dt.$$

(2) Wie man sich leicht überzeugen kann, ist die Budgetrestriktion, die über das ganze Leben gesehen bindend ist, erfüllt: Die Summe aus Lebenseinkommen und Erstausstattung mit Geldvermögen, der sogenannte "full wealth", ist gleich der Summe aus Lebenskonsum und Barwert des Vermögens für die Erben; denn es gilt: $W = Y + K_o = C + K(T)e^{-iT}$.

(3) Daß das Nutzenfunktional einen negativen Wert annimmt, sollte nicht irritieren: Man könnte dies verhindern, wenn man dem Zielfunktional N aus C.1 eine geeignete positive Konstante hinzufügt. Auf die notwendigen Bedingungen und den optimalen Lebensplan [c(t),l(t),s(t)] hätte dies keinerlei Einfluß.

(4) Solche Analysen werden in Kapitel E nochmals bedeutsam, wenn die Auswirkungen von Konsum-, Einkommens- und Vermögenssteuern auf die intertemporalen Allokationsentscheidungen aufgezeigt werden.

III. Komparative Dynamik der intertemporalen Allokation

In diesem Teil wird ausführlich untersucht, wie sich der optimale Lebensplan [c(t),l(t),s(t)] des repräsentativen Wirtschaftssubjekts verändert,
wenn jeweils einer der folgenden Parameter des Modells variiert wird: der
Fähigkeitsindex ε aus der Produktionsfunktion für Humankapital F(H,s,l),
die Erstausstattung mit Geldvermögen K_o und die Freizeitpräferenz ξ aus der
Nutzenfunktion U(c,f,H,t). Das Ziel ist, herauszufinden, wie sich das
intertemporale Faktorangebot eines begabteren, reicheren oder fleißigeren
Wirtschaftssubjekts von dem des repräsentativen unterscheidet. Dabei wird
sich zeigen, ob das Modell auch hier realistische Voraussagen macht. Die
Auswahl der Parameter erfolgt bereits mit Blick auf die Simulation der personellen Einkommensverteilung in Kapitel D; denn dort werden sich die Be-
wohner der Modellwelt gerade bei diesen Parametern unterscheiden.

Die mathematischen Grundlagen der Untersuchungsmethode der komparativen
Dynamik hat erst vor gut einem Jahrzehnt Oniki (1) entwickelt; sie sind
kompliziert. Weil das Verfahren weitgehend unbekannt ist (2), soll es an
einem einfachen Beispiel erläutert werden (3).

1. Die Methode der komparativen Dynamik

Angenommen, die Lösung eines Kontrollproblems mit der Zustandsvariablen x
und der adjungierten Variablen y hänge von dem Parameter θ ab und werde
durch folgendes Gleichungssystem

$$\begin{bmatrix} \dot{x} \\ \dot{y} \end{bmatrix} = \begin{bmatrix} X(x,y,u,\theta) \\ Y(x,y,u,\theta) \end{bmatrix} \qquad \text{C.85}$$

---

(1) Siehe Oniki (1973), (1972), (1968). Ich bin Prof. Dr. Hajime Oniki
(Osaka University) dankbar, daß er für diese Arbeit einige schwer zu-
gängliche Arbeitspapiere zur Verfügung gestellt hat.
(2) Es wurde angewandt von Oniki (1968), (1969), (1970), (1973), McCabe
(1975) und Driffill (1979).
(3) Die Methode am vorliegenden Modell zu erläutern, verbot sich wegen des
hohen Aufwandes.

mit der einzigen Kontrollvariablen u

$$u = \begin{cases} U(x,y,\theta) & h > 0 \\ 0 & \text{sonst} \end{cases}$$

C.86

der Schaltfunktion h

$$h = H(x,y,\theta)$$

C.87

und den Anfangs- und Endbedingungen

$$\begin{bmatrix} x(0) - x_0 \\ y(T) - Z[x(T),\theta] \end{bmatrix} = 0$$

C.88

beschrieben. Im folgenden wird gezeigt, wie sich die Variation der Lösung aufgrund einer marginalen Variation von θ berechnen läßt (1).

Erster Schritt: Man berechnet zunächst, wie sich die Lösung $[x(t),y(t)]$, ausgehend von unveränderten Anfangswerten

$$\begin{bmatrix} x(0) \\ y(0) \end{bmatrix} = \begin{bmatrix} x_0 \\ y_0 \end{bmatrix}$$

C.89

verändert, wenn θ marginal variiert. Dazu faßt man θ als exogene Variable auf

$$\begin{bmatrix} x(t) \\ y(t) \end{bmatrix} = \begin{bmatrix} x(t,\theta) \\ y(t,\theta) \end{bmatrix}$$

C.90

und substitutiert C.90 in C.85 - C.87. Differentiation nach θ liefert:

---

(1) Siehe dazu auch Oniki (1973).

$$
\begin{bmatrix} \dot{x}_\Theta \\[2mm] \dot{y}_\Theta \end{bmatrix}
=
\begin{bmatrix} X_x\, x_\Theta + X_y\, y_\Theta + X_u\, u_\Theta + X_\Theta \\[2mm] Y_x\, x_\Theta + Y_y\, y_\Theta + Y_u\, u_\Theta + Y_\Theta \end{bmatrix}
\qquad \text{C.91}
$$

mit den Anfangsbedingungen

$$
\begin{bmatrix} x(0)_\Theta \\[2mm] y(0)_\Theta \end{bmatrix}
= \mathbf{0}
\qquad \text{C.92}
$$

und der Variation der Kontrollvariablen

$$
u_\Theta =
\begin{cases}
U_x\, x_\Theta + U_y\, y_\Theta + U_\Theta & h > 0 \\[2mm]
0 & \text{sonst}
\end{cases}
\qquad \text{C.93}
$$

Das Anfangswertproblem C.91 - C.93 wird bis zum Schaltpunkt s integriert, der seinerseits abhängig von der exogenen Variablen Θ ist.

$$
s = s(\Theta) \qquad \text{C.94}
$$

Man erhält so für das Intervall $[0,s]$ die Lösung $[x_\Theta(t), y_\Theta(t)]$.

C.94 und C.90 in die Schaltfunktion h substituiert, nach Θ differentiert, liefert die Variation des Schaltpunktes:

$$
s_\Theta = - \frac{H_x\, x_\Theta + H_y\, y_\Theta + H_\Theta}{\dot{H}}
\qquad \text{C.95}
$$

Sodann wird C.91 - C.93 für das Intervall $[s,T]$ gelöst, wobei die Anfangsbedingungen nun gegeben sind als:

$$
\begin{bmatrix} x_\theta(s+0) \\ y_\theta(s+0) \end{bmatrix} = \begin{bmatrix} x_\theta(s-0) \\ y_\theta(s-0) \end{bmatrix} + s_\theta \begin{bmatrix} \dot{x}(s-0) - \dot{x}(s+0) \\ \dot{y}(s-0) - \dot{y}(s+0) \end{bmatrix} \qquad \text{C.96}
$$

Die variierte Lösung verletzt im allgemeinen die Endbedingung für y(T), wie sie in C.88 enthalten ist. Um für die adjungierte Variable die nötige Anpassung ihrer Anfangsbedingung y_0 zu finden, muß zunächst berechnet werden, wie die Lösung auf eine marginale Variation von y_0 reagiert.

<u>Zweiter Schritt:</u> Jetzt wird y_0 als exogene Variable betrachtet.

$$
\begin{bmatrix} x(t) \\ y(t) \end{bmatrix} = \begin{bmatrix} x(t,y_0) \\ y(t,y_0) \end{bmatrix} \qquad \text{C.97}
$$

C.97 in C.85 - C.87 substituiert und nach y_0 differentiert, liefert

$$
\begin{bmatrix} \dot{x}_{y_0} \\ \dot{y}_{y_0} \end{bmatrix} = \begin{bmatrix} X_x\, x_{y_0} + X_y\, y_{y_0} + X_u\, u_{y_0} \\ Y_x\, x_{y_0} + Y_y\, y_{y_0} + Y_u\, u_{y_0} \end{bmatrix} \qquad \text{C.98}
$$

mit den Anfangsbedingungen

$$
\begin{bmatrix} x(0)_{y_0} \\ y(0)_{y_0} \end{bmatrix} = \begin{bmatrix} 0 \\ 1 \end{bmatrix} \qquad \text{C.99}
$$

und der Variation der Kontrollvariablen

$$
u_{y_0} = \begin{cases} U_x\, x_{y_0} + U_y\, y_y & h > 0 \\ 0 & \text{sonst} \end{cases} \qquad \text{C.100}
$$

Das Anfangswertproblem C.97 - C.100 wird ebenfalls zunächst bis zum Schaltpunkt s integriert, der von der exogenen Variablen y_0 abhängig ist.

$$s = s(y_0) \tag{C.101}$$

Man erhält so für das Intervall [0,s] die Lösung $[x_{y_0}(t), y_{y_0}(t)]$.

C.101 und C.97 in die Schaltfunktion h eingesetzt, nach y_0 differentiert,
liefert die Variation des Schaltpunktes:

$$s_{y_0} = - \frac{H_x \, x_{y_0} + H_y \, y_{y_0}}{\dot{H}} \tag{C.102}$$

Jetzt wird C.97 - C.100 für das Intervall [s,T] gelöst, wobei die Anfangsbedingungen gegeben sind als:

$$
\begin{bmatrix} x_{y_0}(s+0) \\ \\ y_{y_0}(s+0) \end{bmatrix}
=
\begin{bmatrix} x_{y_0}(s-0) \\ \\ y_{y_0}(s-0) \end{bmatrix}
+ s_{y_0}
\begin{bmatrix} \dot{x}(s-0) - \dot{x}(s+0) \\ \\ \dot{y}(s-0) - \dot{y}(s+0) \end{bmatrix}
\tag{C.103}
$$

<u>Dritter Schritt:</u> Die variierte Lösung muß auch die Endbedingung für y(T)
aus C.88 erfüllen, in die C.90 und C.97 substituiert werden:

$$y(T,\theta,y_0) = Z[x(T),\theta,y_0),\theta] \tag{C.104}$$

Dies ist nur möglich, wenn y_0 nach einer marginalen Variation von θ entsprechend verändert wird. Um die nötige Anpassung berechnen zu können, wird
y_0 als Funktion von θ aufgefaßt

$$y_0 = y_0(\theta) \tag{C.105}$$

und in C.105 substituiert. Differentiation nach θ liefert dann für die
Variation der Anfangsbedingung y_0 der adjungierten Variablen:

$$y_{0_\theta} = - \frac{Z_x \, x(T)_\theta + Z_\theta - y(T)_\theta}{Z_x \, x(T)_{y_0} - y(T)_{y_0}} \tag{C.106}$$

Um die endgültige Variation der Lösung, $[dx(t)/d\theta, dy(t)/d\theta]$, zu berechnen, genügt es, das System C.91 - C.93, wie im ersten Schritt beschrieben, nochmals zu lösen; jetzt aber wird die Anfangsbedingung C.92 ersetzt durch:

$$\begin{bmatrix} \dfrac{dx(0)}{d\theta} \\[2ex] \dfrac{dy(0)}{d\theta} \end{bmatrix} = \begin{bmatrix} 0 \\[2ex] y_{0_\theta} \end{bmatrix} \qquad \text{C.107}$$

Das hier präsentierte Modell des intertemporalen Faktorangebots ist mit dieser Methode untersucht worden. Weil das dazugehörige Gleichungssystem zwei Zustandsvariable (H,K) und damit zwei adjungierte Variable (λ,μ), drei Kontrollvariable (c,l,s) und drei Schaltfunktionen (h_1,h_2,h_3) umfaßt, sind die Ableitungen sehr umfangreich und deshalb hier weggelassen worden [1]. Stattdessen werden sofort die Ergebnisse vorgestellt.

2. Intertemporales Faktorangebot eines begabteren Wirtschaftssubjekts

ε beschreibt, wie gut das Wirtschaftssubjekt sein Humanvermögen bei der Produktion von neuem Humanvermögen nutzen kann und stellt ein Maß für angeborene Fähigkeiten dar. Tabelle C.5 zeigt, wie sich die Schaltpunkte bei einer marginalen Variation von ε verschieben: Das begabtere Wirtschaftssubjekt geht länger zur Schule $(dt_1/d\varepsilon > 0)$, beendet das on-the-job-training früher $(dt_2/d\varepsilon < 0)$ und wählt den Ruhestand später $(dt_3/d\varepsilon > 0)$.

$dt_1/d\varepsilon = 48.6464$	$dt_2/d\varepsilon = -0.0216$	$dt_3/d\varepsilon = 46.0134$
$n_{t_1,\varepsilon} = 0.9500$	$n_{t_2,\varepsilon} = -0.0001$	$n_{t_3,\varepsilon} = 0.2489$

(2)

Tabelle C.5 Variation der Schaltpunkte bei marginaler Variation des Fähigkeitsindikators ε.

---

[1] Die einzelnen Rechnungen können bei Bedarf natürlich zur Verfügung gestellt werden.
[2] Es bedeutet: $n_{t_i,\varepsilon} = (dt_i/d\varepsilon)(\varepsilon/t_i)$.

In der zweiten Zeile von Tabelle C.5 ist die Variation der Schaltpunkte als Elastizität ausgedrückt: Wenn ε beispielsweise um 10 Prozent auf 0.385 erhöht würde, verlängerte sich die Schulausbildung um 9.5 Prozent von 17.92 auf 19.62 Jahre; das Ende des on-the-job-training würde nicht nennenswert beeinflußt, aber das Erwerbsleben dauerte um etwa 2.5 Prozent länger und der Ruhestand würde nicht mit 64.68, sondern erst mit 66.29 Jahren angetreten.

Daß das begabtere Wirtschaftssubjekt eine längere Schulausbildung wählt, liegt an den gesunkenen marginalen Opportunitätskosten der Produktion von Humanvermögen und war zu erwarten. Überraschender ist schon das geringfügig frühere Ende des on-the-job-training. Weitere Untersuchungen des Modells zeigten, daß dieses Ergebnis nur für $\varepsilon \leq 0.35$ gilt. Für $\varepsilon > 0.35$ wird, wie Tabelle C.6 zeigt, auch die berufliche Fortbildung verlängert.

ε	0.20	0.25	0.30	0.35	0.40	0.45	0.50	0.55
$\dfrac{dt_1}{d\varepsilon}$	+	+	+	+	+	+	+	+
$\dfrac{dt_2}{d\varepsilon}$	−	−	−	−	+	+	+	+
$\dfrac{dt_3}{d\varepsilon}$	+	+	+	+	+	+	+	+

Tabelle C.6 Marginale Variation der Schaltpunkte bei unterschiedlich hohem ε.

Dieser Zusammenhang zwischen ε und dem Ende des on-the-job-training läßt sich erklären: Ein größeres ε verbilligt einerseits die Produktion von Humanvermögen und bewirkt einen Anreiz, Schulbildung und on-the-job-training auszudehnen. Gleichzeitig aber verstärkt es wegen des höheren Humanvermögens den Anreiz, auf weitere Ausbildung zugunsten von Arbeit zu verzichten, weil das income foregone steigt. Bei der gewählten Produktionsfunktion $T(H,s,l)$ wächst mit steigendem ε die Produktivität der Ausbildung schneller als die der Arbeit. Wie Tabelle C.6 zeigt, erfolgt der Umschlag von kürzerem zu längerem on-the-job-training bei $\varepsilon \approx 0.35$.

Daß das begabtere Wirtschaftssubjekt den Ruhestand später wählt, liegt an den höheren Opportunitätskosten der Freizeit, denen es sich mit seinem höheren Bildungsniveau gegenübersieht. Dieser Effekt ist, wie aus Tabelle C.6 hervorgeht, ebenso wie die Verlängerung der Schulausbildung von der Größe ε unabhängig - und im übrigen empirisch belegt (1).

Abbildung C.6 zeigt, wie sich beim repräsentativen Wirtschaftssubjekt die Zeitpfade von Humanvermögen, Geldvermögen, Arbeitszeit, on-the-job-training und Konsum nach einer marginalen Variation von ε verschieben.

Bei der Arbeitszeit fällt auf, daß sie bis kurz nach Ende der Schulausbildung kleiner gewählt wird ($dl/d\epsilon < 0$). Offensichtlich nutzt das begabtere Wirtschaftssubjekt seine höhere Produktivität beim Lernen teilweise in Form von mehr Freizeit (2). Nach Beginn des Erwerbslebens ändert sich das Vorzeichen ($dl/d\epsilon > 0$) und bis zum Ende des verlängerten Arbeitslebens wird weniger Freizeit nachgefragt und härter gearbeitet. Das Modell sieht somit Bildungsniveau und Arbeitszeit positiv miteinander verknüpft; auch dies ist empirisch belegt (3).

Das begabtere Wirtschaftssubjekt erhöht vor allem zu Beginn seines Erwerbslebens seine berufliche Fortbildung ($ds/d\epsilon > 0$) und besitzt während seines ganzen Lebens ein höheres Humanvermögen ($dH/d\epsilon > 0$). Es konsumiert auch in jedem Augenblick mehr ($dc/d\epsilon > 0$). Betrachtet man die Variation des Geldvermögens, so fällt auf, daß das begabtere Wirtschaftssubjekt keineswegs stets auch mehr Vermögen besitzt. Im Gegenteil: Längere Schulausbildung, zu Beginn des Erwerbslebens mehr on-the-job-training und höherer Konsum bewirken, daß das Anfangsvermögen rascher abgebaut, die Verschuldung erhöht wird und der Vermögensaufbau später beginnt. Bis über die Lebensmitte hin verfügt das begabtere Wirtschaftssubjekt über ein kleineres Geldvermögen ($dK/d\epsilon < 0$). Erst wenn sich die bessere Ausbildung über ein höheres Arbeitseinkommen auszahlt, wird ein größeres Geldvermögen ($dK/d\epsilon > 0$) aufgebaut, von dem auch die Erben profitieren. Das Arbeitseinkommen ist in den ersten Jahren der Berufstätigkeit, wie Abbildung C.7 zeigt, kleiner ($dy/d\epsilon < 0$), weil mehr on-the-job-training gewählt wird. Erst im Alter zwischen 25 und 26 Jahren wird der "point of overtaking" erreicht, wie

---

(1) Siehe beispielsweise Mincer (1974), Seite 8.
(2) Man könnte sagen, das intelligentere Wirtschaftsubjekt braucht weniger fleißig zu sein.
(3) Siehe beispielsweise Smith (1977), Seite 215 ff.

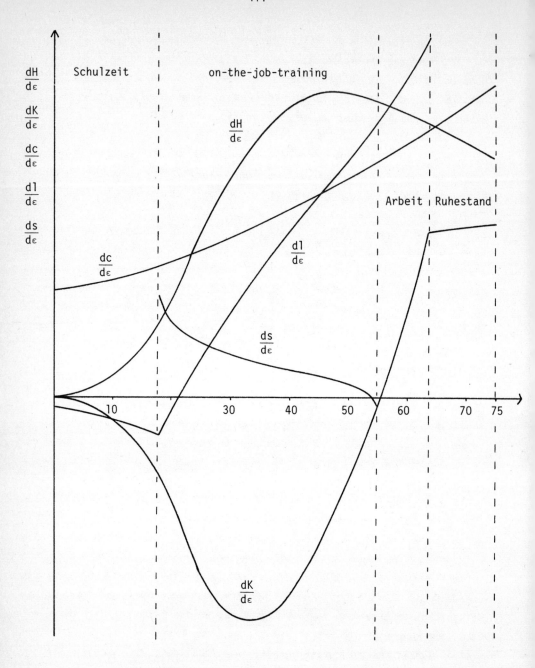

Abbildung C.6 Der Einfluß einer marginalen Variation von ε auf Humanvermögen H, Geldvermögen K, Konsum c, Arbeitszeit l und on-the-
job-training s.

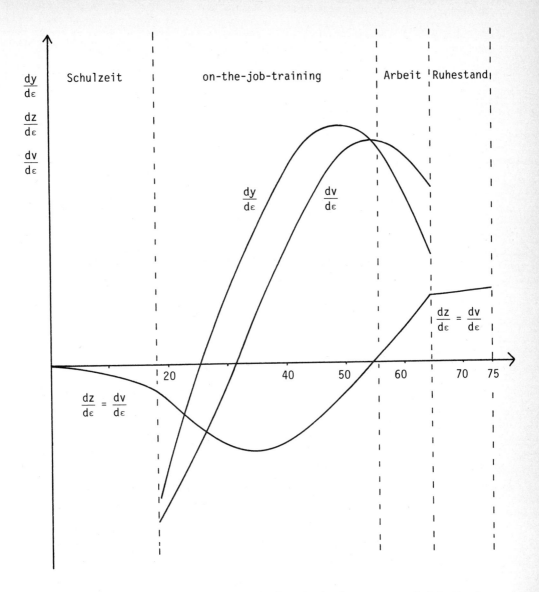

Abbildung C.7 Der Einfluß einer marginalen Variation von ε auf Arbeitseinkommen y, Zinseinkommen z und verfügbares Einkommen v.

Mincer (1) den Zeitpunkt nennt, ab dem höhere Bildung zu einem höheren Arbeitseinkommen führt. Das Arbeitseinkommen bleibt schließlich bis zum Ende
des Erwerbslebens größer (dy/dε > 0); das verfügbare Einkommen ist zunächst
ebenfalls kleiner (dv/dε < 0) und fällt erst nach dem 30. Lebensjahr bis

---

(1) Siehe Mincer (1970), Seite 12.

zum Tode größer aus (dv/dε > 0).

Das begabtere Wirtschaftssubjekt verdient schließlich, wie Tabelle C.7 zeigt, ein höheres Lebenseinkommen (dY/dε > 0), leistet sich einen größeren Lebenskonsum (dC/dε > 0) und steigert seinen Lebensnutzen (dN/dε > 0).

dY/dε = 267.18	dC/dε = 238.37	dN/dε = 42.06
$\eta_{Y,\varepsilon}$ = 1.2570	$\eta_{C,\varepsilon}$ = 0.7645	$\eta_{N,\varepsilon}$ = 0.3773

Tabelle C.7   Variation von Lebenseinkommen Y, Lebenskonsum C und Lebensnutzen N bei marginaler Variation von ε.

Würde ε beispielsweise um 10 Prozent erhöht, stiege das Lebenseinkommen um etwa 12.6 Prozent von 74.39 auf 83.74, wobei 61 Prozent des Zuwachses auf die bessere Ausbildung und 39 Prozent auf die höhere Arbeitszeit und das verlängerte Erwerbsleben zurückzuführen wären. Der Lebenskonsum nähme um 7.6 Prozent, der Lebensnutzen um 3.8 Prozent zu.

Tabelle C.8 schließlich zeigt, wie sich der Lebensverlauf des repräsentativen Wirtschaftssubjekt verändert, wenn ε schrittweise variiert wird (1). Diese ε-Homotopie bestätigt im wesentlichen die mit Hilfe der Methode der komparativen Dynamik gewonnenen Ergebnisse: Wer begabter ist, geht länger zur Schule, arbeitet mehr und tritt später in Ruhestand. Bei ε = 0.3 könnte man von einem Hauptschüler sprechen, bei ε = 0.4 von einem Abiturienten und bei 0.45 ≤ ε ≤ 0.55 von einem Hochschüler; ein Wirtschaftssubjekt mit ε = 0.55 würde nicht mehr in Ruhestand gehen, sondern wegen seiner wertvollen Ausbildung bis ans Lebensende arbeiten.

Längere Ausbildung muß finanziert werden. Deshalb sinkt in jungen Jahren das Minimum des Geldvermögens bzw. steigen die Schulden, wenn ε zunimmt; erst im Alter kann über das höhere Humanvermögen auch ein größeres Geldvermögen akkumuliert werden.

---

(1) Der Lebensverlauf des repräsentativen Wirtschaftssubjekts ist in der Spalte mit ε = 0.35 zu finden.

ϵ	0.20	0.25	0.30	0.35	0.40	0.45	0.50	0.55
t_1	12.35	13.88	15.71	17.92	20.62	23.95	28.09	33.17
t_2	58.82	59.73	57.00	56.46	56.82	57.77	59.17	60.92
t_3	58.82	60.55	62.50	64.68	67.11	69.81	72.78	-
$H(0)$	1.0	1.0	1.0	1.0	1.0	1.0	1.0	1.0
$H(t_1)$	8.92	10.95	13.87	18.27	25.30	37.36	60.03	107.76
H_{max}	16.34	20.15	25.58	33.66	46.29	67.29	104.96	179.35
$H(T)$	12.22	15.21	19.54	26.08	36.47	54.08	86.27	151.08
$K(0)$	40.0	40.0	40.0	40.0	40.0	40.0	40.0	40.0
$K(t_1)$	22.31	15.05	4.01	-13.39	-42.17	-92.46	-186.34	-375.38
K_{min}	16.95	7.37	-7.15	-29.93	-67.15	-131.08	-247.32	-472.50
K_{max}	111.52	120.70	133.16	150.97	178.59	226.36	321.41	542.20
$K(T)$	55.22	66.44	82.38	105.97	142.76	204.05	315.37	542.20
$l(0)$	0.4834	0.4831	0.4820	0.4805	0.4787	0.4776	0.4787	0.4843
$l(15)$	0.5509	0.5512	0.5477	0.5428	0.5375	0.5362	0.5294	0.5304
$l(30)$	0.4854	0.5026	0.5191	0.5341	0.5469	0.5558	0.5580	0.5527
$l(45)$	0.2973	0.3293	0.3624	0.3960	0.4299	0.4633	0.4947	0.5218
$l(60)$	0.0	0.0147	0.0646	0.1174	0.1728	0.2303	0.2888	0.3464
$l(75)$	0.0	0.0	0.0	0.0	0.0	0.0	0.0	0.2514
t_{lmax}	16.03	17.55	19.34	21.45	23.95	26.93	30.43	34.47
t_{ymax}	33.10	35.27	37.74	40.55	43.76	47.79	51.42	55.71
t_{wmax}	48.17	53.07	57.00	56.46	56.82	57.77	59.17	60.92
Y	46.82	53.83	62.76	74.39	90.03	111.96	144.48	196.63
W	86.82	93.83	102.76	114.39	130.03	151.96	184.48	236.63
C	84.07	90.53	98.66	109.11	122.92	141.80	168.78	209.63
N	-44.08	-42.64	-40.97	-39.02	-36.74	-34.05	-30.84	-26.98

Tabelle C.8   Der optimale Lebensverlauf des repräsentativen Wirtschaftssubjekts bei schrittweiser Variation von ϵ.

Je größer ε, desto später im Leben werden die Maxima von Arbeitszeit, Arbeitseinkommen und Lohnsatz erreicht - doch stets in dieser Reihenfolge. Dies stimmt mit empirischen Beobachtungen, beispielsweise von Ghez und Becker sowie Mincer (1), überein, nach denen Personen mit höherer Ausbildung später im Leben ihre höchsten Einkommen erzielen.

Mit ε steigt das Lebenseinkommen; bemerkenswert ist, daß die Relationen der Lebenseinkommen von Hauptschülern, Abiturienten und Hochschülern, die das Modell ausweist, exakt jenen entsprechen, die beispielsweise für die Bundesrepublik Deutschland ermittelt wurden: Helberger schätzte das Lebenseinkommen aus Arbeit eines Hochschülers auf das 1.9fache, das eines Abiturienten auf das 1.3fache des Lebenseinkommens eines Hauptschülers (2); zu den gleichen Ergebnissen kamen Clement, Tessaring und Weißhuhn (3); Pfaff, Fuchs und Kohler wie auch Weißhuhn (4) errechneten für den Hochschüler das 1.8- bis 2.1fache des Lebenseinkommens eines Hauptschülers.

Identifiziert man einen Hauptschüler mit ε = 0.30, einen Abiturienten mit ε = 0.4 und einen Hochschüler mit $0.45 \leq \varepsilon \leq 0.50$, so sagt das Modell vorher, das Lebenseinkommen eines Abiturienten betrage das 1.4fache, das eines Hochschülers das 1.8- bis 2.3fache des Lebenseinkommens eines Hauptschülers. Wählt man für den Hochschüler insbesondere ε = 0.475 - dies führt bei einem Abschluß der formalen Bildung im Alter von 25.91 Jahren auf ein Lebenseinkommen von 126.50 -, so beträgt sein Lebenseinkommen das 2.0fache des Lebenseinkommens eines Hauptschülers.

3. Intertemporales Faktorangebot eines reicheren Wirtschaftssubjekts

Wer über eine größere Erstausstattung mit Geldvermögen verfügt, geht länger zur Schule ($dt_1/dK_O > 0$) und beendet das on-the-job-training später ($dt_2/dK_O > 0$), tritt aber den Ruhestand früher an ($dt_3/dK_O < 0$). Würde die Erstausstattung mit Geldvermögen beispielsweise um 10.0 von 40.0 auf 50.0 erhöht, so verlängerte das Wirtschaftssubjekt - wie Tabelle C.9 zeigt - seine Schulausbildung um 0.21 Jahre und das on-the-job-training um 1.51 Jahre; der Ruhestand dagegen würde um 1.32 Jahre vorgezogen.

---

(1) Siehe Ghez und Becker (1975), Seite 86 ff sowie Mincer (1975) Seite 73 f, (1974), Seite 14.
(2) Siehe Helberger (1982), Seite 141 und 152; aus den dort abgedruckten Tabellen lassen sich diese Werte gewinnen.
(3) Siehe Clement, Tessaring und Weißhuhn (1980), Seite 193 und 204 f.
(4) Siehe Pfaff, Fuchs und Kohler (1977) sowie Weißhuhn (1977).

$dt_1/K_0 = 0.0214$	$dt_2/dK_0 = 0.1515$	$dt_3/dK_0 = -0.1322$
$n_{t_1,K_0} = 0.0477$	$n_{t_2,K_0} = 0.1073$	$n_{t_3,K_0} = -0.0817$

Tabelle C.9   Variation der Schaltpunkte bei marginaler Variation von K_0.

In Abbildung C.8 fällt auf, daß das reichere Wirtschaftssubjekt von Lebensbeginn bis zum Ende des Erwerbslebens mehr Freizeit wählt ($dl/dK_0 < 0$); die Ursache liegt darin, daß die Grenznutzen, mit denen marginales Humanvermögen und marginales Einkommen bewertet werden, wegen der höheren Erstausstattung mit Geldvermögen gesunken sind. Dies aber bedeutet niedrigere marginale Opportunitätskosten der Freizeit.

Weil das Wirtschaftssubjekt mehr Freizeit nachfragt, erwirbt es in der Schule weniger Humanvermögen; ebenso beim on-the-job-training, obwohl dort ein größerer Teil der allerdings kleineren Arbeitszeit für die Weiterbildung verwandt wird ($ds/dK_0 > 0$). Auch die Verlängerung der Schulausbildung und des on-the-job-trainings kann dies nicht kompensieren: das Humanvermögen des reicheren Wirtschaftssubjekts ist zeitlebens kleiner ($dH/dK_0 < 0$) – man könnte sagen, das reichere Wirtschaftssubjekt leistet sich eine längere Ausbildung, erzielt dabei aber einen schlechteren Abschluß.

Weil der Grenznutzen des Geldvermögens gesunken ist, konsumiert das reichere Wirtschaftssubjekt in jedem Augenblick des Lebens mehr ($dc/dK_0 > 0$); trotzdem verfügt es stets über ein größeres Geldvermögen ($dK/dK_0 > 0$), von dem teilweise auch die Erben profitieren (1).

Das vorliegende Modell zeigt, daß die neoklassische Theorie durchaus erklären kann, warum Kinder reicherer Eltern oftmals eine längere Ausbildung, oft auch mit weniger Erfolg, durchlaufen, ohne daß sie dazu unvollkommene Kapitalmärkte oder Zugangsbeschränkungen zu den Ausbildungsstätten bemühen muß (2).

---

(1) Hier unterscheidet sich das vorliegende Modell von den Modellen von Blinder und Weiss (1974), (1976) oder McCabe (1975); diese Modelle sagen bei höherer Erstausstattung mit Geldvermögen unrealistischerweise kürzere Schulausbildung und niedrigeren Konsum vorher.
(2) Diese Annahmen spielen, wie in Kapitel B.II.4.c) gezeigt, in Beckers Theorie der personellen Einkommensverteilung eine zentrale Rolle.

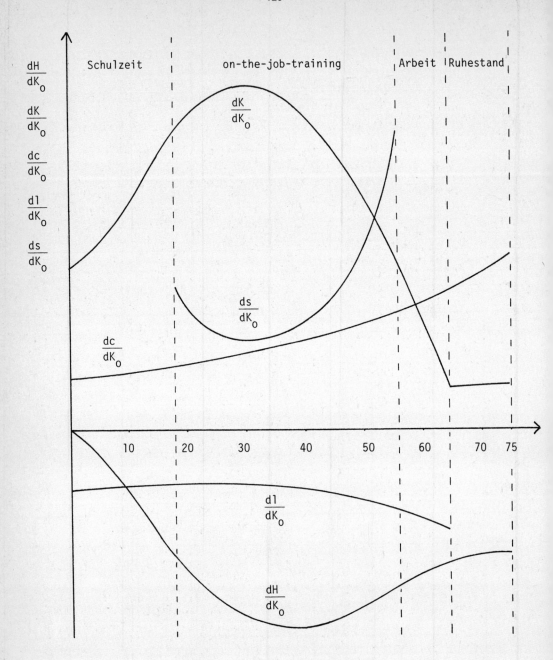

Abbildung C.8 Der Einfluß einer marginalen Variation von K_0 auf Humanvermögen H, Geldvermögen K, Konsum c, Arbeitszeit l und
on-the-job-training s.

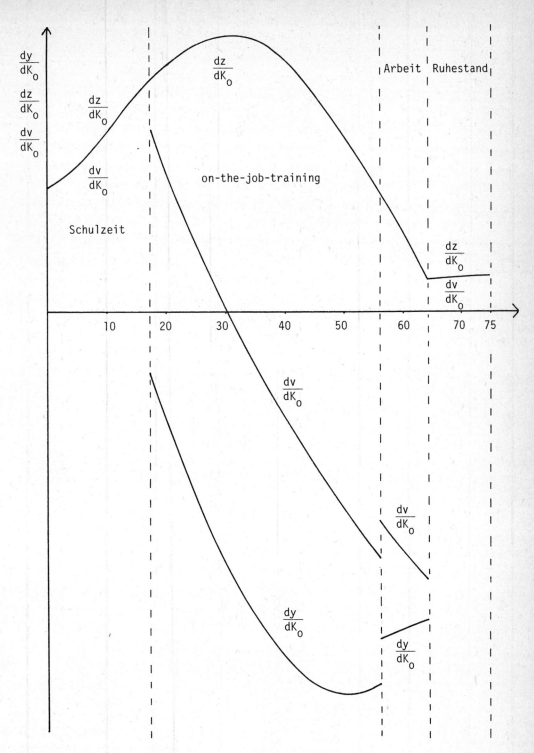

<u>Abbildung C.9</u> Der Einfluß einer marginalen Variation von K_O auf Arbeits-
einkommen y, Zinseinkommen z und verfügbares Einkommen v.

Weil das reichere Wirtschaftssubjekt weniger Humanvermögen besitzt und weniger Arbeitszeit anbietet, verdient es, wie Abbildung C.9 zeigt, ein kleineres Arbeitseinkommen ($dy/dK_o < 0$) und verfügt deshalb über weite Teile seines Lebens über ein geringeres Gesamteinkommen ($dv/dK_o < 0$).

Das niedrigere Arbeitseinkommen, der spätere Eintritt in das Berufsleben und der frühere Ruhestand führen, wie aus Tabelle C.10 hervorgeht, auf ein kleineres Lebenseinkommen ($dY/dK_o < 0$). Steigt beispielsweise die Erstausstattung mit Geldvermögen um 10.0 von 40.0 auf 50.0, so sinkt das Lebenseinkommen um etwa 8.69 von 74.39 auf 65.70; in Prozent ausgedrückt: bei einer Erhöhung der Erstausstattung mit Geldvermögen um 10 Prozent verringert sich das Lebenseinkommen um etwa 4.67 Prozent. Dieser Effekt ist überraschend groß. Nähere Untersuchungen zeigten, daß der Rückgang des Lebenseinkommens zu 47 Prozent aus der geringeren Arbeitszeit resultiert und zu 53 Prozent daraus, daß das Wirtschaftssubjekt weniger Humanvermögen erworben und Schulausbildung und on-the-job-training in die Länge gezogen hat.

$dY/dK_o = -0.8697$	$dW/dK_o = 0.1303$	$dC/dK_o = 0.1162$
$n_{Y,K_o} = -0.4676$	$n_{W,K_o} = 0.0455$	$n_{C,K_o} = 0.0426$
	$dN/dK_o = 0.0963$	
	$n_{N,K_o} = 0.0987$	

Tabelle C.10   Variation von Lebenseinkommen Y, "full wealth" W, Lebenskonsum C und Lebensnutzen N bei marginaler Variation von K_o.

Wenn das Lebenseinkommen um weniger sinkt als die Erstausstattung mit Geldvermögen zunimmt, steigt der "full wealth" ($dW/dK_o > 0$); entsprechend höher sind Lebenskonsum ($dC/dK_o > 0$) und Lebensnutzen ($dN/dK_o > 0$).

Tabelle C.11 schließlich zeigt, wie sich der optimale Lebensverlauf des repräsentativen Wirtschaftssubjekts verändert, wenn K_o schrittweise variiert.

K_o	0.0	10.0	30.0	40.0	50.0	60.0	80.0	100.0
t_1	17.32	17.43	17.72	17.92	18.15	18.46	19.42	21.61
t_2	53.32	53.71	55.19	56.46	58.31	61.13	59.60	57.75
t_3	70.07	68.71	66.01	64.68	63.36	62.05	59.60	57.75
$H(0)$	1.0	1.0	1.0	1.0	1.0	1.0	1.0	1.0
$H(t_1)$	20.54	20.00	18.87	18.27	17.66	17.01	15.68	14.42
H_{max}	38.53	37.35	34.92	33.66	32.37	31.04	28.31	25.49
$H(T)$	29.46	28.60	26.90	28.06	25.25	24.43	22.66	20.62
$K(0)$	0.0	10.0	30.0	40.0	50.0	60.0	80.0	100.0
$K(t_1)$	-86.42	-68.26	-31.77	-13.39	5.13	23.84	62.07	102.96
K_{min}	-119.16	-96.62	-52.03	-29.93	-7.92	14.03	57.78	102.44
K_{max}	126.05	132.94	145.40	150.97	156.09	160.76	168.75	174.57
$K(T)$	92.29	97.25	103.11	105.97	108.75	111.40	116.29	120.43
$1(0)$	0.5507	0.5347	0.4997	0.4805	0.4598	0.4373	0.3850	0.3181
$1(15)$	0.6083	0.5935	0.5610	0.5428	0.5231	0.5015	0.4500	0.3810
$1(30)$	0.5999	0.5849	0.5522	0.5341	0.5147	0.4937	0.4452	0.3827
$1(45)$	0.4796	0.4600	0.4183	0.3960	0.3726	0.3481	0.2966	0.2443
$1(60)$	0.2355	0.2072	0.1481	0.1174	0.0859	0.0534	0.0	0.0
$1(75)$	0.0	0.0	0.0	0.0	0.0	0.0	0.0	0.0
t_{1max}	21.19	21.23	21.36	21.45	21.58	21.74	22.33	23.71
t_{ymax}	42.48	41.98	41.01	40.55	40.10	39.69	39.09	39.28
t_{wmax}	53.32	53.71	55.19	56.46	58.31	61.13	57.71	52.04
Y	108.83	100.27	83.06	74.39	65.66	56.86	39.03	20.83
W	108.83	110.27	113.06	114.39	115.66	116.86	119.03	120.83
C	104.13	105.43	107.92	109.11	110.24	111.31	113.24	114.84
N	-43.05	-42.01	-39.99	-39.02	-38.07	-37.13	-35.31	-33.55

Tabelle C.11   Der optimale Lebensverlauf des repräsentativen Wirtschaftssubjekts bei schrittweiser Variation von K_o.

Deutlich zeigt sich, daß reichere Wirtschaftssubjekte länger zur Schule gehen - dennoch aber am Ende der Schulausbildung weniger Humankapital besitzen -, weniger arbeiten und früher in Ruhestand treten. Ihr Lebenseinkommen ist um so kleiner, je größer ihre Erstausstattung mit Geldvermögen ist. "Full wealth" und Lebenskonsum aber steigen mit dem Anfangsvermögen.

4. Intertemporales Faktorangebot eines Wirtschaftssubjekts mit höherer Freizeitpräferenz

ξ gibt in der Nutzenfunktion $U(c,f,H,t)$ die Bedeutung wieder, welche das Wirtschaftssubjekt der Freizeit im Vergleich zu Konsum, Bildung und Vermögen für die Erben beimißt. Ein größerer Wert von ξ signalisiert eine höhere Freizeitpräferenz und eine geringere Bereitschaft, sich für Güterkonsum, Humanvermögen und Erben anzustrengen. ξ ist damit als Maß für den Fleiß des Wirtschaftssubjekts zu interpretieren. Entsprechend sagt das Modell voraus, daß bei höherer Freizeitvorliebe die Schulausbildung verkürzt ($dt_1/d\xi < 0$), das on-the-job-training eingeschränkt ($dt_2/d\xi < 0$) und der Ruhestand früher angetreten wird ($dt_3/d\xi < 0$). Die höhere Präferenz der Freizeit führt zu einer Reduktion der Anstrengungen nicht nur im Berufsleben, sondern auch in der Schule.

$dt_1/d\xi = -9.4329$	$dt_2/d\xi = -24.587$	$dt_3/d\xi = -55.424$
$n_{t_1,\xi} = -0.2105$	$n_{t_2,\xi} = -0.1741$	$n_{t_3,\xi} = -0.3427$

Tabelle C.12 Variation der Schaltpunkte bei marginaler Variation von ξ.

Tabelle C.12 zeigt, daß der Einfluß einer Variation von ξ auf die Dauer der einzelnen Lebensphasen beträchtlich ist: Wenn ξ beispielsweise um 0.1 erhöht wird, verkürzt sich die Schulausbildung um 0.94 Jahre, das on-the-job-training um 2.45 Jahre und das Arbeitsleben um 5.54 Jahre.

Mit ξ steigt der Grenznutzen der Freizeit. Dies führt, wie Abbildung C.10 zeigt, auf eine höhere optimale Freizeit während des gesamten Schul- und

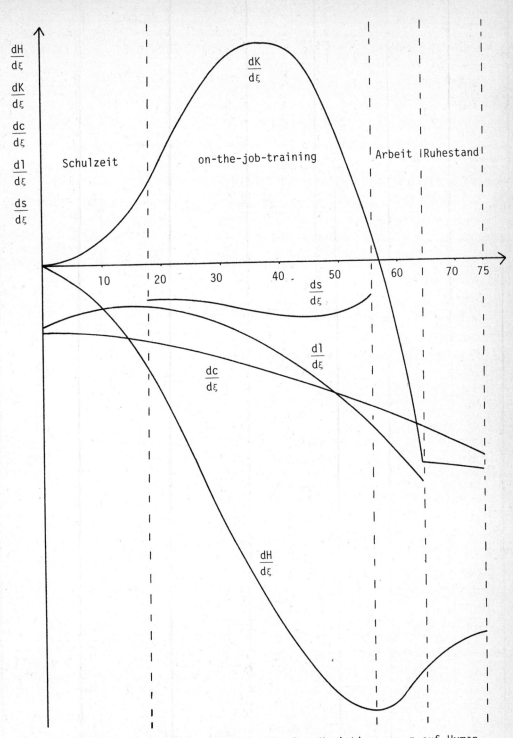

Abbildung C.10   Der Einfluß einer marginalen Variation von ξ auf Humanvermögen H, Geldvermögen K, Konsum c, Arbeitszeit l und
on-the-job-training s.

Arbeitslebens ($dl/d\xi < 0$). Mehr Freizeit, kürzere Schulausbildung und weniger on-the-job-training ($ds/d\xi < 0$), das zudem früher beendet wird, bedingen ein kleineres Humankapital während des ganzen Lebens ($dH/d\xi < 0$). Ein kleinerer Konsum ($dc/d\xi < 0$) erlaubt lange Zeit ein größeres Geldvermögen und Kapitalangebot ($dK/d\xi > 0$); erst gegen Ende des Erwerbslebens, wenn das geringere Arbeitseinkommen ($dy/d\xi < 0$) sich auswirkt, sinkt das Geldvermögen und bleibt bis zum Lebensende kleiner ($dK/d\xi < 0$). Das Arbeitseinkommen ist, wie Abbildung C.11 zeigt, lediglich zu Beginn des Erwerbslebens kurzzeitig höher, so lange der teilweise Verzicht auf on-the-job-training das geringere Humankapitaltangebot überkompensiert.

Tabelle C.13 zeigt, daß mit höherer Freizeitpräferenz ein geringeres Lebenseinkommen ($dY/d\xi < 0$), ein geringerer Lebenskonsum ($dC/d\xi < 0$) und ein kleinerer Lebensnutzen ($dN/d\xi < 0$) verbunden sind.

$dY/d\xi = -162.32$	$dC/d\xi = -144.82$	$dN/d\xi = -140.72$
$\eta_{Y,\xi} = -0.8728$	$\eta_{C,\xi} = -0.6757$	$\eta_{N,\xi} = -1.4424$

<u>Tabelle C.13</u>   Variation von Lebenseinkommen Y, Lebenskonsum C und Lebensnutzen N bei marginaler Variation von ξ.

Der Rückgang des Lebenseinkommens resultiert zu 82 Prozent aus der geringeren Arbeitszeit und zu 18 Prozent aus den geringeren Bildungsanstrengungen. Das Absinken des Lebensnutzens ist so zu interpretieren, daß die Bedingungen der Modellwelt für ein Wirtschaftssubjekt mit niedrigerer Freizeitpräferenz günstiger sind als für ein Wirtschaftssubjekt mit höherer Freizeitpräferenz.

Tabelle C.14 schließlich zeigt, wie sich der optimale Lebensplan des repräsentativen Wirtschaftssubjekts ändert, wenn ξ schrittweise variiert wird. Bei kleinem ξ - also hoher Präferenz für Konsum, Humanvermögen und Vererbungsvermögen - geht das Wirtschaftssubjekt nicht mehr in Ruhestand, sondern arbeitet bis ans Lebensende; gleichzeitig ist die optimale Arbeitszeit erheblich höher als bei Wirtschaftssubjekten mit größerer Freizeitvorliebe.

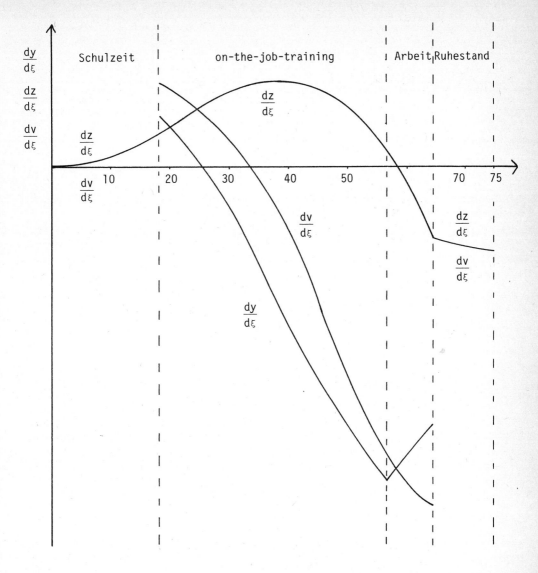

<u>Abbildung C.11</u>   Der Einfluß einer marginalen Variation von ξ auf Arbeits-
einkommen y, Zinseinkommen z und verfügbares Einkommen v.

Bei hohem ξ wird der Ruhestand schon sehr früh angetreten - bei ξ = 0.8
beispielsweise im Alter von 48.61 Jahren, zu einer Zeit, in der sich das
repräsentative Wirtschaftssubjekt mit ξ = 0.4   noch mitten im on-the-job-
training befindet. Gleichzeitig wird deutlich, daß von hoher Freizeitvorliebe des Vorfahren auch die Erben getroffen werden, denn das Endvermögen
sinkt mit steigendem ξ rapide ab.

ξ	0.1	0.2	0.3	0.4	0.5	0.6	0.7	0.8
t_1	22.07	20.29	18.96	17.92	17.04	16.26	15.54	14.85
t_2	64.33	62.23	59.20	56.46	54.49	55.49	51.87	48.61
t_3	-	-	70.98	64.68	59.68	55.49	51.87	48.61
$H(0)$	1.0	1.0	1.0	1.0	1.0	1.0	1.0	1.0
$H(t_1)$	36.96	27.09	21.74	18.27	15.77	13.81	12.20	10.81
H_{max}	77.73	54.73	41.77	33.66	28.07	23.90	20.63	17.93
$H(T)$	67.82	46.22	37.77	26.08	20.90	17.18	14.36	12.13
$K(0)$	40.0	40.0	40.0	40.0	40.0	40.0	40.0	40.0
$K(t_1)$	-142.37	-71.34	-34.95	-13.39	8.28	10.92	18.43	24.22
K_{min}	-239.55	-120.39	-62.20	-29.93	-9.73	4.00	13.88	21.25
K_{max}	466.24	244.69	178.28	150.97	133.06	119.60	108.72	99.54
$K(T)$	466.24	244.69	153.09	105.97	78.12	60.03	47.49	38.35
$1(0)$	0.6927	0.5873	0.5247	0.4805	0.4458	0.4170	0.3917	0.3686
$1(15)$	0.7240	0.6327	0.5798	0.5428	0.5140	0.4900	0.4690	0.4497
$1(30)$	0.7339	0.6413	0.5815	0.5341	0.4921	0.4522	0.4126	0.3717
$1(45)$	0.6933	0.5706	0.4781	0.3960	0.3180	0.2414	0.1655	0.0899
$1(60)$	0.5908	0.4066	0.2539	0.1174	0.0	0.0	0.0	0.0
$1(75)$	0.3911	0.1151	0.0	0.0	0.0	0.0	0.0	0.0
t_{1max}	25.72	24.07	22.65	21.45	20.41	19.46	18.58	17.74
t_{ymax}	64.33	54.07	45.44	40.55	37.11	34.39	32.12	30.12
t_{wmax}	64.33	62.23	59.20	56.46	52.32	46.24	42.43	39.46
Y	180.56	124.67	94.03	74.39	60.47	49.91	41.51	34.57
W	220.56	164.67	134.03	114.39	100.47	89.91	81.51	74.57
C	197.35	152.49	126.41	109.11	96.58	86.92	79.14	72.66
N	8.13	-9.15	-24.58	-39.02	-52.81	-66.13	-79.08	-91.74

Tabelle C.14   Der optimale Lebensverlauf des repräsentativen Wirtschaftssubjekts bei schrittweiser Variation von ξ.

IV. Vom intertemporalen Faktorangebot zur
personellen Einkommensverteilung

Die numerische Lösung hat gezeigt, daß das Modell des intertemporalen Faktorangebots viele "stylized facts" der Realität erklären kann. Dies ist dreifach demonstriert worden.

Erstens: Das Modell teilt das Leben des repräsentativen Wirtschaftssubjekts in die vier Abschnitte Schulausbildung, on-the-job-training, Arbeitsphase und Ruhestand ein, wie sie typischerweise in der Realität beobachtet werden. Es sagt ferner Reihenfolge und Dauer dieser einzelnen Phasen richtig vorher. Das optimale Lebensprogramm [c(t),l(t),s(t)] erklärt dabei wirklichkeitsgetreue Profile für den intertemporalen Konsum, das intertemporale Arbeitsangebot und das intertemporale on-the-job-training.

Zweitens: Das optimale Lebensprogramm [c(t),l(t),s(t)] generiert für das repräsentative Wirtschaftssubjekt Einkommens- und Vermögensprofile, wie sie in empirischen Untersuchungen festgestellt werden. Es sagt insbesondere richtig voraus, daß die meiste Arbeitszeit angeboten wird, bevor das Arbeitseinkommen sein Maximum erreicht hat, welches wiederum zeitlich vor dem höchsten Lohnsatz liegt. Auch der intertemporale Verlauf des Kapitalangebots, das seinen höchsten Wert gegen Ende des Erwerbslebens erreicht und danach wieder abfällt, wird richtig erklärt.

Drittens: Das Modell zeigt realistische bzw. plausible Änderungen des optimalen Lebensprogramms und des intertemporalen Faktorangebots, wenn angeborene Fähigkeiten, Erstausstattung mit Geldvermögen und Freizeitpräferenz variiert werden (1). Diese Analysen machen deutlich, daß die qualitativen Ergebnisse des Modells nicht von einer bestimmten Wertekonstellation der Parameter abhängen; die Ergebnisse wurden auch nicht durch geschicktes Probieren und Justieren der Parameterwerte gewonnen. Vielmehr wurden, nachdem die Nutzenfunktionen, die Produktionsfunktion und die Transformationskurve gewählt waren, die Werte für die auftretenden Parameter aus empirischen Untersuchungen entnommen. Lediglich drei Präferenzparameter ließen sich nicht empirisch absichern - sie wurden entsprechend justiert.

---

(1) Es sind nur die Auswirkungen einer Variation dieser drei exogenen Variablen vorgeführt worden, weil nur sie im weiteren Verlauf dieser Arbeit eine Rolle spielen. Man kann zeigen, daß auch bei der Variation anderer Parameter realistische Ergebnisse produziert werden, z.B. bei der Variation der Lebensdauer T oder der Faktorpreise i und r.

Mit dem Modell des intertemporalen Faktorangebots scheint ein Ansatz gefunden zu sein, der die personelle Verteilung von Periodeneinkommen, Lebenseinkommen und Vermögen mikroökonomisch als Resultat individueller intertemporaler Allokation von Zeit und Einkommen erklären kann. Im nächsten Kapitel wird daher versucht, die personelle Verteilung über die Simulation des Modells für viele unterschiedliche Wirtschaftssubjekte zu berechnen.

D. Die Simulation der personellen Einkommens- und Vermögensverteilung

"The most important conclusion that
emerges from the economic analysis of
the personal or family distribution of
income is that, in a very broad sense
and subject to inequalities of initial
circumstances ... the distribution of
measured income at a point in time is
to an important extent determined by individual choice among opportunities
that yield both different combinations
of cash income and non-pecuniary advan-
tages, and different profiles of cash
over time."

Harry G. Johnson

Auf das Modell des intertemporalen Faktorangebots kommt in diesem Kapitel
die entscheidende Bewährungsprobe zu: Jetzt wird sich zeigen, ob und wie
gut die personelle Einkommens- und Vermögensverteilung über individuelle
intertemporale Allokationsentscheidungen erklärt werden kann.

In Teil I wird die Modellwelt mit einer größeren Anzahl nutzenmaximierender Wirtschaftssubjekte versehen, die sich in ihren Fähigkeiten, Humanvermögen zu erwerben, in ihren Erstausstattungen mit Geldvermögen und in ihren
Präferenzen für Freizeit unterscheiden. Fähigkeiten und Präferenzen werden
als normalverteilt angenommen mit Erwartungswerten, die den Parameterwerten
des repräsentativen Wirtschaftssubjekts entsprechen; die Anfangsvermögen
werden als lognormalverteilt unterstellt. Mit unterschiedlichen Fähigkeiten, Präferenzen und Anfangsvermögen sind drei wichtige Ursachen für eine
ungleiche Einkommens- und Vermögensverteilung explizit berücksichtigt; wie
sich ihre Variation auf den optimalen Lebensverlauf und das intertemporale
Faktorangebot auswirkt, ist im letzten Kapitel ausführlich analysiert
worden.

Über diese Modellbevölkerung aus rationalen Wirtschaftssubjekten wird sodann eine realistische Altersstruktur gelegt; ferner müssen - weil sich
die meisten empirischen Untersuchungen zur Verteilung von Einkommen und
Vermögen auf Haushalte und nicht auf Personen beziehen - die einzelnen
Wirtschaftssubjekte zu Haushalten zusammengefaßt werden. Dann ist die fik-

tive Modellwelt soweit vorbereitet, daß mit der Simulation der personellen Einkommensverteilung begonnen werden kann.

In Teil II wird für jedes Wirtschaftssubjekt mit seinen persönlichen Lernfähigkeiten, Freizeitpräferenzen und seiner Erstausstattung an Geldvermögen das intertemporale Nutzenmaximierungsproblem gelöst. Aus den optimalen intertemporalen Faktorangeboten entstehen die individuellen Einkommens- und Vermögensprofile; aus ihnen läßt sich mit Hilfe des Alters des Wirtschaftssubjekts sofort das jeweilige Periodeneinkommen, aufgeschlüsselt nach Arbeitseinkommen und Zinseinkommen sowie das Geldvermögen angeben; gleichzeitig ist es möglich, Lebenseinkommen und "full wealth" eines jeden Wirtschaftssubjekts zu berechnen.

Es ist jetzt leicht, die personelle Verteilung von Einkommen und Vermögen - ob für Personen oder Haushalte, ob für die gesamte Modellbevölkerung oder nach Altersgruppen oder Bildungsabschlüssen gegliedert - in den gebräuchlichen Verteilungsmaßen auszudrücken und den entsprechenden empirischen Untersuchungsergebnissen gegenüberzustellen. An dieser Stelle entscheidet sich, welche Erklärungskraft in diesem intertemporalen Ansatz steckt.

Besonders interessant verspricht der Vergleich der personellen Verteilung von Periodeneinkommen und Lebenseinkommen zu werden; denn sein Resultat hat Implikationen für die Konzeption einer rationalen Verteilungspolitik - ob momentane Einkommensarmut einzelner Wirtschaftssubjekte durch interpersonelle oder intertemporale Umverteilung von Lebenseinkommen behoben werden soll.

Teil III untersucht die Ursachen der ungleichen Einkommens- und Vermögensverteilung. Dazu wird berechnet, wieviel Prozent der festgestellten Ungleichverteilung von Periodeneinkommen, Lebenseinkommen oder Vermögen jeweils auf unterschiedliche Fähigkeiten, Präferenzen und Erstausstattungen zurückzuführen sind - also verschwinden würden, wenn Fähigkeiten, Präferenzen oder Anfangsvermögen für alle Wirtschaftssubjekte identisch wären. Besteht schließlich die Modellbevölkerung nur noch aus repräsentativen Wirtschaftssubjekten, so läßt sich bestimmen, welches Ausmaß an Ungleichverteilung der Periodeneinkommen und Vermögen allein aus der Altersstruktur der Bevölkerung resultiert.

I. Kreation der Modellbevölkerung

Die personelle Einkommensverteilung soll über einer Modellbevölkerung berechnet werden, die etwa 10 000 Wirtschaftssubjekte im Alter zwischen 20
und 75 Jahren zählt. Um die Simulation so einfach wie möglich zu gestalten,
wurde angenommen, alle Personen seien bis auf drei Charakteristika mit dem
repräsentativen Wirtschaftssubjekt aus Kapitel B identisch - lediglich ihre
Fähigkeiten, Humanvermögen zu bilden ε, ihre Vorliebe für Freizeit ξ und
ihre Erstausstattungen mit Geldvermögen K_o seien verschieden. Wie sich
Variationen dieser Parameter auf den optimalen Lebensverlauf auswirken, ist
bereits ausführlich analysiert worden.

ε, die angeborene Lernfähigkeit, gibt als Produktionselastizität in der
Produktionsfunktion für Humanvermögen an, wie gut das Wirtschaftssubjekt
sein vorhandenes Humanvermögen zum Erwerb von neuem Humanvermögen nutzen
kann. Wirtschaftssubjekte mit größeren Fähigkeiten bilden sich länger aus,
arbeiten mehr und länger und verdienen ein höheres Arbeitseinkommen. Es
wurde unterstellt, ε sei normalverteilt

$$\varepsilon \sim N(\mu_\varepsilon, \sigma_\varepsilon) \qquad\qquad D.1$$

mit dem Erwartungswert $\mu_\varepsilon = 0.35$ und der Standardabweichung $\sigma_\varepsilon = 0.1$ - im
Durchschnitt verfügten die Wirtschaftssubjekte der Modellwelt somit über
den gleichen Wert für ε wie das repräsentative Wirtschaftssubjekt (1). Um
den numerischen Aufwand bei der Simulation der personellen Verteilung in
Grenzen zu halten, wurden die Realisationsmöglichkeiten von ε auf drei
Werte beschränkt:

$$\varepsilon = (0.25, 0.35, 0.45) \qquad\qquad D.2$$

Die vom Zufallsgenerator erzeugte normalverteilte Zufallszahl mit Erwartungswert 0.35 und Standardabweichung 0.1 wurde deshalb in jenen zulässigen
Wert für ε umgewandelt, dem sie am nächsten kam. Lautete die Zufallszahl
beispielsweise 0.29, so erhielt das Wirtschaftssubjekt den Wert 0.25 für ε.
Auf diese Weise wurde für jede Person der Modellwelt ein ε bestimmt.

---

(1) Für die Wahl einer Standardabweichung für ε von 0.1 läßt sich keine empirisch gestützte Rechtfertigung angeben; sie erfolgte zwangsläufig
willkürlich, wie dies im folgenden auch bei ξ und K_o der Fall sein
wird. Zu ihren Gunsten läßt sich lediglich sagen, daß sie zu einer realistischen Streuung der Ausbildungsabschlüsse führt.

Ein großer Wert für ξ drückt eine hohe Präferenz für Freizeit und eine geringe Vorliebe für Konsum, Humanvermögen und Vererbungsvermögen aus. Solche Wirtschaftssubjekte fragen während Schulzeit und Berufsleben mehr Freizeit nach, gehen früher in Ruhestand, verdienen und konsumieren weniger. Es gibt keine Anhaltspunkte, wie die Freizeitvorliebe in der Realität verteilt ist; daher wurde vermutet, ξ sei normalverteilt

$$\xi \sim N(\mu_\xi, \sigma_\xi) \qquad\qquad\qquad \text{D.3}$$

mit dem Erwartungswert μ_ξ = 0.4 - dies entspricht dem ξ-Wert des repräsentativen Wirtschaftssubjekts - und einer Standardabweichung von σ_ξ = 0.1; auch bei ξ wurden die Realisationsmöglichkeiten auf drei Werte beschränkt

$$\xi = (0.2, 0.4, 0.6) \qquad\qquad\qquad \text{D.4}$$

und die gezogenen Zufallszahlen entsprechend transformiert.

K_O bezeichnet in diesem Modell den Barwert aller finanziellen Zuwendungen, die das Wirtschaftssubjekt von seinen Vorfahren erhält; darunter fallen, außer den eigentlichen Erbvermögen, die "inter vivos"-Transfers und die Kosten der Erziehung. Reichere Wirtschaftssubjekte gehen länger zur Schule, lernen weniger, arbeiten und verdienen weniger, aber konsumieren mehr.

Es war keine Statistik zu finden, die erlaubt hätte, die Verteilung von K_O realitätsnah zu modellieren. Statistiken über Erbschaftssteuern hierfür zu verwenden verbot sich, weil dort nur die großen Erbvermögen erfaßt sind, deren Verteilung erheblich ungleichmäßiger sein dürfte als die Verteilung des Barwertes aller Zuwendungen K_O. Es wurde schließlich unterstellt, K_O gehorche einer Lognormalverteilung

$$K_O \sim \Lambda(\mu_\Lambda, \sigma_\Lambda, \theta_\Lambda) \qquad\qquad\qquad \text{D.5}$$

mit dem Erwartungswert μ_Λ = 2.5, der Standardabweichung σ_Λ = 1.5 und dem Lageparameter θ_Λ = 30.0 - dies impliziert für K_O einen Mittelwert von etwa 67.0; im Durchschnitt verfügte ein Wirtschaftssubjekt dieser Modellwelt somit über eine höhere Erstausstattung mit Geldvermögen als das repräsentative Wirtschaftssubjekt, bei dem angenommen worden war, es erhalte von den Vorfahren lediglich seine Erziehung bis zum Alter von 15 Jahren finanziert.

Für K_0 wurden ebenfalls nur drei Realisationen zugelassen

$$K_0 = (40.0, 50.0, 100.0) \qquad\qquad\qquad D.6$$

und die generierten lognormalverteilten Zufallszahlen entsprechend umgewandelt. Die Standardabweichung dieser Verteilung war so gewählt worden,
daß die resultierende Verteilung von K_0 etwa den empirisch feststellbaren
Einkommensverteilungen entspricht, denn es ist kein Grund ersichtlich,
warum die gesamten Aufwendungen für die Nachfahren anders als die Einkommen
der Vorfahren verteilt sein sollten.

Bei den später präsentierten Simulationsergebnissen ist stets unterstellt,
Fähigkeiten, Präferenzen und Erstausstattungen seien stochastisch unabhängig voneinander verteilt. Dies ist nur eine von vielen denkbaren Hypothesen
über mögliche Korrelationen unter diesen drei Charakteristika und vermutlich ist sie sogar falsch: Vermutlich sind Fähigkeiten und Präferenzen
nicht naturgegeben, sondern entwickeln und beeinflussen sich im Laufe des
Lebens gegenseitig; vermutlich sind sie auch vom materiellen Wohlstand des
Wirtschaftssubjekts nicht unabhängig. Doch gesicherte Erkenntnisse darüber
fehlen. Stochastische Unabhängigkeit erschien aus einem zweiten Grund gerechtfertigt: Simulationen der personellen Einkommensverteilung mit unterschiedlichen paarweisen Korrelationen zwischen ϵ, ξ und K_0 ergaben keine
nennenswert unterschiedlichen Ergebnisse (1).

Auf diese Weise entstand eine einfach strukturierte Modellbevölkerung aus
$3 \cdot 3 \cdot 3 = 27$ verschiedenen Wirtschaftssubjekten, die unterschiedlich begabt,
fleißig und reich sind (2). Über diese Bevölkerung wurde schließlich eine
Altersstruktur gelegt, die etwa jener in der Bundesrepublik Deutschland
entspricht.

Um auch die Verteilung von Einkommen und Vermögen auf Haushalte berechnen
zu können, mußten die einzelnen Wirtschaftssubjekte zu Haushalten zusammengefaßt werden. Dazu wurde für jede Person eine uniform verteilte Zufallszahl gezogen; war sie größer als der entsprechende empirisch ermittelte
Wert, so blieb sie ledig; war die Zahl größer, wurde aus der Gruppe der

---

(1) Blinder (1974) beispielsweise unterscheidet verschiedene Regime.
(2) Es wäre leicht gewesen, die Anzahl der verschiedenen Typen zu erhöhen;
    doch hätte dies den numerischen Aufwand erhöht, ohne daß Vorteile für
    diese Arbeit erkennbar gewesen wären.

Ledigen ein Partner gesucht, dessen Alter, Präferenzen, Fähigkeiten und Erstausstattung der betreffenden Person am nächsten kamen - es wurden möglichst Wirtschaftssubjekte gleichen Alters, gleicher Präferenzen, Fähigkeiten und Anfangsvermögen zu einem Haushalt zusammengefügt. Schließlich bestimmte der Zufallsgenerator, ob der gefundene Partner erwerbstätig ist. Mit dieser einfachen Methode gelang es, in der Modellwelt Haushalte zu generieren, denen ein oder zwei Erwachsene im Alter zwischen 20 und 75 Jahren angehören (1).

II. Die personelle Verteilung von Einkommen und Vermögen

Dieser Teil demonstriert im ersten Abschnitt, daß das Modell des intertemporalen Arbeits- und Kapitalangebots für die fiktive Bevölkerung eine Verteilung der Periodeneinkommen erzeugt, die empirischen Verteilungen sehr ähnlich ist. Im zweiten Abschnitt wird die Verteilung von Lebenseinkommen und full wealth berechnet, mit den wenigen empirischen Schätzungen und mit der Verteilung der Periodeneinkommen verglichen. Der dritte Abschnitt zeigt, daß die implizit generierte Verteilung der Geldvermögen ebenfalls empirischen Beobachtungen entspricht.

1. Die Verteilung der Periodeneinkommen

Die mit Hilfe des Modells des intertemporalen Faktorangebots erzeugte Verteilung der Periodeneinkommen auf die Haushalte der Modellwelt wird zunächst auf ihre Streuung, Schiefe und Wölbung untersucht.

Die Streuung μ_2 einer Häufigkeitsverteilung ist definiert als

$$\mu_2 = \frac{1}{N} \sum_{i=1}^{N} (x_i - \overline{x})^2 \qquad\qquad D.7$$

mit $\overline{x}$ als arithmetischen Mittelwert der Ereignisse x_i. Aus dem zweiten zentralen Moment leitet sich die Standardabweichung $\sigma = \sqrt{\mu_2}$ als ein absolutes Maß für die Streuung her, das zum Variationskoeffizienten α_2

$$\alpha_2 = \frac{\sigma}{\overline{x}} \qquad\qquad D.8$$

normiert werden muß, um verschiedene Verteilungen vergleichen zu können.

---

(1) Natürlich sind komplizierte Bevölkerungsmodule denkbar; solche werden in den besprochenen mikroanalytischen Simulationsmodellen verwendet. Für die Zwecke dieser Arbeit war das einfache Vorgehen ausreichend.

Die Simulation liefert für die Streuung der Haushaltseinkommen einen Variationskoeffizieten von 0.75; für die Verteilung der Nettoeinkommen der privaten Haushalte in der Bundesrepublik Deutschland im Jahre 1978 beispielsweise ergibt sich nach der Einkommensrechnung des Deutschen Instituts für Wirtschaftsforschung (DIW) ein Wert von 0.83, nach den Daten der Einkommens- und Verbrauchsstichprobe (EVS) hingegen, wie Tabelle D.1 zeigt, ein Wert von 0.61 - der Variationskoeffizient der Simulation liegt damit zwischen diesen beiden empirischen Resultaten (1).

Die Schiefe μ_3 ist ein Maß für die Asymmetrie einer Verteilung

$$\mu_3 = \frac{1}{N} \sum_{i=1}^{N} (x_i - \overline{x})^3 \qquad\qquad D.9$$

Eine positive Schiefe bedeutet eine linkssteile, eine negative Schiefe eine rechtssteile Verteilung; bei einer symmetrischen Verteilung wird die Schiefe null. Das dritte zentrale Moment ist ebenfalls ein absolutes Maß und muß normiert werden; so entsteht die Fishersche Schiefe α_3.

$$\alpha_3 = \frac{\mu_3}{\sigma^3} \qquad\qquad D.10$$

Die Simulation ergab für die Verteilung der Haushaltseinkommen eine Fishersche Schiefe von 2.28 und hatte damit eine linkssteile Einkommensverteilung erzeugt; wiederum lag, wie aus Tabelle D.1 hervorgeht, der simulierte Wert zwischen den empirischen Resultaten von 3.91 für die DIW-Daten und 1.97 für die EVS-Daten.

Aus der Wölbung μ_4

$$\mu_4 = \frac{1}{N} \sum_{i=1}^{N} (x_i - \overline{x})^4 \qquad\qquad D.11$$

---

(1) Die Divergenz zwischen DIW- und EVS-Daten erklärt sich damit, daß bei der Einkommens- und Verbrauchsstichprobe Haushalte von Ausländern und Haushalte mit hohem Monatseinkommen (1978: 20 000 Mark und mehr) nicht befragt werden. Das DIW versucht, durch Rückgriff auf Mikrozensus, Steuerstatistiken, Gehalts- und Lohnstrukturerhebungen, Volks- und Berufszählungen sowie Wohnungsstichproben diese Lücken in den EVS-Daten durch Schätzungen zu schließen; gleichzeitig werden die Ergebnisse dieser Primärstatistiken mit Hilfe der Volkswirtschaftlichen Gesamtrechnung kontrolliert und korrigiert. Siehe dazu Hansen (1980), Seite 321 sowie DIW (1982), Textband, Seite 33 ff. Die EVS-Daten untertreiben daher die Streuung der Einkommen; dies zeigt sich auch bei den folgenden Verteilungsmaßen.

leitet sich die normierte Fishersche Wölbung α_4 her.

$$\alpha_4 = \frac{\mu_4}{\sigma^4} - 3.0 \qquad\qquad\qquad\qquad\qquad\qquad D.12$$

Ein positiver Wert bedeutet eine, verglichen mit der Standardnormalverteilung, spitze, ein negativer Wert eine platte Häufigkeitsverteilung (1).

Wie Tabelle D.1 zeigt, generierte die Simulation mit 9.01 einen Wert für die Wölbung, der erneut zwischen den empirischen Ergebnissen von 26.02 für die DIW-Daten und 7.73 für die EVS-Daten lag.

	Variations-koeffizient	Fishersche Schiefe	Fishersche Wölbung
Modell	0.75	2.28	9.01
DIW 1978	0.83	4.08	26.02
EVS 1978	0.61	1.97	7.73

Tabelle D.1   Vergleich der simulierten Verteilung von Haushaltseinkommen mit der Verteilung der Nettoeinkommen privater Haushalte in der Bundesrepublik Deutschland im Jahre 1978 (2).

Die typische linkssteile Form der empirischen Einkommensverteilungen hat eine bestimmte Reihenfolge der Mittelwerte zur Konsequenz: Das modale Einkommen - das häufigste Einkommen - ist kleiner als das mediale Einkommen - das Einkommen, bis zu dem die Verteilungsfunktion genau die Hälfte der Haushalte erfaßt; das mediale Einkommen seinerseits ist kleiner als das Durchschnittseinkommen. Wie Tabelle D.2 demonstriert, sagt das Modell Reihenfolge und Lage der Mittelwerte korrekt voraus.

----

(1) Zu Variationskoeffizient, Schiefe und Wölbung siehe auch Croxton, Cowden und Klein (1967), Chapter 10.
(2) Als Quellen für diese Berechnungen dienten DIW (1982), Tabellenband, Seite 140 sowie Statistisches Bundesamt (1983), Seite 170.

	Modus	Median	Mittel
Modell	100	261	320
BRD 1981	100	216	263
BRD 1978	100	208	252
BRD 1975	100	248	318
BRD 1970	100	229	293
BRD 1960	100	246	305
BRD 1950	100	199	251

Tabelle D.2   Reihenfolge der Mittelwerte bei simulierter und empirischer Verteilung der Haushaltseinkommen (1).

Das mediale Einkommen liegt im Schnitt beim 2.5fachen, das mittlere Einkommen beim 3fachen des häufigsten Einkommens.

Mehr Auskunft über die Verteilung liefert die Dezildarstellung. Sie zeigt,
wieviel Prozent des Gesamteinkommens die ärmsten, zweitärmsten ... reichsten zehn Prozent der Haushalte jeweils erhalten. Tabelle D.3 demonstriert
eindrucksvoll die Erklärungskraft des hier präsentierten Ansatzes: Die Anteile aller zehn Dezile am Gesamteinkommen werden richtig vorhergesagt;
dies gilt sogar für die beiden Randgruppen: die ärmsten zehn Prozent der
Haushalte erhalten im Modell wie in der Realität zwei bis drei Prozent des
Gesamteinkommens, die reichsten zehn Prozent der Haushalte hingegen etwa
27 Prozent des Gesamteinkommens. Teilweise trifft die Modellvorhersage die
Realität bis auf ein Zehntelprozent genau.

Die Tabelle zeigt ferner, warum Pareto an ein "loi naturelle" bei der personellen Einkommensverteilung glaubte: Die Verteilung der Haushaltseinkommen ist über die Zeit hinweg und über Länder hinweg weitgehend identisch.
In der Bundesrepublik Deutschland haben sich die Anteile der einzelnen

(1) Die Angaben stammen aus Göseke (1974), Seite 128, DIW (1982), Seite 170
und DIW (1983), Seite 373 bzw. wurden nach dort abgedruckten Tabellen
berechnet.

	Dezile									
	1	2	3	4	5	6	7	8	9	10
Modell	2.2	3.9	5.2	6.3	7.5	8.7	10.2	12.9	16.1	27.0
BRD 1981	3.0	4.1	5.3	6.5	7.6	8.9	10.2	12.4	14.8	27.1
BRD 1978	2.6	3.8	5.0	6.3	7.6	8.9	10.5	12.5	15.6	27.1
BRD 1975	2.8	3.7	4.8	6.2	7.5	8.9	10.6	12.6	15.7	27.2
BRD 1973	2.6	3.8	4.9	6.1	7.3	8.7	10.4	12.6	16.0	27.5
OECD-Länder	2.0	3.8	5.2	6.6	7.9	9.3	10.7	12.6	15.5	26.3

Tabelle D.3   Simulierte und empirische Verteilung von Haushaltseinkommen (1).

Dezile am Gesamteinkommen während mehrerer Jahre nicht nennenswert verändert; gleichzeitig stimmt diese Verteilung weitgehend mit der überein, die sich für eine Reihe von OECD-Ländern im Durchschnitt berechnen läßt (2).

Die Ungleichverteilung von Einkommen wird häufig grafisch im Lorenzkurven-Diagramm abgebildet. Dazu werden an der Abszisse die relativen kumulierten Häufigkeiten F_i der Haushalte

$$F_i = \frac{i}{N} \qquad\qquad\qquad\qquad D.13$$

und an der Ordinate die relativen kumulierten Häufigkeiten L_i der Einkommen

$$L_i = \frac{\sum_{j=1}^{N} x_j}{\sum_{j=1}^{N} x_j} \qquad\qquad\qquad\qquad D.14$$

---

(1) Die empirischen Daten stammen aus DIW (1982), Seite 94, 124 und 170 sowie aus Sawyer (1976), Seite 14 bzw. wurden nach Angaben in DIW (1983), Seite 373 berechnet. Sie beziehen sich auf Haushalts-Nettoeinkommen.
(2) Der Durchschnitt der OECD-Länder ist berechnet aus den Einkommensverteilungen der Länder Australien (1966-67), Kanada (1969), Frankreich (1970), Bundesrepublik Deutschland (1973), Japan (1969), Niederlande (1967), Norwegen (1970), Spanien (1973-74), Schweden (1972), Großbritannien (1973) und Vereinigte Staaten (1972). Es macht kaum einen Unterschied, ob Brutto- oder Nettoeinkommen der Haushalte verwendet werden. Siehe dazu Sawyer (1976), Seite 14, Table 3 und 4.

abgetragen (1); die Einkommen sind dabei ihrer Größe nach geordnet. So entsteht die Lorenzkurve; sie gibt an, wieviel Prozent des Gesamteinkommens
auf die ärmsten n Prozent der Haushalte entfällt. Hätte jeder Haushalt das
gleiche Einkommen, so erhielten n Prozent der Haushalte stets auch n Prozent des Gesamteinkommens und die Lorenzkurve würde zur 45-Grad-Linie im
L,F-Diagramm; die Diagonale ist daher auch als Linie der Gleichverteilung
zu interpretieren. Je ungleichmäßiger hingegen die Einkommensverteilung
ist, desto mehr weicht die Lorenzkurve nach unten von dieser Linie der
Gleichverteilung ab.

Weil im vorliegenden Fall die Dezile weitgehend übereinstimmen, sind die
Lorenzkurven der simulierten und der empirischen Einkommensverteilungen
beinahe deckungsgleich. In Abbildung D.1 ist daher die Lorenzkurve nur für
die simulierte Einkommensverteilung und für die Verteilung der Nettoeinkommen auf Haushalte in der Bundesrepublik im Jahr 1981 eingezeichnet.

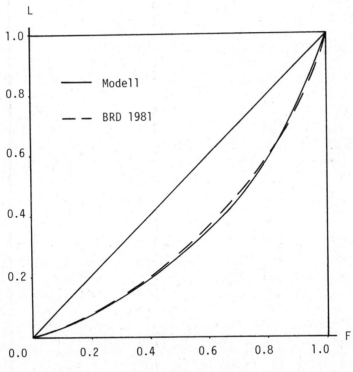

Abbildung D.1 Lorenzkurven für simulierte und empirische Verteilung der Haushaltseinkom-
men.

_____

(1) Siehe Lüthi (1981), Seite 20 ff.

Die Ungleichverteilung von Einkommen kann schließlich in verschiedenen Konzentrationsmaßen ausgedrückt werden. Keines davon ist jedoch ein objektives, statistisch neutrales Ungleichheitsmaß: "Jedes Maß nimmt im Grunde eine Wertung vor, indem es Ungleichheit in einem bestimmten Einkommensbereich anders bewertet als ein anderes Maß" (1). Die im folgenden vorgestellten und berechneten Maße werden daher für simulierte und empirische Verteilungen nur dann zum gleichen Ergebnis kommen, wenn beide Verteilungen über die gesamte Einkommensskala hinweg den gleichen Verlauf aufweisen.

Aus dem Lorenzkurven-Diagramm ist ein sehr gebräuchliches Konzentrationsmaß abgeleitet: der Gini-Koeffizient. Er entspricht dem Verhältnis der Fläche zwischen Lorenzkurve und Linie der Gleichverteilung zur Fläche des Dreiecks unter der Linie der Gleichverteilung. Sind die Koordinaten der Lorenzkurve gegeben, so gilt für den Gini-Koeffizienten die einfache Formel (2):

$$G = \frac{2}{N} \sum_{i=1}^{N} (F_i - L_i) \qquad\qquad 0 \leq G < 1 \qquad\qquad D.15$$

Alternativ errechnet er sich als normierte relative mittlere Differenz mit Wiederholung, wobei jedes Einkommen mit jedem verglichen wird:

$$G = \frac{1}{N^2} \frac{1}{2\bar{x}} \sum_{i=1}^{N} \sum_{j=1}^{N} |x_i - x_j| \qquad\qquad D.16$$

Der Gini-Koeffizient nimmt den Wert null an, wenn jeder Haushalt ein gleich hohes Einkommen bezieht; er strebt gegen den Wert eins, wenn ein Haushalt das ganze Einkommen erhält.

Aus Dezildarstellung und Lorenzkurven-Diagramm ist klar, daß die Gini-Koeffizienten der simulierten Verteilung und der empirischen Verteilungen nahe beieinander liegen müssen. Tabelle D.4 bestätigt dies auch: Die Simulation liefert für die Verteilung der Haushaltseinkommen einen Gini-Koeffizienten von 0.368; dies entspricht ziemlich genau den empirischen Werten für die Verteilung der Nettoeinkommen auf Haushalte in der Bundesrepublik Deutschland in den Jahren 1978 (0.364), 1975 (0.366) und 1973 (0.370);

---

(1) Lüthi (1981), Seite 65.
(2) Ich bin Dr. Ambros Lüthi (Universität Fribourg/Schweiz) sehr dankbar für Programmlisten und Hinweise zur Berechnung verschiedener Konzentrationsmaße. Die folgenden Formeln stammen aus Lüthi (1981), Seite 26 ff und gelten im allgemeinen nur für Individualdaten; bei geschichteten Daten sind sie zu modifizieren; siehe dazu Lüthi (1981), Seite 98 ff. Konzentrationsmaße behandeln auch Sen (1973), Seite 24 ff, Piesch (1975), Seite 53 ff, Klanberg (1978), Seite 92 ff und Roberts (1980), Seite 123 ff.

lediglich 1981 (0.349) und 1970 (0.392) weichen leicht ab; in den OECD-Ländern liegt der Gini-Koeffizient bei durchschnittlich 0.350 (1).

Dem Gini-Koeffizienten ist das Maß von Kuznets ähnlich, bekannt auch als normierte mittlere Abweichung:

$$K = \frac{1}{N} \frac{1}{2\bar{x}} \sum_{i=1}^{N} |x_i - \bar{x}| \qquad\qquad 0 \leq K < 1 \qquad\qquad D.17$$

Im Gegensatz zum Gini-Koeffizienten wird hier nicht jedes Einkommen mit jedem anderen, sondern lediglich jedes Einkommen mit dem Durchschnittseinkommen verglichen. Während der Gini-Koeffizient den ganzen Verlauf der Lorenzkurve berücksichtigt, stellt das Maß von Kuznets nur auf einen einzigen Punkt ab:

$$K = F(\bar{x}) - L(\bar{x}) \qquad\qquad D.18$$

Stimmen zwei Lorenzkurven in diesem Punkt überein, nimmt das Maß von Kuznets in beiden Fällen den gleichen Wert an - gleichgültig, wie sehr sie sich im übrigen Verlauf unterscheiden; dies schränkt die Aussagekraft dieses Konzentrationsmaßes erheblich ein. Bei völliger Gleichverteilung der Einkommen wird das Maß von Kuznets null; bezieht ein Haushalt hingegen das gesamte Einkommen, strebt es dem Wert eins zu.

Die simulierte Verteilung ergibt, wie Tabelle D.4 zeigt, für das Maß von Kuznets einen Wert von 0.265, der mit den Werten für die Jahre 1978 (0.258), 1975 (0.261) und 1973 (0.266) fast zusammenfällt; 1981 (0.247) und 1970 (0.281) liegen in der Nähe, ebenso der OECD-Schnitt von 0.279.

Das Maß von Theil (2) stammt aus der Informationstheorie und basiert auf dem Grundgedanken, daß die Unsicherheit über den Ausgang eines Versuchs um so größer ist, je gleichartiger die Wahrscheinlichkeiten p_i der möglichen N Ereignisse sind. Diese Unsicherheit wird gemessen durch das Entropiemaß:

$$E = - \sum_{i=1}^{N} p_i \ln p_i \qquad\qquad 0 \leq E \leq \ln N \qquad\qquad D.19$$

---

(1) Gini-Koeffizienten zahlreicher einzelner Länder finden sich in Schnitzer (1974), Sawyer (1976), Cromwell (1977) sowie Lüthi (1981).
(2) Siehe Theil (1967), Chapter IV.

Sind alle Ereignisse gleichwahrscheinlich - $p_i = \frac{1}{N}$ - so ist die Unsicherheit am größten und das Entropiemaß erreicht mit ln N sein Maximum; ist
hingegen ein Ereignis sicher, wird die Entropie null. Interpretiert man p_i
als Anteil von Haushalt i am Gesamteinkommen, würde das Maß bei Gleichverteilung der Einkommen seinen größten, mit zunehmender Ungleichverteilung
immer kleinere Werte annehmen. Dies kann man verhindern, wenn die Entropie
von ihrem Maximalwert subtrahiert wird. Das so entstehende Maß von Theil

$$T = \ln N + \sum_{i=1}^{N} p_i \ln p_i \qquad\qquad 0 \leq T \leq \ln N \qquad\qquad D.20$$

wird bei Gleichverteilung der Einkommen null, während es mit steigender Ungleichverteilung gegen ln N strebt.

Tabelle D.4 zeigt, daß sich mit 0.230 für die simulierte Verteilung ein
Wert ergibt, der den entsprechenden empirischen Resultaten der Jahre 1981
(0.226), 1978, 1975 und 1973 (jeweils 0.237) entspricht; lediglich für 1970
(0.263) und den OECD-Schnitt (0.203) ergeben sich leicht abweichende Werte.

Die logarithmische Varianz vermeidet - im Gegensatz zu den bisher ange-
sprochenen Maßen - die implizite Annahme eines konstanten Grenznutzens des
Einkommens: Durch Logarithmieren der Einkommen werden gleiche absolute
Transfers bei niedrigeren Einkommen stärker gewichtet als bei hohen Einkommen (1). Die logarithmische Varianz errechnet sich als

$$L = \frac{1}{N} \sum_{i=1}^{N} (\ln x_i - \frac{1}{N} \sum_{j=1}^{N} \ln x_j)^2 \qquad 0 \leq L < \infty \qquad\qquad D.21$$

und liefert für die simulierte Verteilung den Wert 0.519; er liegt, wie
Tabelle D.4 zeigt, zwischen den empirischen Resultaten, die für die Bundesrepublik zwischen 0.413 im Jahr 1981 und 0.560 im Jahr 1970 streuen; für
die OECD-Länder errechnet sich 0.472 als Durchschnitt.

Diesen positiven Maßen stehen normative Konzentrationsmaße gegenüber. Sie
gehen zurück auf Dalton: " ... the economist is primarily interested, not
in the distribution of income as such, but in the effects of the distribution of income upon the distribution and total amount of economic welfare, which may be derived from income ... The objection to great inequality of incomes is the resulting loss of potential economic welfare" (2).

---

(1) Zu den Tranferseigenschaften der Maße siehe Lüthi (1981), Seite 26 ff.
(2) Dalton (1920), Seite 348 f.

Dalton unterstellt für jedes Wirtschaftssubjekt die gleiche, streng konkave Nutzenfunktion:

$$U = \frac{x^{1-e}}{1-e} \qquad\qquad D.22$$

-e, die Elastizität des Grenznutzens des Einkommens, ist hier als Abneigung gegen die Ungleichverteilung der Einkommen zu interpretieren. Dalton nimmt eine additive soziale Wohlfahrtsfunktion an (1) und berechnet die gesamtwirtschaftliche Wohlfahrt W_t, die sich bei der gegebenen Einkommensverteilung tatsächlich einstellt:

$$W_t = \sum_{i=1}^{N} U(x_i) \qquad\qquad D.23$$

Sie setzt er ins Verhältnis zur maximal möglichen Wohlfahrt W_p, die bei identischen Nutzenfunktionen realisiert wird, wenn die Einkommen gleichverteilt sind:

$$W_p = N \cdot U(\overline{x}) \qquad\qquad D.24$$

Dieses Verhältnis von tatsächlicher zu potentieller gesamtwirtschaftlicher Wohlfahrt ist ein Maß für die Ungleichverteilung der Einkommen; weil es bei Gleichverteilung seinen größten Wert bei eins erreicht und mit steigender Ungleichverteilung immer kleinere Werte annimmt, wird es - analog dem Maß von Theil - von seinem Maximalwert subtrahiert. Auf diese Weise erhält man schließlich das Maß von Dalton:

$$D = 1 - \frac{\displaystyle\sum_{i=1}^{N} x_i^{1-e}}{N\overline{x}^{1-e}} \qquad\qquad 0 \leq D < 1 \text{ falls } 0 < e < 1 \qquad D.25$$

---

(1) Dem Einwand, daß über die Spezifikation der Nutzen- und Wohlfahrtsfunktionen normative Elemente in die Messung der Ungleichverteilung von Einkommen einfließen, begegnen die Verfechter dieser Maße damit, daß auch die positiven Maße implizite Wertungen enthalten, die zum Teil den üblichen ökonomischen Prämissen widersprechen und daß es ein Fortschritt sei, wenn die in einem Konzentrationsmaß enthaltenen Werturteile explizit sichtbar gemacht würden. In der Tat unterstellen der Gini-Koeffizient und die Maße von Theil und Kuznets lineare Nutzenfunktionen; lediglich die logarithmische Varianz erfüllt das Gesetz vom abnehmenden Grenznutzen. Der Gini-Koeffizient nimmt zusätzlich eine soziale Wohlfahrtsfunktion an, welche die einzelnen Einkommen entsprechend ihrer Rangziffer in der Einkommenshierarchie gewichtet - ein Konstrukt, für das kaum allgemeiner Konsens zu erwarten ist. Siehe dazu auch Sen (1973), Kondor (1975) oder Kolm (1976).

	Modell	Bundesrepublik Deutschland					OECD-Länder
		1981	1978	1975	1973	1970	
Gini	0.368	0.349	0.364	0.366	0.370	0.392	0.350
Kuznets	0.265	0.247	0.258	0.261	0.266	0.281	0.279
Theil	0.230	0.226	0.237	0.237	0.237	0.263	0.203
Log. Varianz	0.519	0.413	0.476	0.466	0.462	0.560	0.472
Dalton e = 0.1	0.020	0.020	0.021	0.021	0.021	0.023	0.025
Dalton e = 0.5	0.055	0.052	0.056	0.056	0.056	0.063	0.051
Dalton e = 0.9	0.021	0.018	0.020	0.020	0.020	0.023	0.025
Atkinson e = 0.5	0.107	0.101	0.108	0.108	0.108	0.122	0.100
Atkinson e = 1.5	0.320	0.254	0.279	0.276	0.274	0.314	0.289
Atkinson e = 2.5	0.728	0.365	0.404	0.392	0.385	0.444	-
Champernowne	0.209	0.184	0.200	0.200	0.200	0.226	0.198

Tabelle D.4 Simulierte und empirische Verteilung von Haushaltseinkommen (1).

---

(1) Die Konzentrationsmaße für die Verteilung der Nettoeinkommen auf Haushalte in der Bundesrepublik Deutschland wurden berechnet nach Daten aus DIW (1983), Seite 373, DIW (1982), Seite 94, 124 und 170 sowie DIW (1973), Seite 222. Die Ergebnisse für die OECD-Länder Australien (1966-67), Kanada (19699, Frankreich (1970), Bundesrepublik Deutschland (1973), Japan (1969), Niederlande (1967), Norwegen (1970), Spanien (1973-74), Schweden (1972), Großbritannien (1973) und Vereinigte Staaten (1972) stammen aus Sawyer (1976), Seite 17 und Lüthi (1981), Seite 209; dabei ist zu beachten, daß dort jeweils zur Berechnung der logarithmischen Varianz und des Maßes von Theil der Logarithmus zur Basis 10 verwandt wurde; die Ergebnisse dieser beiden Maße sind hier für den natürlichen Logarithmus wiedergegeben. Für das Maß von Atkinson mit e = 2.5 ist weder von Sawyer noch von Lüthi ein Wert berechnet worden.

Der Wert des Maßes von Dalton hängt von der gewählten Abneigung gegen Ungleichverteilung ab: Für e = 0.1 beispielsweise fällt der Wert der simulierten Verteilung von 0.020, wie Tabelle D.4 zeigt, mit den Werten für die
empirischen Verteilungen zusammen, die 0.020 (1981), 0.021 (1978, 1975,
1973) und 0.023 (1970) betragen; für die OECD-Länder errechnet sich 0.025.
Ähnlich gute Übereinstimmung der simulierten Verteilung mit den empirischen
Einkommensverteilungen ergeben sich, wenn mit e = 0.5 und e = 0.9 eine
höhere Abneigung gegen Ungleichverteilung angenommen wird.

Atkinson kritisierte, daß Daltons Maß in Bezug auf positive lineare Trans-
formationen der Nutzenfunktion U(x) nicht invariant ist und schlug ein
normatives Maß mit dieser Eigenschaft (1) vor. Er definierte als "equally
distributed equivalent income" jenes Durchschnittseinkommen $\bar{x}_e$, das, falls
gleichverteilt, die selbe gesamtwirtschaftliche Wohlfahrt stiftet wie die
tatsächliche Einkommensverteilung:

$$N \frac{\bar{x}_e^{1-e}}{1-e} = \sum_{i=1}^{N} \frac{x_i^{1-e}}{1-e} \qquad \text{D.26}$$

Dieses gleichverteilte Äquivalenzeinkommen errechnet sich aus D.26 als:

$$\bar{x}_e = [\frac{1}{N} \sum_{i=1}^{N} x_i^{1-e}]^{\frac{1}{1-e}} \qquad \text{D.27}$$

Das Verhältnis von Äquivalenzeinkommen x_e zum Durchschnittseinkommen x wäre
bereits ein Konzentrationsmaß: Bei Gleichverteilung der Einkommen erreichte
es sein Maximum bei eins, mit zunehmender Ungleichverteilung nähme es immer
kleinere Werte an; subtrahiert man es von seinem Maximalwert, so erhält man
das Maß von Atkinson:

$$A = 1 - \frac{[\frac{1}{N} \sum_{i=1}^{N} x_i^{1-e}]^{\frac{1}{1-e}}}{\bar{x}} \qquad 0 \leq A < 1 \quad e > 0, e \neq 1 \qquad \text{D.28}$$

Das Maß von Atkinson läßt sich anschaulich interpretieren. Ist beispielsweise
A = 0.3, so beträgt das Verhältnis von gleichverteiltem Äquivalenzeinkommen
zum Durchschnittseinkommen 0.7; dies bedeutet, daß 70 Prozent des Gesamteinkommens, sofern gleichverteilt, ausreichen würden, die selbe Wohlfahrt

---

(1) Siehe Atkinson (1970); gute Darstellungen dieses Konzentrationsmaßes
    finden sich in Klanberg (1978), Seite 102 ff und Lüthi (1981), Seite
    42 ff.

zu stiften wie die tatsächliche Einkommensverteilung (1). Tabelle D.⁊ zeigt, daß bei e = 0.5 die simulierte Verteilung mit 0.107 einen Wert liefert, der nahe den empirischen Resultaten von 0.101 (1981), 0.108 (1978, 1975, 1973) und 0.122 (1970) für die Bundesrepublik Deutschland liegt; für die OECD-Länder errechnet sich 0.100. Das bedeutet, bei der unterstellten Abneigung gegen Ungleichverteilung genügen etwa 90 Prozent des Gesamteinkommens, sofern gleichverteilt, um die selbe gesamtwirtschaftliche Wohlfahrt wie die tatsächliche Verteilung zu stiften. Bei stärkerer Abneigung gegen ungleiche Einkommen sinkt dieser Prozentsatz: Das Modell sagt vorher, bei e = 1.5 reichen dafür 68 Prozent aus; die empirischen Resultate schwanken in diesem Fall zwischen 68.6 (1970) und 74.6 Prozent (1981). Bei höheren Werten für e zeigen sich somit Divergenzen zwischen Modellvorhersage und Realität.

Für e = 1 wird die Nutzenfunktion U(x) aus D.22 zu:

$$U = \ln x \qquad\qquad\qquad\qquad \text{D.29}$$

Das gleichverteilte Äquivalenzeinkommen errechnet sich jetzt als geometrisches Mittel aus den tatsächlichen Einkommen:

$$\bar{x}_e = \left[\prod_{i=1}^{N} x_i \right]^{\frac{1}{N}} \qquad\qquad\qquad \text{D.30}$$

Das daraus folgende normative Konzentrationsmaß

$$C = 1 - \frac{\left[\prod_{i=1}^{N} x_i \right]^{\frac{1}{N}}}{\bar{x}} \qquad\qquad 0 \leq C < 1 \qquad e = 1 \qquad \text{D.31}$$

ist bekanntgeworden als Maß von Champernowne (2). Bei Gleichverteilung fallen geometrisches und arithmetisches Mittel zusammen, und das Maß nimmt den Wert null an; bei zunehmender Ungleichverteilung strebt das Maß gegen den Wert eins.

Tabelle D.4 zeigt schließlich, daß auch für das Maß von Champernowne der Wert der simulierten Verteilung von 0.209 die empirischen Resultate von

---

(1) Gleichbedeutend damit ist die Interpretation: Eine Gleichverteilung des Gesamteinkommens entspricht bei gegebener Ungleichverteilung einer Erhöhung des Gesamteinkommens um 30 Prozent.
(2) Siehe Champernowne (1952).

von 0.184 (1981), 0.200 (1978, 1975, 1973) und 0.226 (1970) sowie 0.198
(OECD-Länder) erklären kann - es würden bei Gleichverteilung somit rund
80 Prozent des Gesamteinkommens die selbe gesamtwirtschaftliche Wohlfahrt
wie die tatsächliche Verteilung stiften.

Berechnet man die Konzentration der Einkommen über Gruppen von Haushalten,
die nach dem Alter der Haushaltsvorstände gebildet werden, so zeigt sich
das bekannte empirische Phänomen: Die Einkommenskonzentration nimmt zunächst mit dem Alter des Haushaltsvorstandes ab, erreicht in aller Regel
in der Gruppe der 25- bis 35jährigen ihr Minimum und steigt danach wieder
an. Tabelle D.5 zeigt, daß das Modell genau dieses Muster generiert: Der
Gini-Koeffizient sinkt von 0.29 bei den jüngsten Haushalten auf 0.26 in der
Gruppe der 35- bis 45jährigen ab und steigt anschließend bis auf 0.44 bei
den ältesten Haushalten an. Die Einkommenskonzentration aller Haushalte

Alter des Haushalts- vorstandes	Modell	BRD 1978	USA 1957	Kanada 1969-70
unter 25	0.29	-	0.38	0.38
25 - 35	0.25	0.23	0.31	0.28
35 - 45	0.26	0.22	0.32	0.31
45 - 55	0.30	0.25	0.38	0.37
55 - 65	0.38	0.31	0.46	0.42
über 65	0.44	0.32	0.52	0.44
Alle	0.37	0.31	0.41	0.39

Tabelle D.5   Gini-Koeffizienten der Einkommensverteilung in den
einzelnen Altersklassen (1).

---

(1) Die Angaben für die Bundesrepublik Deutschland wurden anhand der Daten
der Einkommens- und Verbrauchsstichprobe 1978 errechnet; siehe Statistisches Bundesamt (1982), Seite 309 - 324; die Einkommensrechnungen des
DIW konnten dazu nicht verwandt werden, weil sie nicht nach Altersgruppen disaggregiert veröffentlicht werden. Die EVS-Daten untertreiben
aber die Ungleichverteilung. Für USA 1957 siehe Morgan (1962), Seite
273 und für Kanada 1969-70 Wolfson (1979), Seite 137; ähnliche Untersuchungen haben Lillard (1977) sowie Creedy und Hart (1979) vorgelegt.

liegt stets zwischen Minimum und Maximum der altersspezifischen Konzentrationen und entspricht jeweils in etwa der Einkommenskonzentration bei den Haushalten mit 45- bis 55jährigen oder 55- bis 65jährigen Vorständen.

2. Die Verteilung von Lebenseinkommen und full wealth

Jetzt wird untersucht, ob Lebenseinkommen und full wealth gleichmäßiger als Periodeneinkommen verteilt sind. Die Verteilung von Lebenseinkommen und full wealth auf Personen mit Hilfe des Simulationsmodells zu berechnen, macht keinerlei Schwierigkeiten: Für jedes Wirtschaftssubjekt wird das optimale Lebensprogramm [c(t),l(t),s(t)] ermittelt, aus dem sich das Lebenseinkommensprofil [y(t)] gewinnen läßt, das für die Berechnung des Lebenseinkommens Y als Barwert des Arbeitseinkommensstroms nötig ist:

$$Y = \int_0^T y(t)e^{-it} \, dt \qquad\qquad\qquad D.32$$

Um zum full wealth W, dem Barwert aller finanziellen Ressourcen eines Wirtschaftssubjekts, zu kommen, braucht lediglich zum Lebenseinkommen die Erstausstattung mit Geldvermögen hinzuaddiert zu werden:

$$W = Y + K_o \qquad\qquad\qquad D.33$$

Für die Wirtschaftssubjekte der Modellwelt wird schließlich die Verteilung von Lebenseinkommen und full wealth berechnet und mit der Verteilung der Arbeitseinkommen auf Personen verglichen.

Tabelle D.6 zeigt, daß nicht nur Arbeitseinkommen, sondern auch Lebenseinkommen und full wealth linkssteil verteilt sind (positive Schiefe), wenngleich die Schiefe mit dem Übergang zur Lebensbetrachtung deutlich geringer wird. Alle drei Verteilungen verlaufen spitzer als die Standardnormalverteilung (positive Wölbung).

Lebenseinkommen und full wealth sind erheblich gleichmäßiger als Arbeitseinkommen verteilt: Der Gini-Koeffizient, der bei den Arbeitseinkommen noch 0.481 beträgt, sinkt bei den Lebenseinkommen um 40.1 Prozent auf 0.288 ab - ein Wert, der zwischen den Gini-Koeffizienten von 0.312 und 0.228 liegt, die Helberger (1) für die Verteilung der Lebenseinkommen auf Männer in der

---

(1) Siehe Helberger (1982), Seite 164, 167 und 173.

	Arbeits- einkommen	Lebenseinkommen		Full wealth	
Variations- koeffizient	0.933	0.531	-43.1 %	0.240	-74.3 %
Schiefe	1.816	0.556	-69.4 %	1.457	-19.8 %
Wölbung	6.054	1.047	-82.7 %	2.854	-52.9 %
Gini	0.481	0.288	-40.1 %	0.121	-74.8 %
Kuznets	0.346	0.193	-44.2 %	0.088	-74.6 %
Theil	0.423	0.157	-62.9 %	0.027	-93.6 %
Log. Varianz	0.961	0.556	-42.1 %	0.048	-95.0 %
Dalton 0.1	0.024	0.012	-50.0 %	0.002	-91.7 %
Atkinson 0.5	0.134	0.072	-46.3 %	0.013	-90.3 %
Champernowne	0.288	0.168	-41.7 %	0.025	-91.3 %

Tabelle D.6   Die simulierten Verteilungen von Arbeitseinkommen, Lebenseinkommen und full wealth im Vergleich.

Bundesrepublik ermittelt hat (1). Im Schnitt liegen die Konzentrationsmaße
der Verteilung von Lebenseinkommen zwischen 40 und 50 Prozent unter ihren
Werten bei der Verteilung der Arbeitseinkommen. Dies ist eine bemerkenswer-
te Größenordnung. Für sie gibt es sogar empirische Bestätigung.

So hat Creedy (2) errechnet, daß die Ungleichverteilung um 20 Prozent abnimmt, wenn die Verteilung statt für ein Jahreseinkommen für zwei Jahreseinkommen berechnet wird. Dehnt man den Analysezeitraum auf drei Jahre aus,
sinkt die Einkommenskonzentration weiter, allerdings erheblich langsamer.
Blinder (3) ermittelt bei seiner Simulation der Einkommensverteilung in den
USA für Arbeitseinkommen einen Gini-Koeffizienten von 0.43, der um 30 Prozent sinkt, wenn Lebenseinkommen betrachtet werden. Zu einem ähnlichen Er-

(1) Pryor (1969) schätzte den Gini-Koeffizienten für die Verteilung von
    Lebenseinkommen auf 0.21, Fair (1971) auf 0.209 bis 0.336.
(2) Creedy (1977), Seite 421 ff.
(3) Blinder (1974), Seite 134 ff.

gebnis kam Soltow (1). Lillard (2) und Blomquist (3) errechneten schließlich für die USA bzw. für Schweden beim Übergang von der Periodenbetrachtung zur Lebensbetrachtung einen Rückgang des Gini-Koeffizienten um 40 bis
50 Prozent - eine Größenordnung, welche die Resultate des Simulationsmodells bestätigt.

Es ist klar, daß bei konkaven Lebenseinkommensprofilen die laufenden Arbeitseinkommen ungleichmäßiger als ihre Barwerte, die Lebenseinkommen, verteilt sein müssen: Bei der Periodenverteilung werden die Wirtschaftssubjekte zu einem bestimmten Zeitpunkt betrachtet - sie befinden sich in diesem Augenblick auf unterschiedlichen Punkten ihres Lebenseinkommensprofils.
Entsprechend unterschiedlich sind die Einkommen, die sie gerade verdienen;
dies wäre selbst bei identischen Lebenseinkommen der Fall (4). Das augenblickliche Einkommen ist daher ein schlechter Indikator für das Lebenseinkommen - bei Wirtschaftssubjekten, die sich noch in der Ausbildung oder
schon im Ruhestand befinden, untertreibt es; bei Wirtschaftssubjekten, die
mitten im Berufsleben stehen, übertreibt es. Die Verteilung der Lebenseinkommen wird deswegen gleichmäßiger als die Verteilung der Arbeitseinkommen
sein (5).

Tabelle D.6 zeigt, daß full wealth noch gleichmäßiger als Lebenseinkommen
verteilt ist: Der Gini-Koeffizient liegt mit 0.121 etwa 75 Prozent unter
seinem Wert bei den Arbeitseinkommen; ähnliche Prozentsätze weisen der
Variationskoeffizient und das Maß von Kuznets aus. Die übrigen Konzentrationsmaße zeigen sogar einen Rückgang der Ungleichverteilung von über
90 Prozent an.

Warum full wealth, die Summe aus Lebenseinkommen und Erstausstattung mit
Geldvermögen, gleichmäßiger als Lebenseinkommen verteilt ist, läßt sich erklären: Die komparativ-dynamische Analyse in Kapitel C hat gezeigt, daß
Wirtschaftssubjekte mit höherer Erstausstattung an Geldvermögen ein geringeres Lebenseinkommen verdienen, weil sie ihre Lebensarbeitszeit reduzie-
ren; sie gehen länger zur Schule, arbeiten täglich weniger und treten

---

(1) Siehe Soltow (1965), Seite 102.
(2) Lillard (1977), Seite 49 ff.
(3) Blomquist (1981), Seite 255 ff.
(4) Mincers schooling-Modell und Beckmanns Hierarchie-Modell machen dies
    besonders deutlich: Sie zeigen, daß gleichverteilte Lebenseinkommen mit
    lognormalverteilten bzw. paretoverteilten laufenden Arbeitseinkommen
    verträglich sind. Siehe dazu unter B.II.3.b) und B.II.4.c).
(5) Weitere Gründe, warum Lebenseinkommen gleichmäßiger als Periodeneinkom-
    men verteilt sind, nennt Moss (1978), Seite 134 f.

früher in Ruhestand. Auf diese Weise gehen hohe Anfangsvermögen mit kleinen Lebenseinkommen und hohe Lebenseinkommen mit kleinen Anfangsvermögen einher; die Verteilung von full wealth ist deshalb gleichmäßiger als die Verteilung von Lebenseinkommen.

Dies scheint mit den Ergebnissen der einzigen empirischen Untersuchung, die zu diesem Problem offensichtlich existiert, zu kontrastieren. Blomquist hat für Schweden ermittelt: " Whether inheritances are included or not seems to be of little importance for the inequality of lifetime income" (1). Doch Blomquist hat bei seiner Studie nur Erbvermögen berücksichtigt; Erstausstattung mit Geldvermögen ist in dem hier verwandten Modell des intertemporalen Faktorangebots weiter definiert: als Barwert aller finanzieller Transfers, die eine Person von ihren Vorfahren erhält; dazu zählen, außer den Erbvermögen, die "inter vivos"-Transfers und die Kosten der Erziehung. Hält man für plausibel, daß der Barwert dieser Transfers gleichmäßiger als das statistisch erfaßte Erbvermögen verteilt ist, so wäre Blomquist, hätte er Erstausstattung mit Geldvermögen anstelle von Erbvermögen bei seiner Untersuchung verwandt, ebenfalls zum Ergebnis gekommen, daß full wealth gleichmäßiger als Lebenseinkommen verteilt ist.

Tabelle D.7 vergleicht die Verteilung von Arbeitseinkommen, Lebenseinkommen und full wealth anhand ihrer Quintile. Während bei den Arbeitseinkommen die

	Quintile				
	1	2	3	4	5
Arbeits- einkommen	0.4	8.4	16.8	26.6	47.8
Lebens- einkommen	5.5	15.5	20.4	22.6	36.0
full wealth	14.8	18.1	18.7	20.6	27.8

Tabelle D.7 Simulierte Verteilung von Arbeitseinkommen, Lebenseinkommen und full wealth auf Personen.

---

(1) Blomquist (1981), Seite 258.

ärmsten 20 Prozent der Personen gerade 0.4 Prozent des gesamten Einkommens beziehen (1), entfallen auf sie bei den Lebenseinkommen 5.5 Prozent und beim full wealth gar 14.8 Prozent. Die gleichmäßigere Verteilung von Lebenseinkommen und full wealth zeigt sich ebenso deutlich im obersten Quintil: Die reichsten 20 Prozent vereinigen zwar 47.8 Prozent der gesamten Arbeitseinkommen auf sich, aber nur 36.0 Prozent der Lebenseinkommen und lediglich 27.8 Prozent des full wealth. In den mittleren Quintilen sind die Differenzen weniger groß.

Abbildung D.2 zeigt schließlich grafisch den Unterschied zwischen der Einkommensverteilung in der Periodenbetrachtung und in der Lebensbetrachtung. Die Lorenzkurven für full wealth und Lebenseinkommen verlaufen deutlich näher an der Linie der Gleichverteilung als die Lorenzkurve für die Arbeitseinkommen zu einem bestimmten Zeitpunkt.

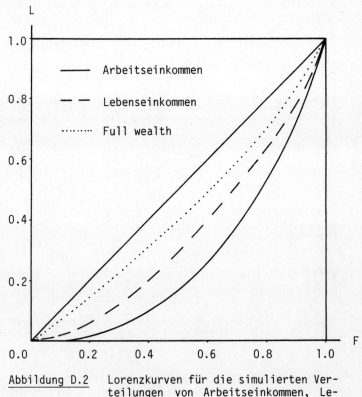

Abbildung D.2   Lorenzkurven für die simulierten Verteilungen von Arbeitseinkommen, Lebenseinkommen und full wealth auf Personen.

---

(1) Dieses Quintil enthält in erster Linie Personen, die sich noch in der Ausbildung oder schon im Ruhestand befinden.

3. Die Verteilung des Vermögens

Bei der Simulation der personellen Einkommensverteilung wird implizit auch eine Verteilung des Geldvermögens generiert. Ihr Gini-Koeffizient liegt mit 0.744 für Haushalte und 0.705 für Personen beträchtlich über den Gini-Koeffizienten für die Verteilung des verfügbaren Einkommens von 0.368 für Haushalte und 0.317 für Personen. Die simulierte Verteilung des Geldvermögens weist damit etwa die gleiche Konzentration auf wie die Verteilung des Nettovermögens in der Bundesrepublik Deutschland (1): Mierheim und Wicke haben aus den Daten der Einkommens- und Verbrauchsstichprobe von 1973, deren Lücken sie durch Schätzungen ergänzten, einen Gini-Koeffizienten von 0.748 für Haushalte und von 0.690 für Personen errechnet (2). Wie Tabelle D.8 zeigt, ist die Vermögenskonzentration in der Bundesrepublik Deutschland etwa so groß wie beispielsweise in Kanada und Großbritannien.

	Haushalte	Personen
Modell	0.744	0.705
BRD 1973	0.748	0.690
Kanada 1970	0.746	0.734
Großbritannien 1961 - 1970	0.72 - 0.65	-

Tabelle D.8   Gini-Koeffizienten für simulierte und empirische Vermögensverteilungen (3).

Betrachtet man die simulierte Verteilung des Vermögens näher, zeigt sich, daß die reichsten 20 Prozent der Haushalte 65.4 Prozent des Gesamtvermögens

(1) Im Modell ist Geldvermögen die einzige Vermögensart, in der Einkommen gespart werden kann; daher muß die simulierte Vermögensverteilung mit der Verteilung des Nettovermögens (Geldvermögen plus Sachvermögen) in Realität verglichen werden.
(2) Siehe Mierheim und Wicke (1978), Seite 59.
(3) Die Daten für die Bundesrepublik Deutschland stammen aus Mierheim und Wicke (1978), Seite 59; für Kanada aus Davies (1979), Seite 255 und 259 und für Großbritannien aus Schnitzer (1975), Seite 194.

besitzen. Wie Tabelle D.9 zeigt, trifft das Modell damit in etwa empirisch
ermittelte Größenordnungen: In der Bundesrepublik Deutschland entfielen
1973 auf die reichsten 20 Prozent der Haushalte 78.0 Prozent des Nettovermögens; in den USA sind es 77.0 Prozent, in Großbritannien 64.9 Prozent,
in Kanada 74.0 Prozent und in Schweden je nach Bewertung des Vermögens
zwischen 63.0 und 80.0 Prozent.

	Anteil am gesamten Nettovermögen der		
	reichsten 20 % der Haushalte	reichsten 10 % der Haushalte	ärmsten 40 % der Haushalte
Modell	65.4	38.3	-22.4
BRD 1973	78.0	52.8	2.8
USA 1962	77.0	-	-
Kanada 1974	74.0	58.0	0.2
Schweden 1975	63.0 - 80.0	45.0 - 60.0	-
Großbritannien 1974	64.9	49.0	-

Tabelle D.9   Simulierte und empirische Verteilung des Vermögens (1).

Der Anteil der reichsten 10 Prozent der Haushalte wird vom Simulationsmodell mit 38.3 Prozent zu niedrig ausgewiesen. Er liegt in der Bundesrepublik Deutschland mit 52.8 Prozent, in Kanada mit 58.0 Prozent, in Großbritannien mit 49.0 Prozent und in Schweden mit 45.0 bis 60.0 Prozent deutlich höher. Noch mehr als am oberen Ende differieren Modellvorhersage und
Realität am unteren Ende der Vermögensverteilung: Während die Simulation
ergibt, daß die ärmsten 40 Prozent der Haushalte Schulden in Höhe von
22.4 Prozent des Gesamtvermögens besitzen, weisen die wenigen empirischen

(1) Die Prozentsätze für die Bundesrepublik Deutschland stammen aus Mier-
    heim und Wicke (1978), Seite 58 oder wurden anhand von Tabelle 7 auf
    Seite 56 geschätzt; für die USA siehe Schnitzer (1975), Seite 43, für
    Kanada Davies (1979), Seite 255, für Schweden Spant (1981), Seite 71
    und für Großbritannien Rettig u.a. (1979), Seite 52.

Untersuchungen auf einen Anteil am Gesamtvermögen von 2.8 bzw. 0.2 Prozent hin.

Die hohe Vermögenskonzentration der simulierten Verteilung resultiert nicht aus einer extrem linkssteilen Verteilung der Anfangsvermögen. Im Gegenteil: Die Verteilung der Erstausstattung mit Geldvermögen ist relativ gleichmäßig modelliert worden; sie weist einen Gini-Koeffizienten von 0.272 auf. Zwei Gründe waren dafür maßgebend. Zum einen besteht wenig Grund zur Annahme, daß die Verteilung des Barwertes aller Transfers an die Nachkommen nennenswert von der Verteilung der finanziellen Möglichkeiten - der Lebenseinkommen - der Vorfahren abweicht (1); schon gar nicht ist zu erwarten, daß der Barwert aus Erbvermögen, "inter vivos"-Transfers und Erziehungskosten ebenso ungleichmäßig wie die Erbvermögen verteilt ist. Zum zweiten sollte die Verteilung der Vermögen nicht mit Hilfe einer als hochgradig linkssteil angenommenen Verteilung der Anfangsvermögen "erklärt" werden.

Die hohe Konzentration der Vermögen zu einem bestimmten Zeitpunkt resultiert vielmehr aus den intertemporalen Faktorangebots- und Faktorakkumulationsentscheidungen der Wirtschaftssubjekte.

Aus der Analyse des Lebensverlaufs des repräsentativen Wirtschaftssubjekts in Kapitel C ist bekannt, daß das Vermögen - mehr noch als das Einkommen - während des Lebenszyklus starken Schwankungen ausgesetzt ist: In jungen Jahren, wenn wegen Schulausbildung oder on-the-job-training keine bzw. nur kleine Einkommen verdient werden, verfügt das Wirtschaftssubjekt über geringe, wahrscheinlich sogar negative Vermögen. Mit dem Alter steigt das Vermögen an, erreicht wie das Einkommen ein Maximum und sinkt während des Ruhestandes wieder ab. Wird nun zu einem bestimmten Zeitpunkt die Vermögensverteilung festgestellt, so befinden sich die einzelnen Wirtschaftssubjekte auf unterschiedlichen Punkten ihres intertemporalen Vermögensprofils; entsprechend unterschiedlich sind ihre augenblicklichen Vermögen. Berücksichtigt man schließlich, daß die intertemporalen Vermögensprofile im Gegensatz zu den Lebenseinkommensprofilen auch im negativen Bereich verlaufen - Vermögen während des Lebens also größeren Schwankungen ausgesetzt sind als Einkommen - so ist es nicht verwunderlich, wenn Vermögen ungleichmäßiger als Einkommen verteilt sind. Wie das Simulationsmodell zeigt,

---

(1) Die Verteilung der Lebenseinkommen weist, wie im letzten Abschnitt gezeigt, einen Gini-Koeffizienten von 0.288 auf.

braucht nicht auf eine extrem linkssteile Verteilung der Erstausstattung mit Geldvermögen zurückgegriffen zu werden, um die Schiefe der personellen Vermögensverteilung erklären zu können; vielmehr resultiert allein aus den einzelwirtschaftlichen intertemporalen Konsum- und Sparentscheidungen eine Vermögensverteilung, wie sie in der Realität vorkommt (1).

III. Ursachen der ungleichen Verteilung von Einkommen und Vermögen

Die letzten Abschnitte haben gezeigt, daß das präsentierte Modell des intertemporalen Faktorangebots die Verteilung von Periodeneinkommen, Lebenseinkommen und Vermögen erklären kann: Die für eine Modellbevölkerung simulierten Verteilungen ähnelten teilweise bis ins Detail den entsprechenden empirischen Verteilungen. Die Wirtschaftssubjekte dieser Modellwelt unterschieden sich in Bezug auf ihr Alter t, ihre Präferenz für Freizeit ξ, ihre angeborenen Fähigkeiten ϵ und ihre Erstausstattung mit Geldvermögen K_o. Diese vier Faktoren - Altersstruktur, Verteilung von Präferenzen, Fähigkeiten und Anfangsvermögen - sind für die ungleiche personelle Verteilung von Einkommen und Vermögen verantwortlich. Die folgende Analyse wird zeigen, welcher prozentuale Anteil an der Konzentration von Einkommen und Vermögen jedem einzelnen Faktor zuzurechnen ist.

Ausgangspunkt dieser Untersuchung ist die Verteilung von Einkommen und Vermögen innerhalb der bisher stets betrachteten Modellbevölkerung, deren Personen sich hinsichtlich Alter, Präferenzen, Fähigkeiten und Anfangsvermögen unterscheiden. Die resultierende Einkommens- und Vermögenskonzentration, gemessen mit dem Gini-Koeffizienten, wird zunächst verglichen mit der Konzentration, die sich ergäbe, wenn alle Personen der Modellwelt mit $\xi = 0.4$

---

(1) An dieser Stelle wird der Vergleich von Modellvoraussagen mit empirischen Ergebnissen abgebrochen. Er könnte fortgesetzt werden. Beispielsweise liefert das Modell mit 0.69 eine realistische Lohnquote; sie wird hier - im Gegensatz zur traditionellen produktionstheoretischen und damit nachfrageseitigen Erklärung - angebotsseitig als Resultat individueller Arbeits- und Kapitalangebotsentscheidungen erklärt. Auch dieses Modell würde eine konstante Lohnquote voraussagen, solange sich beispielsweise die Altersstruktur der Bevölkerung und die Präferenzen der Wirtschaftssubjekte nicht ändern. Ferner erzeugt das Modell auch eine Verteilung der Konsumausgaben der Haushalte; sie ist gleichmäßiger als die Verteilung von Einkommen und Vermögen. Ihr Gini-Koeffizient von 0.262 liegt nahe dem Gini-Koeffizienten von 0.254, der sich aus den EVS-Daten von 1978 für die Konsumausgaben der privaten Haushalte in der Bundesrepublik errechnet. Auch die Prozentsätze der Dezile von simulierter und empirischer Verteilung stimmen weitgehend überein. Ballerstedt und Wiegand (1977), Seite 438, ermittelten übrigens für die privaten Konsumausgaben im Jahr 1969 einen Gini-Koeffizienten von 0.278.

die gleiche Präferenz für Freizeit wie das repräsentative Wirtschaftssubjekt besäßen. Tabelle D.10 zeigt, daß die Konzentration aller Verteilungen abnimmt. Der Gini-Koeffizient sinkt bei den Arbeitseinkommen von 0.481 auf 0.434, bei den Zinseinkommen von 0.493 auf 0.468 und bei den verfügbaren Einkommen von 0.317 auf 0.266. Bei den Lebenseinkommen errechnet sich ein Rückgang von 0.288 auf 0.225 und beim full wealth gar von 0.121 auf 0.067. Auch die Vermögensverteilung wird deutlich gleichmäßiger; der Gini-Koeffizient nimmt von 0.705 auf 0.590 ab, wenn alle Wirtschaftssubjekte die gleiche Präferenz für Freizeit besitzen.

	Modell-bevölkerung	ξ identisch	ξ,ε identisch	ξ,ε,K_0 identisch
Arbeitseinkommen	0.481	0.434	0.364	0.271
Zinseinkommen	0.493	0.468	0.458	0.569
Verfügbares Einkommen	0.317	0.266	0.206	0.200
Lebenseinkommen	0.288	0.225	0.161	0.0
Full wealth	0.121	0.067	0.010	0.0
Geldvermögen	0.705	0.590	0.515	0.694

Tabelle D.10   Der Einfluß unterschiedlicher Freizeitpräferenzen ξ, unterschiedlicher angeborener Fähigkeiten ε und unterschiedlicher Erstausstattung mit Geldvermögen K_0 auf die personelle Verteilung von Einkommen und Vermögen.

Als nächstes wird die personelle Verteilung von Einkommen und Vermögen für eine Modellbevölkerung simuliert, in der alle Wirtschaftssubjekte, außer identischen Freizeitpräferenzen, mit ε = 0.35 die gleichen angeborenen Fähigkeiten wie das repräsentative Wirtschaftssubjekt besitzen. Wie zu erwarten ist, nimmt die Ungleichverteilung von Einkommen und Vermögen weiter ab. Der Gini-Koeffizient beträgt jetzt bei den Arbeitseinkommen 0.364, bei den Zinseinkommen 0.458 und beim verfügbaren Einkommen lediglich noch 0.206. Bei den Lebenseinkommen sinkt die Konzentration auf 0.161 und beim full wealth auf 0.100. Die Verteilung der Geldvermögen schließlich weist einen Gini-Koeffizienten von 0.515 auf.

Zuletzt wird die personelle Verteilung für eine Modellbevölkerung simuliert, in der alle Personen, außer gleichen Präferenzen und Fähigkeiten, auch die gleiche Erstausstattung mit Geldvermögen in Höhe von $K_0 = 40.0$ besitzen. In dieser Modellwelt leben somit nur noch identische, repräsentative Wirtschaftssubjekte. Lebenseinkommen und full wealth sind dann gleich groß für jedermann - der Gini-Koeffizient nimmt den Wert null an.

Beim Übergang zur egalitären Verteilung der Anfangsvermögen verringert sich der Gini-Koeffizient der Arbeitseinkommen und der verfügbaren Einkommen nochmals und sinkt, wie Tabelle D.10 zeigt, auf 0.271 und 0.200 ab. Gleichzeitig aber wird die Verteilung von Geldvermögen und Zinseinkommen ungleichmäßiger - der Gini-Koeffizient steigt von 0.458 auf 0.569 bzw. von 0.515 auf 0.694 an. Dies ist überraschend. Doch es gibt eine einleuchtende Erklärung dafür.

Die komparativ-dynamische Analyse in Kapitel C hat gezeigt, daß bei einer Variation des Anfangsvermögens über das ganze Leben hinweg $dK/dK_0 > 0$ gilt. Personen, die zuvor eine höhere Erstausstattung als 40.0 besessen haben, verfügen deshalb jetzt über ein kleineres Geldvermögen. Doch trifft diese Einbuße nicht alle Altersjahrgänge gleich stark. Wie Abbildung C.8 zeigt, macht sich ein geringeres Anfangsvermögen am stärksten gegen Ende und unmittelbar nach Abschluß der Schulausbildung bemerkbar, mit zunehmendem Alter aber immer weniger und gegen Ende des Erwerbslebens und im Ruhestand kaum noch. Vermehrte Arbeits- und Sparanstrengungen haben den ursprünglichen Startnachteil größtenteils wieder ausgeglichen. Wie Tabelle C.11 zeigt, besitzt ein Wirtschaftssubjekt mit einem Anfangsvermögen von 40.0 kurz nach Ende der Schulausbildung ein minimales Geldvermögen in Höhe von -29.93, ein Wirtschaftssubjekt mit einer Erstausstattung von 50.0 hingegen eines von -7.92; die Differenz beträgt in dieser frühen Lebensphase 22.01. Später, gegen Ende des Erwerbslebens, erreichen die maximalen Vermögen die Höhe von 150.97 und 156.09; die Differenz ist auf 5.12 abgesunken, und sie beträgt mit Endvermögen von 105.97 und 108.75 beim Tode nur noch 2.78 (1).

---

(1) Noch deutlicher wird dieser Effekt, wenn man ein Wirtschaftssubjekt mit einem Anfangsvermögen von 40.0 mit einem Wirtschaftssubjekt mit einem Anfangsvermögen von 100.0 vergleicht: Während die Differenz der minimalen Vermögen noch 132.37 beträgt, liegen die maximalen Vermögen nur 23.60 und die Endvermögen lediglich 14.46 auseinander.

Beim Übergang zum einheitlichen Anfangsvermögen von 40.0 sinkt somit das ohnehin kleinere Geldvermögen junger Wirtschaftssubjekte stark ab, während die hohen Vermögen älterer Wirtschaftssubjekte weitgehend unverändert bleiben. Berücksichtigt man ferner, daß junge Personen zahlenmäßig stärker als ältere in der Bevölkerung vertreten sind, so wird klar, daß die Vermögenskonzentration zunehmen muß (1).

Bei der letzten Simulation bestand die Modellbevölkerung aus lauter identischen, repräsentativen Wirtschaftssubjekten. Die in der Querschnittsbetrachtung gemessene Einkommens- und Vermögenskonzentration ist daher allein auf den Einfluß der Altersstruktur zurückzuführen. Sie resultiert daraus, daß sich diese Wirtschaftssubjekte im Zeitpunkt der Beobachtung auf unterschiedlichen Punkten ihrer - identischen - Einkommens- und Vermögensprofile befinden. Obwohl übers Leben gesehen alle Personen wohlstandmäßig gleichgestellt sind, spiegelt die Periodenbetrachtung eine beträchtliche Ungleichheit vor; sie reicht bei den Geldvermögen fast an die Konzentration heran, die in einer Modellbevölkerung zu messen ist, deren Wirtschaftssubjekte unterschiedliche Präferenzen, Fähigkeiten und Anfangsvermögen besitzen. Wie schon der Vergleich der Verteilung von Arbeitseinkommen und Lebenseinkommen, so zeigt auch diese Analyse, daß die Ungleichheit von Einkommen und Vermögen im Querschnitt zu einem beträchtlichen Teil, wenn nicht sogar überwiegend, aus dem Altersstruktureffekt resultiert (2). In diesem Fall ist die Verteilung von Einkommen und Vermögen zu einem bestimmten Zeitpunkt ein schlechter Indikator für die Verteilung von Konsumchancen und Wohlstand in einer Gesellschaft. Wenn schon Periodenbetrachtung, dann wäre die Verteilung der Ausgaben dafür ein zuverlässigerer Indikator als die Verteilung von Einkommen.

Wie Tabelle D.11 zeigt, sind 56.3 Prozent der in der Querschnittsbetrachtung gemessenen Konzentration der Arbeitseinkommen allein der Altersstruk-

---

(1) Das Ergebnis wäre gegenteilig ausgefallen, hätte jedermann die - in diesem Modell unrealistisch hohe - Erstausstattung von 100.0 erhalten. In diesem Fall würden sich die Geldvermögen der älteren Wirtschaftssubjekte, welche zuvor über geringere Anfangsvermögen verfügten, nur wenig erhöhen, jene der jüngeren und zahlreicheren indes bedeutend stärker. Die unmittelbare Folge wäre eine Abnahme der Vermögenskonzentration. Diese Überlegungen zeigen, daß eine gleichmäßigere Verteilung der Anfangsvermögen nicht in jedem Fall zu einer gleichmäßigeren Verteilung von Geldvermögen und Zinseinkommen führen muß. Wie weitere Simulationen demonstrierten, kommt es darauf an, ob das einheitliche Anfangsvermögen genügend über dem ursprünglichen Durchschnittsvermögen liegt.
(2) Es hat Versuche gegeben, den Alterseffekt aus dem Gini-Koeffizienten herauszurechnen. Siehe dazu Paglin (1975).

tur anzulasten. Unterschiedliche Anfangsvermögen erklären 19.4 Prozent der Ungleichverteilung, unterschiedliche angeborene Fähigkeiten 14.6 Prozent und unterschiedliche Präferenzen bescheidene 9.7 Prozent. Bei den verfügbaren Einkommen sind mit 63.1 Prozent beinahe zwei Drittel der Einkommenskonzentration im Querschnitt dem Altersstruktureffekt zuzuschreiben. Unterschiede in den angeborenen Fähigkeiten erklären 19.0 Prozent und differierende Präferenzen weitere 16.1 Prozent. Ungleiche Anfangsvermögen verursachen mit 1.7 Prozent lediglich einen verschwindend geringen Teil der Einkommenskonzentration.

	Präferenzen für Freizeit	Angeborene Fähigkeiten	Anfangs-vermögen	Alters-struktur
Arbeitseinkommen	9.7 %	14.6 %	19.4 %	56.3 %
Zinseinkommen	5.0 %	2.0 %	-22.4 %	115.4 %
Verfügbares Einkommen	16.1 %	19.0 %	1.7 %	63.1 %
Lebenseinkommen	21.7 %	22.2 %	56.1 %	0.0 %
Full wealth	44.8 %	46.8 %	8.4 %	0.0 %
Geldvermögen	16.3 %	10.7 %	-25.5 %	98.5 %

Tabelle D.11   Der prozentuale Beitrag der Altersstruktur sowie unterschiedlicher Freizeitpräferenzen, angeborener Fähigkeiten und Anfangsvermögen zur Einkommens- und Vermögenskonzentration.

Die Analyse zeigt, daß der Einfluß unterschiedlicher angeborener Fähigkeiten auf die Konzentration der personellen Einkommen von ability-Theorien und Multifaktor-Theorien weit überschätzt wird; diese Ansätze sehen in differierenden individuellen Fähigkeiten die Erklärung für die Schiefe der personellen Einkommensverteilung. Noch viel weniger erscheint es gerechtfertigt, Unterschiede in den Anfangsvermögen als Ursache für die Ungleichheit von Einkommen heranzuziehen, wie dies in Beckers Humankapital-Theorie implizit geschieht. Auch unterschiedliche Präferenzen sind offenbar keine ausreichende Erklärung.

Die Ungleichverteilung der Einkommen in der Querschnittsbetrachtung ist vielmehr in erster Linie Reflex intertemporaler Einkommensverläufe und der Altersstruktur der Bevölkerung. Das intertemporale Einkommensprofil resultiert aus der optimalen intertemporalen Allokation der Ressourcen eines Wirtschaftssubjekts und kann ökonomisch erklärt werden. Die Altersstruktur einer Bevölkerung ist vorgegeben; sie determiniert, auf welchen Punkten ihrer Einkommensprofile sich die einzelnen Wirtschaftssubjekte im Zeitpunkt der Beobachtung aufhalten. So betrachtet hat die Theorie der personellen Einkommensverteilung die wichtigsten Ursachen für die Einkommenskonzentration bisher völlig vergessen (1). Die Ergebnisse dieses Simulationsmodells legen jedenfalls den Schluß nahe, daß die personelle Einkommensverteilung ohne explizite Erklärung individueller intertemporaler Einkommensprofile und ohne explizite Berücksichtigung der Altersstruktur nicht verstanden werden kann.

Mehr als für die Einkommensverteilung gilt dies für die Vermögensverteilung. Hier verursachen intertemporale Vermögensprofile und Altersstruktur gemeinsam 98.5 Prozent der Vermögenskonzentration. Unterschiede in Präferenzen und Fähigkeiten sind zusammengenommen für nur 27.0 Prozent der Konzentration verantwortlich. Unterschiedliche Anfangsvermögen indes verringern überraschenderweise die Konzentration um 25.5 Prozent. Ähnlich liegen die Verhältnisse bei der Verteilung der Zinseinkommen.

Mehr als die Verteilung der Periodeneinkommen ist die Verteilung der Lebenseinkommen von den Anfangsvermögen der Wirtschaftssubjekte abhängig: 56.1 Prozent der Konzentration rühren aus unterschiedlicher Erstausstattung mit Geldvermögen her. Und zwar führen, wie aus den komparativ-dynamischen Untersuchungen in Kapitel C bekannt ist, wegen $dY/dK_o < 0$ höhere Anfangsvermögen zu kleineren Lebenseinkommen. Präferenzen und Fähigkeiten haben mit 21.7 und 22.2 Prozent einen etwas größeren Einfluß auf die Konzentration der Lebenseinkommen als auf die Konzentration der Arbeitseinkommen.

Beim full wealth sind unterschiedliche Anfangsvermögen nur noch für 8.4 Prozent der Ungleichverteilung verantwortlich. Dies liegt daran, daß hohe

---

(1) Möglicherweise liegt im dominierenden Einfluß von Altersstruktur und life-cycle-Effekten auch die Erklärung dafür, warum die Einkommensverteilungen in verschiedenen Ländern und zu verschiedenen Zeiten einander so ähnlich sind. Paretos "Naturgesetz" erhielte auf diese Weise eine ganz neue Berechtigung.

Anfangsvermögen wegen der von ihnen ausgehenden "incentives" zu kleineren
Lebenseinkommen führen. Die Konzentration des full wealth, verursacht durch
Unterschiede in der Erstaustattung mit Geldvermögen, ist daher gering. Entsprechend groß wird der prozentuale Einfluß unterschiedlicher Präferenzen
und Fähigkeiten.

Alle diese Ergebnisse sind natürlich abhängig von der gewählten Varianz der
Präferenzen, Fähigkeiten und Anfangsvermögen und deshalb nicht allgemein
gültig. Simulationen mit anderen Streuungen dieser individuellen Merkmale
führen deshalb auch zu anderen Resultaten. Die Größenordnungen indes bleiben stabil; sie können daher durchaus über den Spezialfall hinaus Gültig-
keit beanspruchen.

E. Steuern, Transfers, intertemporale Allokation
und personelle Verteilung

> "Probably the major problem in design-
> ing a just economic society is to de-
> sign a tax and income reward system
> that will encourage people to maximize
> their contribution to the productive
> effort of society ... and forestall
> them from choosing to retire from pro-
> ductive contribution into a rentier
> capacity that gives them an income with-
> out obliging them or inducing them to
> invest further effort in work for so-
> ciety's benefit."
>
> Harry G. Johnson

Mit Hilfe des präsentierten Modells des intertemporalen Arbeits- und Kapitalangebots ist es in Kapitel D gelungen, die personelle Verteilung von
Periodeneinkommen, Lebenseinkommen und Vermögen zu erklären. Dieses Kapitel
zeigt eine von vielen Anwendungsmöglichkeiten des dynamischen Modells: Es
wird benutzt, um allokative und distributive Wirkungen verschiedener Steuern und Transfers zu studieren und zu vergleichen.

Die folgende Analyse ist weit davon entfernt, eine Untersuchung aller von
Steuern und Transfers ausgehender Effekte zu sein: Erstens werden nur die
Wirkungen auf die Entscheidungen der Konsumenten und Faktoranbieter erklärt - die Wirkungen auf die Entscheidungen der Produzenten bleiben außer
acht, ebenso alle Wirkungen von Steuern und Transfers auf Güter- und Faktorpreise. Zweitens werden jene Effekte nicht weiter verfolgt, die daraus
resultieren, daß der Staat die Steuern weiter verwendet oder sich die
Transfers erst beschaffen muß. Und drittens beschränkt sich die Analyse auf
proportionale Steuern und Bildungstransfers.

Trotzdem verspricht die Analyse Erkenntnisse, wie sie mit dem traditionellen ökonomischen Instrumentarium nicht gewonnen werden können. Mit dem
Modell des intertemporalen Faktorangebots ist es möglich, die Wirkungen von
Steuern und Transfers auf die wichtigsten Entscheidungen des Haushalts
simultan und in dynamischen Kontext zu analysieren: die Beeinflussung der

optimalen intertemporalen Allokation von Zeit auf Freizeit, Arbeit und Ausbildung und des Einkommens auf Konsum und Ersparnis. Zum anderen lassen
sich die mit veränderten allokativen Entscheidungen verbundenen Effekte auf
die personelle Verteilung von Periodeneinkommen, Lebenseinkommen und Vermögen bestimmen. Insofern gehen die folgenden Untersuchungen über die
übliche Wirkungsanalyse von Steuern und Transfers hinaus, die sich größtenteils im statischen Rahmen abspielt, sich auf Teilentscheidungen beschränkt
und Effekte auf die personelle Verteilung außer acht läßt. Hier zeigen sich
deutlich Berechtigung und Vorteil mikroökonomischer Simulationsrechnungen.

In Teil I wird demonstriert, wie sich die optimalen intertemporalen Allokationsentscheidungen des repräsentativen Wirtschaftssubjekts verändern,
wenn es Steuern auf Arbeitseinkommen, Zinseinkommen, Vermögen oder Konsum
zahlen muß oder wenn es während der Schulausbildung Transfers erhält. Das
Modell macht die Wirkungen von Steuern und Transfers auf das komplexe Problem der intertemporalen Allokation von Zeit auf Freizeit, Arbeit und Ausbildung sowie der Allokation von Einkommen auf Konsum und Ersparnis im
Detail deutlich. Es zeigt sich, daß unterschiedliche Steuern sehr unterschiedlich die intertemporalen Faktorangebotsentscheidungen beeinflussen
und daß gleiche Steuerzahlungen je nach Steuerart mit sehr unterschiedlicher "excess burden" für ein Wirtschaftssubjekt verbunden sind. Das
Modell erlaubt, diese Mehrbelastung zu berechnen und die Steuern nach ihren
allokativen Nachteilen zu diskrimieren. So entsteht eine Rangfolge der
relativen Vorteilhaftigkeit von Steuern auf Arbeitseinkommen, Zinsen, Vermögen und Konsum. Doch Steuern und Transfers wirken nicht nur auf die intertemporale Allokation der Ressourcen.

In Teil II wird das Simulationsmodell aus Kapitel D benutzt, um für die
Modellbevölkerung die personelle Verteilung von Periodeneinkommen, Lebenseinkommen und Vermögen zu berechnen, wenn die Wirtschaftssubjekte Steuern
zahlen müssen oder Bildungstransfers erhalten. Auf diese Weise erhält man
die distributiven Wirkungen von Steuern und Tansfers. Sie resultieren aus
einer veränderten intertemporalen Allokation der Ressourcen der einzelnen
Wirtschaftssubjekte. Diese Methode unterscheidet sich von der mikroanalytischer Simulationsmodelle dadurch, daß die distributiven Effekte endogen
über nutzenmaximierendes Verhalten bestimmt werden und nicht eine Folge
exogener Reaktionsannahmen sind. Wie zu erwarten ist, treffen unterschiedliche Steuern die personelle Verteilung in unterschiedlicher Weise und sie

wirken auf die Verteilung von Periodeneinkommen im allgemeinen anders als auf die Verteilung von Lebenseinkommen und Vermögen. Die verschiedenen Simulationsrechnungen erlauben eine Rangfolge der Steuern nach ihrer relativen distributiven Vorteilhaftigkeit.

In Teil III werden schließlich allokative und distributive Wirkungen der einzelnen Steuern miteinander verglichen. Dabei zeigt sich, inwieweit aus intertemporaler Sicht von einem "trade-off" zwischen Allokation und Distribution gesprochen werden muß.

I. Die Wirkungen von Steuern und Transfers
auf die intertemporale Allokation

Steuern und Transfers schlagen sich in der Budgetrestriktion des Wirtschaftssubjekts nieder. Beträgt der Steuersatz auf Arbeitseinkommen t_y, so verändert sich C.11 zu

$$\dot{K} = iK + (1-t_y)rHg(s)l - c \qquad\qquad E.1$$

Werden Zinseinkommen mit dem Steuersatz t_z belastet und ist vollkommener intertemporaler Verlustausgleich möglich, so daß Schuldzinsen mit dem gleichen Satz t_z subventioniert werden, gilt als neue Budgetrestriktion:

$$\dot{K} = (1-t_z)iK + rHg(s)l - c \qquad\qquad E.2$$

Ist der intertemporale Verlustausgleich ausgeschlossen - besteht also keine Möglichkeit zur Aufrechnung von Zinseinkommen gegen Zinszahlungen - so muß als vierte Schaltfunktion

$$h_4 = K \qquad\qquad E.3$$

formuliert werden; sie schaltet die Budgetrestriktion entsprechend:

$$\dot{K} = \begin{cases} (1-t_z)iK + rHg(s)l - c & h_4 > 0 \\ \\ iK + rHg(s)l - c & h_4 < 0 \end{cases} \qquad\qquad E.4$$

Eine Steuer auf Vermögen in Höhe von t_K wirkt, wie die Budgetgleichung zeigt, in diesem Modell genauso auf die intertemporalen Allokationsentscheidungen wie eine Steuer auf Zinsen, wenn für die Steuersätze

$$t_K = i t_z \qquad \text{E.5}$$

gilt. Eine 10prozentige Zinssteuer ist bei einem Zinsatz von i = 0.04 somit einer 0.4prozentigen Vermögenssteuer äquivalent.

Wird der Konsum mit einer Steuer in Höhe von t_c belegt, sieht sich das repräsentative Wirtschaftssubjekt folgender intertemporaler Budgetrestriktion gegenüber:

$$\dot{K} = iK + rHg(s)l - (1+t_c)c \qquad \text{E.6}$$

Ein Transfer in Höhe von t_r, gezahlt für die Zeit der Schulausbildung, führt auf eine Budgetrestriktion, die mit Hilfe von Schaltfunktion h_1 aus C.78 geschaltet wird:

$$\dot{K} = \begin{cases} iK + t_r - c & h_1 > 0 \\ \\ iK + rHg(s)l - c & h_1 < 0 \end{cases} \qquad \text{E.7}$$

Substituiert man C.11 durch die entsprechende Budgetgleichung aus E.1 - E.4 bzw. E.5 - E.7, lassen sich für das veränderte Kontrollproblem, wie in Kapitel C beschrieben, aus der Hamilton-Funktion die neuen Optimalbedingungen ableiten; sie werden in das dazugehörige Randwertproblem übergeführt, das numerisch gelöst werden kann. Anschließend wird mit Hilfe der in Kapitel C erläuterten Methode der komparativen Dynamik untersucht, wie sich die optimalen intertemporalen Allokationsentscheidungen [c(t),l(t),s(t)] des repräsentativen Wirtschaftssubjekts bei einer marginalen Variation der Steuersätze und des Transfers verändern. Zugleich zeigt die Untersuchung, wie die optimalen Lebensprogramme aussehen, wenn Steuersätze und Transferbetrag schrittweise immer mehr erhöht werden. Am Ende dieses Teils steht schließlich der Vergleich der "excess burden" der unterschiedlichen Steuern.

1. Lohnsteuer und intertemporales Faktorangebot

Das repräsentative Wirtschaftssubjekt reagiert auf eine marginale proportionale Lohnsteuer, wie Tabelle E.1 zeigt, mit einer Verkürzung seiner Schulausbildung ($dt_1/dt_y < 0$) und des on-the-job-trainings ($dt_2/dt_y < 0$); zugleich beendet es das Erwerbsleben später ($dt_3/dt_y > 0$).

$dt_1/dt_y = -0.2835$	$dt_2/dt_y = -2.0061$	$dt_3/dt_y = 1.7508$

Tabelle E.1   Variation der Schaltpunkte als Reaktion auf eine marginale Lohnsteuer.

Es fällt auf, daß die Reaktion auf die Steuer gelassen bleibt: Bei der Einführung einer 10prozentigen Lohnsteuer wird die Schulausbildung etwa 0.028 und das on-the-job-training 0.2 Jahre früher beendet; der Ruhestand indes wird ungefähr 0.17 Jahre später angetreten.

Abbildung E.1 zeigt, daß das Wirtschaftssubjekt während der Schulzeit und des Arbeitslebens seine Freizeit einschränkt ($dl/dt_y > 0$). Es lernt fleissiger und erwirbt trotz kürzerer Ausbildungszeit ein größeres Humanvermögen ($dH/dt_y > 0$). Aus höherem Humanvermögen, höherer täglicher Arbeitszeit und verlängertem Arbeitsleben resultiert, wie Tabelle E.2 zeigt, ein höheres Lebenseinkommen brutto ($dY^b/dt_y > 0$); nach Abzug der Lebenssteuern T_y bleibt allerdings nur ein niedrigeres Lebenseinkommen netto ($dY^n/dt_y < 0$) übrig. Entsprechend sinkt der full wealth ($dW/dt_y < 0$), der Lebenskonsum ($dC/dt_y < 0$) und der Lebensnutzen ($dN/dt_y < 0$).

$dY^b/dt_y = 11.5150$	$dY^n/dt_y = -62.8786$	$dT_y/dt_y = 74.3936$
$dW/dt_y = -62.8786$	$dC/dt_y = -56.0871$	$dN/dt_y = -7.1659$

Tabelle E.2   Variation von Lebenseinkommen Y, Lebenssteuern T_y (1), full wealth W, Lebenskonsum C und Lebensnutzen N als Reaktion auf eine marginale Lohnsteuer t_y.

---

(1) Unter Lebenssteuern wird - analog zum Lebenseinkommen - der Barwert aller Steuern verstanden, die während des ganzen Lebens zu zahlen sind.

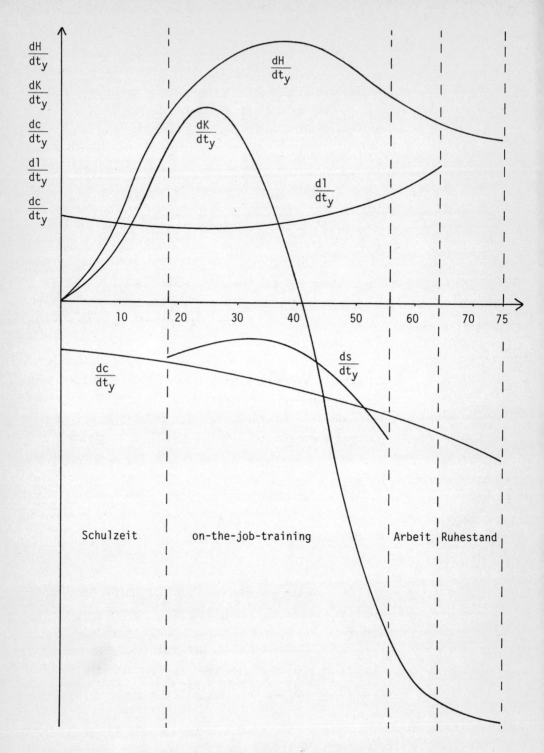

<u>Abbildung E.1</u>   Variation von Humanvermögen H, Geldvermögen K, Konsum c,
Arbeitszeit l und on-the-job-training s als Reaktion auf
eine marginale Lohnsteuer t_y.

Mit dem Lebenskonsum sinkt, wie aus Abbildung E.1 hervorgeht, der Konsum in jedem Zeitpunkt des Lebens ($dc/dt_y < 0$); dies bedeutet, daß das Anfangsvermögen weniger schnell abgebaut wird ($dK/dt_y > 0$), denn das Wirtschaftssubjekt braucht während der Ausbildungszeit, die zudem verkürzt ist, lediglich einen geringeren Konsumstrom zu finanzieren. Erst wenn während des Arbeitslebens wegen der Lohnsteuern das verfügbare Einkommen sinkt, spart das Wirtschaftssubjekt weniger und akkumuliert ein geringeres Geldvermögen ($dK/dt_y < 0$). Das Vermögen bleibt schließlich bis zum Lebensende kleiner - das repräsentative Wirtschaftssubjekt wälzt einen Teil seiner Steuerlast auf die Erben fort (1). Eine Lohnsteuer bremst also während der Ausbildungszeit den Vermögensabbau und während des Arbeitslebens den Vermögensaufbau - der intertemporale Verlauf des Vermögensprofils wird geglättet. Dies deutet darauf hin, daß eine Lohnsteuer die Vermögensverteilung gleichmäßiger macht.

Tabelle E.3 zeigt, wie die optimalen Lebensverläufe des repräsentativen Wirtschaftssubjekts aussehen, wenn der Lohnsteuersatz schrittweise von 0.0 auf 0.8 gesteigert wird. Nicht in allen Punkten werden hier die Resultate der komparativ-dynamischen Analyse bestätigt: Das Wirtschaftssubjekt reagiert bei höheren Steuersätzen auf eine weitere Steuererhöhung anders als bei niedrigen.

Bei Steuersätzen bis zu 0.4 verkürzt das Wirtschaftssubjekt - wie beschrieben - die Schulausbildung und das on-the-job-training, lernt und arbeitet mehr und verdient ein höheres Lebenseinkommen brutto. Offensichtlich versucht es, durch vermehrte Ausbildungs- und Arbeitsanstrengungen den durch Steuerabzüge verursachten Rückgang des verfügbaren Einkommens aufzuhalten. Insofern wirkt die Lohnsteuer durchaus leistungsmotivierend.

Wird der Steuersatz jedoch über 0.4 hinaus erhöht, sinkt die Leistungsbereitschaft des Wirtschaftssubjekts; dies äußert sich darin, daß es mehr Freizeit nachfragt, weniger lernt, weniger arbeitet, länger zur Schule und früher in Ruhestand geht. Weil der Fleiß des Wirtschaftssubjekts nachläßt, erwirbt es trotz längerer Dauer der Ausbildung ein kleineres Humanvermögen und verdient ein geringeres Lebenseinkommen brutto.

---

(1) Dies ist stets der Fall, wenn - wie hier - Vererbungsvermögen im Vergleich zum eigenen Konsum als Luxusgut angesehen wird, wenn also die Elastizität des Grenznutzens des Konsums größer als die Elastizität des Grenznutzens des Endvermögens ist. Siehe dazu auch C.I.3.a).

t_y	0.0	0.1	0.2	0.3	0.4	0.6	0.7	0.8
t_1	17.92	17.89	17.86	17.84	17.83	17.87	18.01	18.59
t_2	56.46	56.26	56.09	55.94	55.85	56.14	57.15	61.55
t_3	64.68	64.85	65.02	65.16	65.25	64.97	64.12	61.55
$H(0)$	1.0	1.0	1.0	1.0	1.0	1.0	1.0	1.0
$H(t_1)$	18.27	18.35	18.43	18.49	18.54	18.41	18.02	16.77
H_{max}	33.66	33.83	33.99	34.12	34.21	33.94	33.12	30.53
$H(T)$	26.08	26.18	26.29	26.38	26.43	26.26	25.73	24.11
$K(0)$	40.0	40.0	40.0	40.0	40.0	40.0	40.0	40.0
$K(t_1)$	-13.39	-8.25	-2.89	2.74	8.68	21.86	29.37	38.00
K_{min}	-29.93	-23.37	-16.48	-9.19	-1.43	15.93	25.90	37.10
K_{max}	150.97	138.21	125.59	113.15	100.94	77.58	66.68	57.23
$K(T)$	105.97	92.57	79.63	67.19	55.31	33.51	23.79	15.02
$1(0)$	0.4805	0.4831	0.4855	0.4876	0.4889	0.4848	0.4719	0.4283
$1(15)$	0.5428	0.5453	0.5476	0.5496	0.5508	0.5469	0.5347	0.4927
$1(30)$	0.5341	0.5366	0.5389	0.5408	0.5421	0.5382	0.5261	0.4853
$1(45)$	0.3960	0.3990	0.4018	0.4042	0.4058	0.4010	0.3863	0.3385
$1(60)$	0.1174	0.1215	0.1254	0.1287	0.1308	0.1242	0.1042	0.0410
$1(75)$	0.0	0.0	0.0	0.0	0.0	0.0	0.0	0.0
Y^b	74.39	75.53	76.61	77.54	78.13	76.29	70.72	53.51
Y^n	74.39	67.98	61.29	54.28	46.88	30.51	21.21	10.70
W	114.39	107.98	101.29	94.28	86.88	70.51	61.21	50.70
C	109.11	103.37	97.32	90.93	84.12	68.85	60.03	49.95
T_y	0.0	7.55	15.32	23.26	31.25	45.77	49.50	42.81
N	-39.02	-39.78	-40.65	-41.65	-42.81	-45.87	-47.92	-50.70

Tabelle E.3   Der optimale Lebensverlauf des repräsentativen Wirtschaftssubjekts bei schrittweiser Variation des Lohnsteuersatzes t_y.

173

Die Lebenssteuern steigen bis zu einem Steuersatz von 0.7 an - so lange dauert es, bis der Rückgang des Lebenseinkommens brutto gerade den Anstieg des Steuersatzes egalisiert. Erst jenseits von t_y = 0.7 gilt das Swiftsche Steuereinmaleins: eine weitere Erhöhung des Steuersatzes führt - übers Leben gesehen - zu einem geringeren Steueraufkommen, weil die Leistungsbereitschaft des Wirtschaftssubjekts rapide absinkt. Bei einem Steuersatz von 0.9 und größer ist es schließlich gar nicht mehr bereit, zu arbeiten; es schränkt lieber seinen Konsum ein, lebt von seinem Anfangsvermögen und dessen Verzinsung und genießt die viele Freizeit.

Abbildung E.2 zeigt grafisch diesen Zusammenhang zwischen Lebenseinkommen brutto, Lebenssteuern und Lohnsteuersatz. Die Kurve der Lebenssteuern T_y läßt sich als mikroökonomische "Laffer curve" interpretieren.

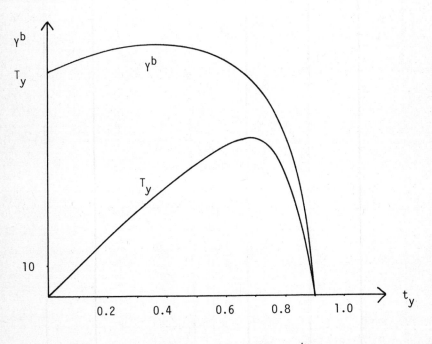

Abbildung E.2   Lebenseinkommen brutto Y^b und Lebenssteuern T_y bei alternativen Lohnsteuersätzen t_y.

2. Zinssteuer, Vermögenssteuer und intertemporales Faktorangebot

Das repräsentative Wirtschaftsubjekt reagiert auf eine marginale Zinssteuer ohne Verlustausgleich mit einer Verlängerung der Schulausbildung ($dt_1/dt_z > 0$), einer Verkürzung des on-the-job-training ($dt_2/dt_z < 0$) und einer Verlängerung des Erwerbslebens ($dt_3/dt_z > 0$).

$dt_1/dt_z = 5.491$	$dt_2/dt_z = -25.082$	$dt_3/dt_z = 38.269$

Tabelle E.4   Variation der Schaltpunkte als Reaktion auf eine marginale Zinssteuer ohne Verlustausgleich.

Wie aus Tabelle E.4 hervorgeht, ist die Reaktion sehr deutlich: Eine 10prozentige Steuer auf Zinseinkommen verlängert die Schulausbildung um etwa ein halbes Jahr, verkürzt das on-the-job-training um etwa 2.5 Jahre und verschiebt den Ruhestand um 3.8 Jahre nach hinten.

Abbildung E.3 zeigt die Variation des intertemporalen Faktorangebots auf eine marginale Zinssteuer im Detail. Während der Schulzeit wählt das Wirtschaftssubjekt mehr Freizeit ($dl/dt_z < 0$) und lernt weniger ($dH/dt_z < 0$). Daß das Humanvermögen zu Beginn des on-the-job-training dennoch größer ist, liegt an der verlängerten Schulausbildung. Es bleibt bis zum Lebensende größer ($dH/dt_z > 0$). Dies veranlaßt das Wirtschaftssubjekt, die Freizeit einzuschränken und bis zum Ruhestand, der später angetreten wird, härter zu arbeiten ($dl/dt_z > 0$). Das Geldvermögen ist während des ganzen Lebens kleiner ($dK/dt_z < 0$). Offensichtlich versucht das Wirtschaftssubjekt auf diese Weise Steuern auf Zinseinkommen möglichst zu vermeiden. Wiederum wird ein Teil der Steuerlast auf die Erben überwälzt, denn das ihnen hinterlassene Vermögen ist kleiner.

Tabelle E.5 zeigt, daß ein größeres Humanvermögen, eine höhere Arbeitszeit und ein verlängertes Erwerbsleben zu einem Anstieg des Lebenseinkommens führen ($dY/dt_z > 0$); der full wealth, die Summe aus Lebenseinkommen und Anfangsvermögen, vermindert um die Steuerlast, nimmt ab ($dW/dt_z < 0$) - die Steuerzahlungen werden durch erhöhte Arbeitsanstrengungen somit nicht ganz

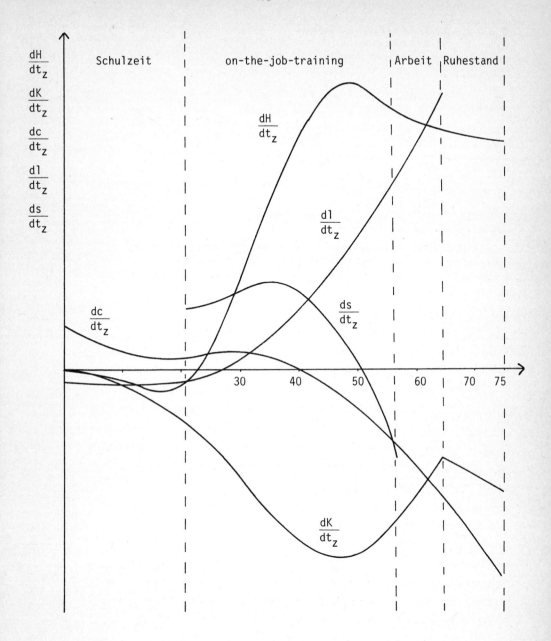

Abbildung E.3   Variation von Humanvermögen H, Geldvermögen K, Konsum c, Arbeitszeit l und on-the-job-training s als Reaktion auf eine
marginale Zinssteuer t_z ohne Verlustausgleich.

ausgeglichen. Auffallend ist, daß das Wirtschaftssubjekt trotz kleinerem full wealth - also geringerem Barwert an finanziellen Resourcen - seinen Lebenskonsum erhöht ($dC/dt_z > 0$). Natürlich vermindert die Besteuerung den Lebensnutzen ($dn/dt_z < 0$).

$dY/dt_z = 24.771$	$dW/dt_z = -2.5959$	$T_z/dt_z = 27.367$
$dC/dt_z = 6.5277$	$dN/dt_z = -2.6361$	

Tabelle E.5   Variation von Lebenseinkommen Y, full wealth W, Lebenssteuern T_z, Lebenskonsum C und Lebensnutzen N als Reaktion auf eine marginale Zinssteuer t_z.

Die intertemporale Analyse bestätigt, daß Steuern auf Zinsen die Allokation des Einkommens auf Konsum und Ersparnis zu Lasten der Geldvermögensbildung verschieben - die Ersparnis sinkt, der Konsum wird gefördert. Ferner zeigt sich deutlich, daß eine Zinssteuer Humanvermögen im Vergleich zu Geldvermögen attraktiver macht: das Wirtschaftssubjekt, vor das Problem gestellt, seinen Konsum während des ganzen Lebens durch entsprechendes Faktorangebot zu finanzieren, erhöht die Humanvermögensbildung und damit seine Arbeitseinkommen, während es gleichzeitig die Geldvermögensbildung und die Zinseinkommen vernachlässigt.

Aus Tabelle E.6 geht hervor, wie die optimalen Lebensverläufe des repräsentativen Wirtschaftssubjekts aussehen, wenn der Steuersatz t_z schrittweise von 0.0 auf 1.0 erhöht wird. Mit höherer Besteuerung der Zinseinkommen verlängert sich die Schulausbildung immer mehr, erhöht sich das Humanvermögen, steigt die Arbeitszeit während des Erwerbslebens und wird der Ruhestand später angetreten. Die Ersparnis wird stets negativ getroffen: mit steigenden Steuersätzen nimmt die maximale Verschuldung K_{min} zu und vermindert sich das maximale Vermögen K_{max} wie auch das Endvermögen $K(T)$.

Die gleichen qualitativen Wirkungen auf das intertemporale Faktorangebot gehen von einer marginalen Vermögensteuer t_k aus. Die quantitativen Re-

t_z	0.0	0.1	0.2	0.3	0.4	0.6	0.8	1.0
t_1	17.92	18.35	18.64	18.81	18.90	18.94	18.91	18.86
t_2	56.46	55.49	56.02	57.10	58.07	59.62	60.83	61.80
t_3	64.68	68.55	72.53	-	-	-	-	-
$H(0)$	1.0	1.0	1.0	1.0	1.0	1.0	1.0	1.0
$H(t_1)$	18.27	18.70	18.95	19.11	19.20	19.32	19.38	19.44
H_{max}	33.66	35.26	36.52	37.47	38.10	38.73	38.93	38.99
$H(T)$	26.08	27.52	28.87	30.07	30.97	32.13	32.78	33.15
$K(0)$	40.0	40.0	40.0	40.0	40.0	40.0	40.0	40.0
$K(t_1)$	-13.39	-19.69	-24.61	-28.52	-31.55	-36.00	-39.28	-41.90
K_{min}	-29.93	-39.70	-47.62	-54.01	-58.83	-65.47	-69.92	-73.24
K_{max}	150.97	132.43	112.59	92.36	76.64	57.57	50.19	45.60
$K(T)$	105.97	90.43	79.29	71.31	65.21	56.35	50.19	45.60
$1(0)$	0.4805	0.4768	0.4741	0.4725	0.4720	0.4732	0.4754	0.4779
$1(15)$	0.5428	0.5339	0.5368	0.5352	0.5348	0.5359	0.5380	0.5404
$1(30)$	0.5341	0.5566	0.5376	0.5380	0.5387	0.5404	0.5425	0.5446
$1(45)$	0.3960	0.4192	0.4293	0.4306	0.4341	0.4381	0.4406	0.4425
$1(60)$	0.1174	0.1856	0.2346	0.2674	0.2872	0.3030	0.2997	0.2852
$1(75)$	-	-	-	0.0306	0.0939	0.1821	0.2412	0.2844
Y	74.39	76.46	77.93	78.98	79.77	81.01	82.03	82.93
W	114.39	114.23	114.25	114.39	114.52	114.67	114.77	114.84
C	109.11	109.73	110.30	110.84	111.27	111.86	112.27	112.57
T_z	0.0	2.22	3.67	4.58	5.25	6.33	7.26	8.09
N	-39.02	-39.26	-39.46	-39.62	-39.75	-39.96	-40.13	-40.27

Tabelle E.6   Der optimale Lebensverlauf des repräsentativen Wirtschaftssubjekts bei schrittweiser Variation des Zinssteuersatzes t_z (ohne Verlustausgleich).

sultate lassen sich gewinnen, wenn die Werte aus Tabelle E.4 und E.5 durch den Zinssatz i = 0.04 dividiert werden (1). Man erhält so beispielsweise, daß eine einprozentige Vermögenssteuer ohne Verlustausgleich die Schulausbildung um 1.4 Jahre verlängert, das on-the-job-training um 6.3 Jahre verkürzt und den Beginn des Ruhestandes um 9.6 Jahre verzögert. Aus Tabelle E.6 lassen sich die optimalen Lebensverläufe auch bei alternativen Vermögenssteuersätzen ersehen: Wird der Zinssteuersatz t_z gemäß E.5 mit dem Zinssatz i multipliziert, erhält man den Vermögenssteuersatz t_K, für den der betreffende Lebensverlauf optimal ist. Tabelle E.6 gibt somit die Lebensprogramme des repräsentativen Wirtschaftssubjekts für Vermögenssteuersätze von 0.0 bis 0.04 wieder.

Die qualitativen Variationen der intertemporalen Allokationsentscheidungen bleiben erhalten, wenn bei der Zins- bzw. Vermögenssteuer ein vollkommener intertemporaler Verlustausgleich zugelassen wird. Jedoch ist die quantitative Reaktion ungleich größer: Eine 10prozentige Zinssteuer mit Verlustausgleich führt beispielsweise zu einer Verlängerung der Schulausbildung um 2.2 Jahre, im Gegensatz zu einem halben Jahr im Fall ohne Verlustausgleich; und der Ruhestand wird nicht 3.8 Jahre, sondern 5.4 Jahre später angetreten.

Tabelle E.7 zeigt schließlich die optimalen Lebensverläufe für eine Zinssteuer bzw. eine äquivalente Vermögenssteuer, jeweils mit Verlustausgleich. Deutlich ist zu sehen, daß Humanvermögen und negatives Geldvermögen im Vergleich zu positivem Geldvermögen zusätzlich an Attraktivität gewonnen haben. Dies geht soweit, daß das Wirtschaftssubjekt schon ab einem Zinssteuersatz von t_z = 0.2 durch entsprechend hohe und lange Verschuldung übers Leben gesehen mehr an Steuererstattung erhält als seine tatsächlichen Steuerzahlungen ausmachen. Dieser negative Steuersaldo steigt mit dem Steuersatz an, vergrößert den full wealth und gibt dem Wirtschaftssubjekt Gelegenheit, sich ein geringeres Lebenseinkommen zu erlauben und dennoch wohlstandsmäßig besser zu stehen.

----

(1) Aus E.5 folgt durch Differentiation:

$$\frac{dt_z}{dt_K} = \frac{1}{i}$$

Es gilt daher:

$$\frac{dx}{dt_K} = \frac{dx}{dt_z} \frac{dt_z}{dt_K} = \frac{dx}{dt_z} \cdot \frac{1}{i}$$

t_z	0.0	0.1	0.2	0.3	0.4	0.6	0.8	1.0
t_1	17.92	20.16	22.91	26.02	29.29	35.68	41.12	45.43
t_2	56.46	54.96	55.74	56.73	57.51	58.78	59.87	60.85
t_3	64.68	70.04	-	-	-	-	-	-
$H(0)$	1.0	1.0	1.0	1.0	1.0	1.0	1.0	1.0
$H(t_1)$	18.27	20.71	23.60	26.87	30.34	37.02	42.22	45.59
H_{max}	33.66	36.61	39.85	42.96	45.69	49.50	52.33	53.45
$H(T)$	26.08	28.50	31.50	34.47	37.09	41.22	43.93	45.45
$K(0)$	40.0	40.0	40.0	40.0	40.0	40.0	40.0	40.0
$K(t_1)$	-13.39	-33.41	-60.48	-94.56	-133.95	-217.82	-288.83	-335.11
K_{min}	-29.93	-56.87	-92.63	-134.74	-178.37	-257.14	-313.85	-347.32
K_{max}	150.97	125.47	91.44	66.37	57.79	46.72	39.52	34.61
$K(T)$	105.97	88.35	75.44	65.57	57.79	46.72	39.52	34.61
$1(0)$	0.4805	0.4676	0.4515	0.4351	0.4200	0.3944	0.3735	0.3559
$1(15)$	0.5428	0.5306	0.5152	0.4993	0.4847	0.4593	0.4383	0.4204
$1(30)$	0.5341	0.5439	0.5459	0.5408	0.5298	0.5025	0.4791	0.4585
$1(45)$	0.3960	0.4400	0.4749	0.4990	0.5139	0.5220	0.5102	0.4884
$1(60)$	0.1174	0.2142	0.2968	0.3604	0.4074	0.4658	0.4927	0.4995
$1(75)$	0.0	0.0	0.0316	0.1537	0.2466	0.3731	0.4504	0.4994
Y	74.39	76.89	77.44	75.93	72.92	64.74	56.08	48.21
W	114.39	116.30	119.79	124.63	130.72	147.05	169.70	199.81
C	109.11	111.90	116.04	121.37	127.84	144.72	167.73	198.08
T_z	0.0	0.59	-2.35	-8.70	-17.79	-42.30	-73.61	-111.60
N	-39.02	-39.15	-39.13	-38.95	-38.63	-37.68	-36.51	-35.28

Tabelle E.7   Der optimale Lebensverlauf des repräsentativen Wirtschaftssubjekts bei schrittweiser Variation des Zinssteuersatzes t_z (mit Verlustausgleich).

3. Konsumsteuer und intertemporales Faktorangebot

Das repräsentative Wirtschaftssubjekt reagiert auf eine marginale Konsumsteuer ähnlich wie auf eine marginale Lohnsteuer: es verkürzt die Schulausbildung ($dt_1/dt_c < 0$) und das on-the-job-training ($dt_2/dt_c < 0$) und verlängert das Erwerbsleben ($dt_3/dt_c > 0$).

$dt_1/dt_c = -1.1682$	$dt_2/dt_c = -8.2673$	$dt_3/dt_c = 7.2149$

Tabelle E.8   Variation der Schaltpunkte als Reaktion auf eine marginale Konsumsteuer t_c.

Auch Abbildung E.4 zeigt, daß die intertemporalen Allokationsentscheidungen von einer marginalen Konsumsteuer ähnlich wie von einer marginalen Lohnsteuer beeinflußt werden: Wiederum schränkt das Wirtschaftssubjekt während Schulzeit und Arbeitsleben seine Freizeit ein ($dl/dt_c > 0$), lernt und arbeitet mehr. Aus dem höheren Humanvermögen ($dH/dt_c > 0$), der kürzeren Schulausbildung, der höheren Arbeitszeit und dem verlängerten Arbeitsleben resultiert ein größeres Arbeitseinkommen ($dY/dt_c > 0$), wie Tabelle E.9 zeigt. Der Lebenskonsum ohne Steuer nimmt ab ($dC^n/dt_c < 0$), während der Lebenskonsum einschließlich Steuer zunimmt ($dC^b/dt_c > 0$). Entsprechend steigen die laufenden Konsumausgaben mit Steuer ($dc^b/dt_c > 0$) und fallen die laufenden Konsumausgaben ohne Steuer ($dc^n/dt_c < 0$).

$dY/dt_c = 47.452$	$dW/dt_c = -61.655$	$dT_c/dt_c = 109.11$
$dc^b/dt_c = 48.218$	$dC^n/dt_c = -60.899$	$dN/dt_c = -10.510$

Tabelle E.9   Variation von Lebenseinkommen Y, full wealth W, Lebenssteuern T_c, Lebenskonsum C und Lebensnutzen N als Reaktion auf eine marginale Konsumsteuer t_c.

Die intertemporale Analyse bestätigt nicht, daß eine Steuer auf Konsum die Ersparnis fördert. Das Gegenteil ist der Fall: Weil der Konsum netto nicht

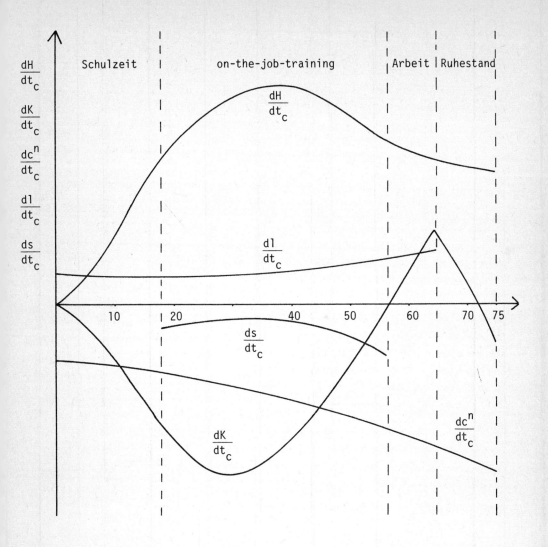

<u>Abbildung E.4</u>   Variation von Humanvermögen H, Geldvermögen K, Konsum netto c^n,
Arbeitszeit l und on-the-job-training s als Reaktion auf eine
marginale Konsumsteuer t_c.

um das Ausmaß der Steuer zurückgenommen wird, schmälern die höheren Konsumausgaben während der Schulzeit und zu Beginn des Arbeitslebens die Ersparnis. Das Geldvermögen des Wirtschaftssubjekts ist daher kleiner als im Fall
ohne Steuer ($dK/dt_c < 0$). Lediglich für kurze Zeit gegen Ende des Erwerbslebens verfügt es über ein größeres Geldvermögen, aus dem während des Ruhestandes der durch die Steuer verteuerte Konsum bestritten wird. Am Lebensende ist das Vermögen aber wieder kleiner - ein Teil der Steuerlast muß

t_c	0.0	0.2	0.4	0.6	0.8	1.0	1.5	2.0
t_1	17.92	17.72	17.57	17.45	17.36	17.29	17.15	17.05
t_2	56.46	55.16	54.35	53.82	53.46	53.23	52.97	52.95
t_3	64.68	66.05	67.29	68.43	69.49	70.47	72.68	74.61
$H(0)$	1.0	1.0	1.0	1.0	1.0	1.0	1.0	1.0
$H(t_1)$	18.27	18.89	19.42	19.89	20.31	20.70	21.53	22.22
H_{max}	33.66	34.95	36.09	37.11	38.03	38.88	40.74	42.34
$H(T)$	26.08	26.93	27.71	28.42	29.09	29.72	31.14	32.40
$K(0)$	1.0	1.0	1.0	1.0	1.0	1.0	1.0	1.0
$K(t_1)$	-13.39	-20.24	-26.34	-31.85	-36.90	-41.57	-51.96	-60.95
K_{min}	-29.93	-40.05	-49.22	-57.67	-65.53	-72.90	-89.65	-104.55
K_{max}	150.97	153.46	154.66	154.89	154.35	153.21	148.40	141.66
$K(T)$	105.97	103.03	100.33	97.84	95.55	93.41	88.68	84.61
$1(0)$	0.4805	0.5003	0.5170	0.5314	0.5440	0.5553	0.5789	0.5981
$1(15)$	0.5428	0.5615	0.5771	0.5904	0.6021	0.6125	0.6341	0.6514
$1(30)$	0.5341	0.5527	0.5683	0.5818	0.5936	0.6042	0.6264	0.6442
$1(45)$	0.3960	0.4190	0.4387	0.4560	0.4714	0.4852	0.5147	0.5387
$1(60)$	0.1174	0.1491	0.1768	0.2015	0.2236	0.2437	0.2870	0.3228
$1(75)$	0.0	0.0	0.0	0.0	0.0	0.0	0.0	0.0
Y	74.39	83.32	91.30	98.55	105.21	111.37	125.07	136.92
W	114.39	123.32	131.30	138.55	145.21	151.37	165.07	176.92
C^b	109.11	118.18	126.30	133.68	140.45	146.72	158.65	172.71
C^n	109.11	98.49	90.22	83.55	78.03	73.36	62.26	57.57
T_c	0.0	19.69	36.08	50.13	62.42	73.36	96.39	115.14
N	-39.02	-41.04	-42.91	-44.68	-46.35	-47.95	-51.68	-55.12

Tabelle E.10   Der optimale Lebensverlauf des repräsentativen Wirtschaftssubjekts bei schrittweiser Variation des Konsumsteuersatzes t_c.

auch hier von den Erben in Form eines geringeren Erbvermögens getragen werden. Daß eine Konsumsteuer die Ersparnis nicht diskriminiert, gilt allen-
falls im Vergleich zur Zins- oder Vermögenssteuer und nicht einmal generell
im Vergleich zur Lohnsteuer, wie die Kurven für die Variation des intertemporalen Vermögensprofils in den Abbildungen E.1, E.2 und E.4 zeigen.

Aus Tabelle E.10 geht hervor, daß, unabhängig von der Höhe des Steuersatzes, eine weitere Steigerung der Konsumsteuer das intertemporale Faktorangebot stets in der gleichen Weise verändert: Das Wirtschaftssubjekt wird
in kürzerer Zeit mehr lernen, mehr und länger arbeiten, seinen Konsum netto
einschränken - brutto betrachtet steigt er - und während des größten Teils
seines Lebens ein kleineres Geldvermögen besitzen und anbieten.

Abbildung E.5 zeigt, daß die Lebenssteuern T_c nicht linear mit dem Steuersatz t_c, sondern unterproportional wachsen; gleichzeitig ist, im Gegensatz
zur Lohnsteuer, auch bei sehr hohen Steuersätzen keine "Laffer curve" zu
erkennen.

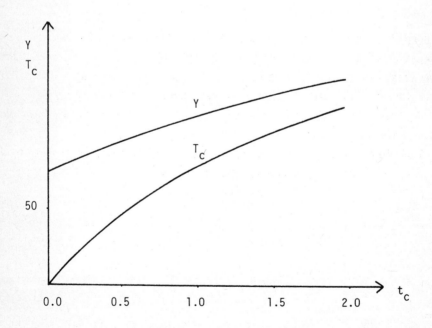

Abbildung E.5   Lebenseinkommen Y und Lebenssteuern T_c bei
                 alternativen Konsumsteuersätzen t_c.

4. Bildungstransfers und intertemporales Faktorangebot

Erhält das repräsentative Wirtschaftssubjekt vom Staat für die Dauer seiner Schulausbildung Transfers in Höhe von t_r, so verhält es sich genauso, als hätte sich sein Anfangsvermögen K_0 um den Barwert dieser Unterstützungszahlungen erhöht: Es besucht länger eine Schule ($dt_1/dt_r > 0$), beendet das on-the-job-training später ($dt_2/dt_r > 0$) und geht früher in Ruhestand ($dt_3/dt_r < 0$). Bildungstransfers, wie sie in E.7 modelliert wurden, üben in diesem Modell deswegen nur einen Vermögenseffekt aus, weil sie nicht in die Optimalbedingungen eingehen, welche die nutzenmaximale Aufteilung von Zeit auf Freizeit, Ausbildung und Arbeit und von Einkommen auf Konsum und Ersparnis bestimmen.

$dt_1/dt_r = 0.2739$	$dt_2/dt_r = 1.9384$	$dt_3/dt_r = -1.6917$

Tabelle E.11   Variation der Schaltpunkte als Reaktion auf marginale Bildungstransfers t_r.

Abbildung E.6 zeigt, daß sich das Wirtschaftssubjekt als Reaktion auf Bildungstransfers mehr Freizeit leistet ($dl/dt_r < 0$), weniger lernt und während des ganzen Lebens weniger arbeitet; sein Humanvermögen ist deshalb kleiner ($dH/dt_r < 0$). Aus Tabelle E.12 geht hervor, daß das Lebenseinkommen sinkt ($dY/dt_r < 0$), der full wealth, die Summe aus Lebenseinkommen, Anfangsvermögen und Barwert der Transfers, steigt an ($dW/dt_r > 0$); dies erlaubt dem Wirtschaftssubjekt einen höheren laufenden Konsum ($dc/dt_r > 0$) und damit einen höheren Lebenkonsum ($dC/dt_r > 0$).

$dY/dt_r = -11.126$	$dW/dt_r = 1.6662$	$dT_r/dt_r = 12.792$
$dC/dt_r = 1.4865$	$dN/dt_r = 1.2322$	

Tabelle E.12   Variation von Lebenseinkommen Y, full wealth W, Barwert der Transfers T_r, Lebenskonsum C und Lebensnutzen N als Reaktion auf marginale Bildungstransfers t_r.

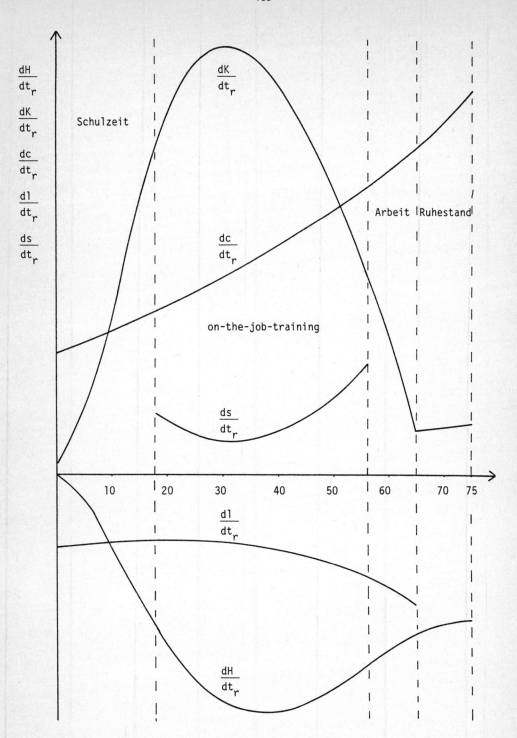

Abbildung E.6   Variation von Humanvermögen H, Geldvermögen K, Konsum c, Arbeitszeit l und on-the-job-training s als Reaktion auf marginale
Bildungstransfers t_r.

t_r	0.0	0.25	0.5	0.75	1.0	1.25	1.5	2.0
t_1	17.92	17.99	18.06	18.15	18.24	18.33	18.44	18.70
t_2	56.46	56.97	57.56	58.24	59.01	59.92	60.98	61.23
t_3	64.68	64.26	63.83	63.41	62.98	62.55	62.11	61.23
$H(0)$	1.0	1.0	1.0	1.0	1.0	1.0	1.0	1.0
$H(t_1)$	18.27	18.08	17.88	17.68	17.47	17.26	17.04	16.60
H_{max}	33.66	33.25	32.83	32.41	31.98	31.54	31.09	30.18
$H(T)$	26.08	25.81	25.55	25.28	25.01	24.74	24.47	23.89
$K(0)$	40.0	40.0	40.0	40.0	40.0	40.0	40.0	40.0
$K(t_1)$	-13.39	-7.47	-1.49	4.53	10.62	16.79	23.03	35.81
K_{min}	-29.93	-22.86	-15.76	-8.62	-1.44	5.79	13.08	27.89
K_{max}	150.97	152.26	154.32	155.93	157.51	159.05	160.57	163.54
$K(T)$	105.97	106.87	107.77	108.66	109.54	110.42	111.28	113.01
$1(0)$	0.4805	0.4740	0.4673	0.4604	0.4533	0.4460	0.4383	0.4219
$1(15)$	0.5428	0.5367	0.5303	0.5238	0.5169	0.5099	0.5025	0.4865
$1(30)$	0.5341	0.5281	0.5218	0.5154	0.5087	0.5018	0.4947	0.4794
$1(45)$	0.3960	0.3886	0.3811	0.3734	0.3655	0.3574	0.3491	0.3320
$1(60)$	0.1174	0.1074	0.0972	0.0869	0.0764	0.0657	0.0588	0.0326
$1(75)$	0.0	0.0	0.0	0.0	0.0	0.0	0.0	0.0
Y	74.39	71.60	68.78	65.94	63.07	60.17	57.24	51.25
W	114.39	114.80	115.21	115.62	116.02	116.42	116.81	117.58
C	109.11	109.48	109.85	110.21	110.57	110.92	111.27	111.95
T_r	0.0	3.20	6.43	9.67	12.94	16.24	19.56	26.33
N	-39.02	-38.71	-38.40	-38.10	-37.79	-37.48	-37.17	-36.55

Tabelle E.13 Der optimale Lebensverlauf des repräsentativen Wirtschaftssubjekts bei schrittweiser Variation der Höhe der Bildungstransfers t_r.

187

Das Geldvermögen des Wirtschaftssubjekts ist, wie aus Abbildung E.6 hervorgeht, während des ganzen Lebens größer, so daß auch die Erben in Form eines höheren Endvermögens profitieren.

Tabelle E.13 zeigt schließlich die optimalen Lebensverläufe des repräsentativen Wirtschaftssubjekts, wenn die Bildungstransfers von 0.0 auf 2.0 gesteigert werden. Ein absoluter Transfer von t_r = 2.0 entspricht etwa der Höhe von zwei Drittel der Konsumausgaben des Wirtschaftssubjekts während der Schulausbildung. Die Tabelle bestätigt die Ergebnisse der komparativ-dynamischen Analyse. Bildungstransfers senken in diesem Modell das Arbeitsangebot: das Wirtschaftssubjekt geht länger zur Schule, lernt und arbeitet weniger; gleichzeitig muß es sich nicht so hoch verschulden und kann später im Leben ein größeres Geldvermögen auf dem Kapitalmarkt anbieten.

Die gleichen Lebensverläufe ergäben sich, wenn das Wirtschaftssubjekt nicht Bildungstransfers, sondern ein Anfangsvermögen erhielte, das um den Barwert dieser Transfers höher ist. Beispielsweise ist das optimale Lebensprogramm, das zu t_r = 1.5 gehört, identisch mit dem Programm, das sich bei t_r = 0.0 und einer Erstausstattung von $K_0 + T_r$ = 59.56 als nutzenmaximal erweist.

5. Steuern und "excess burden"

Die Analyse hat im Detail gezeigt, wie sich das intertemporale Arbeits- und Kapitalangebot des repräsentativen Wirtschaftssubjekts ändert, wenn der Staat eine Lohn-, Zins-, Vermögens- oder Konsumsteuer erhebt. Diese Steuern führen - bei gleichem Steueraufkommen - zu unterschiedlichen Nutzeneinbußen, weil sie bei gleich großem Einkommenseffekt unterschiedliche Substitutionseffekte verursachen (1). Zugleich sind diese Nutzeneinbußen für das Wirtschaftssubjekt größer als jene, die eine aufkommensgleiche Kopfsteuer ausübt, die nur einen Einkommenseffekt mit sich bringt. Jetzt wird berechnet, welche Mehrbelastung diese einzelnen Steuern im Vergleich zur Kopfsteuer hervorrufen. So ist es möglich, herauszufinden, mit welcher Steuer ein bestimmtes Aufkommen aus intertemporaler Sicht mit den geringsten nutzenmäßigen Einbußen für das Wirtschaftssubjekt erzielt werden kann.

Unter "excess burden" wird hier jener Geldbetrag verstanden, mit dem das Wirtschaftssubjekt im Falle der Kopfsteuer zusätzlich belastet werden

(1) Für eine Diskussion der Wirkungen unterschiedlicher Steuern in einem statischen Modell siehe Rose und Wiegard (1983) oder Ziemes (1982).

kann, bis sein Lebensnutzen auf jenes niedrige Niveau abgesunken ist, das es im Falle einer Lohn-, Zins-, Vermögens- oder Konsumsteuer realisiert - die "excess burden" einer Steuer ist somit gleich der Differenz zwischen äquivalenter Variation und Steueraufkommen (1).

Um die Mehrbelastung berechnen zu können, müssen zunächst jene Steuersätze t_y, t_z, t_K und t_c bestimmt werden, die - übers ganze Leben des repräsentativen Wirtschaftssubjekts - zum gleichen Steueraufkommen führen (2).

Steuer-aufkommen	S t e u e r s ä t z e %			
	t_y	t_z	t_K	t_c
2.0	2.67	8.75	0.35	1.85
4.0	5.33	23.09	0.92	3.74
6.0	7.96	53.26	2.13	5.67
8.0	10.58	97.64	3.90	7.64
10.0	13.17	-	-	9.65
15.0	19.58	-	-	14.85
20.0	25.90	-	-	20.33
30.0	38.42	-	-	32.17
40.0	51.34	-	-	45.28

Tabelle E.14   Alternative Steueraufkommen und dazugehörige Lohn-, Zins-, Vermögens- und Konsumsteuersätze (3).

(1) Zur Berechnung der "excess burden" einer Steuer siehe auch Rose und Wiegard (1983), Driffill und Rosen (1981), Rosen (1978) sowie Levhari und Sheshinski (1972) wie auch Harberger (1971) und (1964). Dort wird die "excess burden" meist über die kompensierende Variation berechnet.
(2) Um diese Steuersätze zu ermitteln, werden den Differentialgleichungen des Randwertproblems zwei weitere Differentialgleichungen hinzugefügt:

$$\dot{t}_x = 0 \quad \text{und} \quad \dot{T}_x = xt_x e^{-it} \quad \text{mit } x = (y,z,K,c)$$

Zu diesen Differentialgleichungen gehören die Randbedingungen $T_x(0) = 0$ und $T_x(T) = \overline{T}_x$; dabei bezeichnet $\overline{T}_x$ das vorher fixierte Steueraufkommen, das durch entsprechende Bestimmung des Steuersatzes t_x erzielt werden soll. Dieses erweiterte Randwertproblem wird dann wie beschrieben mit OPTSOL gelöst.
(3) Bei Zins- und Vermögenssteuer ist hier kein Verlustausgleich erlaubt.

Tabelle E.14 zeigt, daß ein Steueraufkommen von beispielsweise 8.0 mit einer Lohnsteuer von 10.58 Prozent, einer Zinssteuer von 97.64 Prozent, einer Vermögenssteuer von 3.90 Prozent - jeweils ohne Verlustausgleich - wie auch mit einer Konsumsteuer von 7.64 Prozent erzielt werden kann. Gleichzeitig wird deutlich, daß Konsum- und Lohnsteuer sehr viel ergiebiger als Zins- und Vermögenssteuer sind, deren maximales Aufkommen knapp über 8.0 liegt; werden die Steuersätze t_Z und t_K weiter angehoben, so reagiert das Wirtschaftssubjekt mit einem so starken Vermögensabbau, daß die Steueraufkommen wieder sinken. Die Lohnsteuer erreicht, wie aus Tabelle E.3 bekannt ist, ihr maximales Steueraufkommen von etwa 50.0 erst bei einem Steuersatz von 70 Prozent. Für die Konsumsteuer ließ sich keine "Laffer curve" nachweisen.

Als nächstes werden jene Geldbeträge errechnet, die bei einer Kopfsteuer zusätzlich erhoben werden müssen, damit der Lebensnutzen des Wirtschaftssubjekts auf das Niveau absinkt, das bei einer aufkommensgleichen Lohn-,

Steuer-aufkommen	"Excess burden"			
	Lohn-steuer	Zins-steuer	Vermögens-steuer	Konsum-steuer
2.0	0.0195	0.1932	0.1932	0.0080
4.0	0.0792	1.0505	1.0505	0.0323
6.0	0.1810	3.0354	3.0354	0.0727
8.0	0.3271	4.6892	4.6892	0.1291
10.0	0.5198	-	-	0.2015
15.0	1.2241	-	-	0.4523
20.0	2.2902	-	-	0.8019
30.0	5.8498	-	-	1.7932
40.0	12.589	-	-	3.1655

Tabelle E.15   "Excess burden" einer Lohn-, Zins-, Vermögens- und Konsumsteuer bei alternativen Steueraufkommen (1).

(1) Bei Zins- und Vermögenssteuer ist kein Verlustausgleich zugelassen.

Zins-, Vermögens- und Konsumsteuer realisiert wird (1). Tabelle E.15 zeigt,
daß die ergiebigste Steuer, die Konsumsteuer, zur kleinsten "excess burden"
führt. Sie verursacht bei einem Aufkommen von 40.0 mit einer Mehrbelastung
von 3.165 die gleiche Nutzeneinbuße wie eine Kopfsteuer von 43.165, während
eine aufkommensgleiche Lohnsteuer wegen ihrer "excess burden" von 12.589
die Nutzeneinbuße einer Kopfsteuer in Höhe von 52.589 hervorruft. Als ineffizient erweist sich eine Steuer auf Zinsen und Vermögen: Bei ihr erreicht die Mehrbelastung rasch mehr als 50 Prozent des gesamten Steuerauf-
kommens. Entsprechend könnte der Staat anstelle einer Zinssteuer, die eine
Einnahme von beispielsweise 8.0 erbringt, eine Kopfsteuer von 12.689 er-
heben und das Wirtschaftssubjekt wäre nutzenmäßig nicht schlechter gestellt. Tabelle E.16 schließlich zeigt, daß bei niedrigem Steueraufkommen

Steuer aufkommen	Relative "excess burden" der Konsumsteuer in %		
	Lohn-steuer	Zins-steuer	Vermögens-steuer
2.0	41.48	4.18	4.18
4.0	40.83	3.07	3.07
6.0	40.15	2.39	2.39
8.0	39.47	2.75	2.75
10.0	38.77	-	-
15.0	36.95	-	-
20.0	35.01	-	-
30.0	30.65	-	-
40.0	25.58	-	-

Tabelle E.16   "Excess burden" der Konsumsteuer in
Prozent der Mehrbelastung von Lohn-,
Zins- und Vermögenssteuer.

---

(1) Jetzt werden zu den Differentialgleichungen des Randwertproblems die
folgenden beiden Gleichungen hinzugefügt:
$$\dot{B} = 0 \quad \text{und} \quad N = U(c,f,H,t)e^{-\rho t}$$
Die dazugehörigen Randbedingungen lauten: $N(0) = Z[K(T)]$ und $N(T) = \overline{N}$;
ferner gilt jetzt $K(0) = K_0 - B$. Dabei bezeichnet B die äquivalente
Variation, $\overline{N}$ das Nutzenniveau, das durch Anpassung von B erreicht werden soll. Die Mehrbelastung einer Steuer x errechnet sich dann als:
$E_x = B - T_x$.

die Mehrbelastung einer Konsumsteuer bei 41.48 Prozent der "excess burden" einer Lohnsteuer und bei nur 4.18 Prozent der "excess burden" einer Zins- und Vermögenssteuer liegt. Bei höheren Steuersätzen wird die Überlegenheit der Konsumsteuer noch deutlicher: Bei einem Steueraufkommen von 40.0 beträgt ihre "excess burden" nur noch 25.58 Prozent der einer Lohnsteuer (1).

Die Überlegenheit der Konsumsteuer erklärt sich daraus, daß sie in diesem Modell lediglich die optimale Allokation von Zeit auf Freizeit und Nichtfreizeit stört. Die Lohnsteuer hingegen beeinflußt die Allokation von Zeit auf Freizeit und Nichtfreizeit und die Allokation der Nichtfreizeit auf Arbeit und Ausbildung. Eine Steuer auf Zinsen und Vermögen indes verzerrt sowohl die optimale Allokation von Einkommen auf Konsum und Ersparnis als auch die optimale Allokation von Zeit auf Freizeit, Arbeit und Ausbildung - sie vereinigt die Nachteile einer Konsum- und Lohnsteuer. Auf diese Weise zeigt sich im Modell des intertemporalen Faktorangebots drastisch die Ineffizienz einer Steuer auf Zinsen und Vermögen (2).

II. Steuern, Transfers und personelle Verteilung

Jetzt wird das Simulationsmodell aus Kapitel D benutzt, um die Wirkungen von Steuern und Transfers auf die personelle Verteilung von Periodeneinkommen, Lebenseinkommen und Vermögen in der Modellbevölkerung zu untersuchen. Die übliche Wirkungsanalyse würde die distributiven Effekte durch Vergleich der Brutto- und Nettoverteilungen bestimmen (3) und käme zum Schluß, daß proportionale Steuern die Verteilung nicht veränderten, denn Brutto- und Nettogrößen unterscheiden sich nur durch eine lineare Transformation.

Und doch verursachen auch proportionale Steuern Verteilungswirkungen. Denn sie verändern, wie in Teil I gezeigt, die optimale intertemporale Allokation der Ressourcen und damit das optimale intertemporale Arbeits- und Kapitalangebot. Das Simulationsmodell erlaubt, die durch einzelwirtschaftliche Verhaltensänderungen bewirkten Verteilungseffekte zu bestimmen; denn es ist möglich, die Verteilung in einer Situation ohne Steuern oder vor Er-

---

(1) Ähnliche Steueranalysen haben Driffill (1979) und Driffill und Rosen (1981) vorgelegt. Driffill und Rosen (1981) errechnen die Mehrbelastung einer Konsumsteuer auf 2.1 bis 8.9 Prozent der "excess burden" einer proportionalen Steuer auf Lohn- und Zinseinkommen.
(2) Für die Abschaffung oder Senkung von Zinssteuern wegen der von ihnen ausgehenden Wohlfahrtsverluste haben beispielsweise Feldstein (1976), Atkinson und Stiglitz (1976) oder Kaldor (1955) plädiert.
(3) So zum Beispiel in DIW (1983), Frank (1980) oder Sayer (1976).

höhung der Steuern mit der Verteilung zu vergleichen, die sich einstellt, wenn sich alle Wirtschaftssubjekte optimal an die Steuern angepaßt haben - sie erlaubt einen "with and without"-Vergleich, im Gegensatz zur üblichen Messung der Verteilungswirkungen von Steuern - und Transfers - über einen "before and after"-Vergleich.

Tabelle E.17 zeigt, wie proportionale Steuern und Bildungstransfers in diesem Simulationsmodell die personelle Verteilung von Einkommen und Vermögen verändern. Wie zu sehen ist, macht die Lohnsteuer die Verteilung der Arbeitseinkommen ungleichmäßiger: Der Gini-Koeffizient steigt von 0.4811 auf 0.5163, wenn eine Lohnsteuer in Höhe von t_y = 0.3 erhoben wird. Dies ist überraschend, weil aus der komparativ-dynamischen Analyse bekannt ist, daß als Reaktion auf die Steuer die Schulausbildung verkürzt und das Erwerbsleben verlängert wird - die Zahl der Personen in der Modellbevölkerung, die kein Arbeitseinkommen beziehen, also abnimmt. Deshalb wäre eine gleichmäßigere Verteilung zu erwarten. Daß sie nicht eintritt, liegt an einem entgegengesetzt wirkenden Effekt der Lohnsteuer: Die Wirtschaftssubjekte erhöhen, wie Abbildung E.1 zeigt, ihre Ausbildungs- und Arbeitsanstrengungen. Dadurch steigen die Arbeitseinkommen begabterer Personen überdurchschnittlich stark an und erhöhen die Konzentration der Verteilung. Auch Lebenseinkommen sind ungleichmäßiger verteilt; ihr Gini-Koeffizient nimmt von 0.2876 auf 0.3404 zu. Die Vermögenskonzentration hingegen sinkt von 0.7046 auf 0.5976 stark ab, weil - wie aus Abbildung E.1 hervorgeht - junge Wirtschaftssubjekte jetzt größere, ältere aber kleinere Vermögen als in der Situation ohne Lohnsteuer besitzen. Verbunden damit ist eine gleichmäßigere Verteilung der Zinseinkommen; sie reicht jedoch nicht aus, die höhere Konzentration der Arbeitseinkommen zu kompensieren, so daß die verfügbaren Einkommen ungleichmäßiger verteilt sind - ihr Gini-Koeffizient nimmt von 0.3169 auf 0.3376 zu (1).

Eine Zinssteuer, ob mit oder ohne Verlustausgleich, verlängert die Schulausbildung und - in viel stärkerem Maße - das Erwerbsleben, so daß in der Querschnittsbetrachtung die Zahl der Personen ohne Arbeitseinkommen sinkt. Gleichzeitig bilden die Wirtschaftssubjekte, inbesondere die begabteren, während der Schulzeit weniger Humanvermögen. Entsprechend nimmt die Konzentration der Arbeitseinkommen wie auch der Lebenseinkommen ab, deren

---

(1) Möglicherweise ändern sich die Verteilungseffekte der Lohnsteuer, weil, wie gezeigt, bei hohen Steuersätzen die Wirtschaftssubjekte ihre Ausbildungs- und Arbeitsanstrengungen zurücknehmen.

	Arbeits-einkommen	Verfügbares Einkommen	Vermögen	Lebens-einkommen	Full wealth
t_x	K e i n e S t e u e r n u n d T r a n s f e r s				
0.0	0.4811	0.3169	0.7046	0.2876	0.1260
t_y	L o h n s t e u e r				
0.1	0.4900	0.3223	0.6733	0.3017	0.1292
0.2	0.5010	0.3288	0.6378	0.3185	0.1383
0.3	0.5163	0.3376	0.5976	0.3404	0.1494
t_z	Z i n s s t e u e r				
0.1 oV	0.4381	0.3344	0.8440	0.2562	0.1220
0.1 mV	0.4651	0.3640	0.9486	0.2534	0.1165
0.2 mV	0.4667	0.4132	0.9743	0.2231	0.1119
t_c	K o n s u m s t e u e r				
0.1	0.4659	0.3142	0.7390	0.2738	0.1249
0.2	0.4542	0.3129	0.7771	0.2637	0.1260
0.3	0.4416	0.3094	0.8004	0.2525	0.1233
t_r	B i l d u n g s t r a n s f e r s				
0.25	0.4925	0.3164	0.6598	0.2991	0.1256
0.50	0.5037	0.3147	0.6176	0.3105	0.1303
1.0	0.5305	0.3109	0.5357	0.3394	0.1421

Tabelle E.17   Die Wirkung von Steuern und Transfers auf die personelle Verteilung von Periodeneinkommen, Vermögen und Lebenseinkommen.

Gini-Koeffizient von 0.2876 auf 0.2231 steigt, wenn eine Zinssteuer mit Verlustausgleich in Höhe von t_z = 0.2 erhoben wird. Wie aus Abbildung E.3 bekannt ist, führt eine Zinssteuer dazu, daß junge Personen ihre Geldvermögen stärker als ältere verringern. Die Folge ist ein höherer Anteil der älteren und reicheren Wirtschaftssubjekte am gesamten Nettovermögen; entsprechend steigt der Gini-Koeffizient von 0.7046 auf 0.9743 an. Gleich-

zeitig nimmt die Konzentration der verfügbaren Einkommen von 0.3169 auf
0.4132 zu. Wie die Zinssteuer führt eine Vermögenssteuer auf eine gleichmäßigere personelle Verteilung von Arbeitseinkommen und Lebenseinkommen,
aber auf eine ungleichmäßigere Verteilung von Vermögen und verfügbaren Einkommen.

Eine Konsumsteuer veranlaßt die Wirtschaftssubjekte, die Schulausbildung
schneller abzuschließen und das Erwerbsleben zu verlängern, um den ver-
teuerten Konsum sicherzustellen. Personen mit geringerem Einkommen sind
dabei mehr als Personen mit größerem Einkommen zu erhöhten Anstrengungen
in Schule und Beruf gezwungen. Ihre Einkommen steigen überproportional.
Deshalb geht in der Querschnittsbetrachtung die Konzentration der Arbeitseinkommen von 0.4811 auf 0.4416 zurück, wenn eine Konsumsteuer in Höhe von
t_c = 0.3 erhoben wird. Entsprechend sind auch Lebenseinkommen gleichmäßiger
verteilt; ihr Gini-Koeffizient sinkt von 0.2876 auf 0.2525 ab. Wie Abbildung E.4 zeigte, zwingt der durch die Steuer verteuerte Konsum junge Wirtschaftssubjekte zu einem einem starken Vermögensabbau, während ältere Wirtschaftssubjekte ein höheres Vermögen ansparen müssen, um während des Ruhestandes die gestiegenen Kosten für den Lebensunterhalt bestreiten zu können. Die Folge ist eine Zunahme der Vermögenskonzentration von 0.7046 auf
0.8004. Trotz der daraus folgenden ungleichmäßigeren Verteilung der Zinseinkommen sind die verfügbaren Einkommen in der Modellbevölkerung gleichmäßiger verteilt; die Konzentration sinkt von 0.3169 auf 0.3094 ab.

Bildungstransfers schließlich führen auf eine ungleichmäßigere Verteilung
der Arbeitseinkommen, weil die Wirtschaftssubjekte länger zur Schule und
früher in Ruhestand gehen. In der Querschnittsbetrachtung steigt die Zahl
der Personen ohne Arbeitseinkommen; entsprechend erhöht sich der Gini-
Koeffizient von 0.4811 auf 0.5305. Gleichzeitig wird die Verteilung der
Lebenseinkommen ungleichmäßiger. Dies ist überraschend, korrespondiert jedoch mit Ergebnissen von Helberger (1), der für die Bundesrepublik errechnet hat, daß die Bildungsexpansion der Jahre 1960 bis 1975 nur dann zu einer gleichmäßigeren Verteilung der Lebenseinkommen geführt hätte, wenn
gleichzeitig die Ertragsraten auf Bildungsinvestitionen um mindestens 15
bis 20 Prozent gesunken wären. Dieses Modell sagt als Folge von Bildungstransfers in Höhe von t_r = 1.0 einen Anstieg der Konzentration der Lebenseinkommen von 0.2876 auf 0.3394 voraus. Das Resultat wird plausibel, be-

---

(1) Siehe dazu Helberger (1982), Seite 140 ff, insbesondere 193 f. Ebenso
    Helberger (1980), Seite 29 ff.

denkt man, daß Bildungstransfers, wie in der komparativ-dynamischen Analyse gezeigt, zu einem Rückgang der Lebenseinkommen führen, weil die Wirtschaftssubjekte ihre Lern- und Arbeitsanstrengungen in Schule und Beruf einschränken. Offensichtlich ist der Rückgang der Lebenseinkommen bei reicheren Wirtschaftssubjekten - das sind Personen mit hohem Anfangsvermögen, aber kleinerem Lebenseinkommen - größer als bei ärmeren, die nur wenig Geldvermögen geerbt haben und deshalb höhere Lebenseinkommen verdienen müssen. Die Folge davon ist eine Zunahme der Konzentration der Lebenseinkommen.

Schließlich bewirken Bildungstransfers, daß die Vermögensverteilung gleichmäßiger wird, weil sie die Vermögen der Wirtschaftssubjekte, die sich in der Ausbildung befinden, erhöhen, während die Vermögen der älteren Personen kaum noch beeinflußt werden. Der Gini-Koeffizient sinkt von 0.7046 auf 0.5357 ab. Die Verteilung der verfügbaren Einkommen schließlich wird ebenfalls gleichmäßiger; ihre Konzentration vermindert sich von 0.3169 auf 0.3109.

III. Steuern aus Sicht von Allokation und Distribution

In Teil I wurde gezeigt, daß eine Konsumsteuer aus allokativer Sicht einer Lohn-, Zins- und Vermögenssteuer überlegen ist. Denn sie verursachte in dem Modell des intertemporalen Arbeits- und Kapitalangebots für das repräsentative Wirtschaftssubjekt die kleinste "excess burden"; gleichzeitig war sie die ergiebigste Steuer. An zweiter Stelle folgte die proportionale Lohnsteuer; sie schnitt jedoch mit steigenden Steuersätzen im Vergleich zur Konsumsteuer immer schlechter ab. Als ineffizient erwies sich eine Steuer auf Zinsen und Vermögen; sie führte nicht nur zu der größten Mehrbelastung des Wirtschaftssubjekts, sondern war gleichzeitig am unergiebigsten.

Die Konsumsteuer erwies sich in Teil I auch aus distributiver Sicht als überlegen. Sie bewirkt, wie die Übersicht in Tabelle E.18 zeigt, eine Abnahme der Konzentration der Arbeitseinkommen, der verfügbaren Einkommen, der Lebenseinkommen und des full wealth. Sie wäre aus dieser Sicht die ideale Steuer, wenn sie nicht gleichzeitig für eine ungleichmäßigere Vermögensverteilung verantwortlich wäre. Dennoch hat sie klare Vorteile gegenüber einer Steuer auf Zinsen und Vermögen, die zusätzlich auch zu einer höheren Konzentration der verfügbaren Einkommen führen.

	Arbeits-einkommen	Verfügbares Einkommen	Vermögen	Lebens-einkommen	Full wealth
Lohn-steuer	+	+	-	+	+
Zinssteuer	-	+	+	-	-
Vermögens-steuer	-	+	+	-	-
Konsum-steuer	-	-	+	-	-

Tabelle E.18   Der Einfluß verschiedener Steuern auf die personelle Verteilung von Einkommen und Vermögen (1).

Die Lohnsteuer schneidet beim Vergleich der distributiven Wirkungen am schlechtesten ab: Während sie aus allokativer Sicht - zumindest bei kleinen Steuersätzen - einer Konsumsteuer noch ebenbürtig war, zeigt sie jetzt die ungünstigsten Effekte auf die personelle Verteilung von Einkommen und Vermögen: Sie führt bei Arbeitseinkommen, verfügbaren Einkommen, Lebenseinkommen und full wealth zu ungleichmäßigeren Verteilungen. Lediglich bei den Vermögen nimmt die Konzentration ab. Eine Lohnsteuer ist aus distributiver Sicht damit auch einer Steuer auf Zinsen und Vermögen unterlegen.

Aus der Perspektive eines Modells des intertemporalen Arbeits- und Kapitalangebots ergibt sich sowohl aus allokativen wie auch aus distributiven Gesichtspunkten ein Plädoyer für eine Besteuerung des Konsums anstelle einer Besteuerung von Einkommen und Vermögen.

---

(1) + bedeutet eine Zunahme der Konzentration, - eine Abnahme der Konzentration der Verteilung.

F. Lehren aus der mikroökonomischen Simulation
   der personellen Einkommensverteilung

"It has now become certain that the
problem of distribution is much more
difficult than it was thought to be
... and that no solution of it which
claims to be simple can be true."

                              Alfred Marshall

Diese Arbeit hat demonstriert, daß eine Theorie der personellen Einkommens-
und Vermögensverteilung "need not to be a patchwork of Pareto distributions, ability vectors, and ad hoc probability mechanisms, but can rely
on the basic economic principles that have so often proven their worth
elsewhere" (1) - das komplexe gesamtwirtschaftliche Phänomen der personellen Einkommens- und Vermögensverteilung konnte mikroökonomisch als Resultat
einzelwirtschaftlicher nutzenoptimaler Entscheidungen über die intertemporale Allokation knapper, alternativ verwendbarer Ressourcen erklärt werden.

Ausgangspunkt war die Beobachtung, daß in der Realität die Wirtschaftssubjekte während ihres Lebens typische Einkommens- und Vermögensprofile
durchlaufen: Einkommen sind zu Beginn des Berufslebens niedrig, steigen
zunächst schnell, später langsam an, erreichen ein Maximum und fallen gegen
Ende des Erwerbslebens wieder ab. Noch ausgeprägter sind die Schwankungen
der Vermögensprofile: In jungen Jahren sind die Vermögen klein, nicht
selten negativ - etwa weil eine Ausbildung finanziert werden muß - durchlaufen ein Minimum und steigen danach bis zu ihrem Maximum rasch an, bevor
sie während des Ruhestandes wieder sinken. Aus dieser Perspektive ist die
personelle Verteilung von Einkommen und Vermögen zu einem bestimmten Zeitpunkt lediglich die statistische Momentaufnahme eines dynamischen Prozesses, während dessen Verlaufes die einzelnen Wirtschaftssubjekte ihre
intertemporalen Einkommens- und Vermögensprofile entlangwandern.

Die in dieser Arbeit präsentierte Theorie der personellen Einkommens- und
Vermögensverteilung setzt an der Erklärung der individuellen Einkommens-
und Vermögensprofile an. Sie erfolgt mit einem mikroökonomischen Modell des

_____

(1) Becker (1975), Seite 135.

intertemporalen Arbeits- und Kapitalangebots, das übers ganze Leben eines rationalen Wirtschaftssubjekts hinweg die optimale Allokation von Zeit auf Freizeit, Ausbildung und Arbeit sowie die optimale Allokation des Einkommens auf Konsum und Ersparnis erklärt. Auf diese Weise entsteht das intertemporale Arbeits- und Kapitalangebotsprofil des Wirtschaftssubjekts und - bei gegebenen Faktorpreisen für Humanvermögen und Geldvermögen - das intertemporale Einkommensprofil. Läßt man zu, daß die Wirtschaftssubjekte in ihren persönlichen Charakteristika differieren, so erhält man unterschiedliche Einkommens- und Vermögensverläufe. Die personelle Einkommens- und Vermögensverteilung resultiert daraus, daß sich im Augenblick der Beobachtung die einzelnen Wirtschaftssubjekte entsprechend der Altersstruktur der Bevölkerung auf unterschiedlichen Punkten ihrer Einkommens- und Vermögensprofile befinden.

Für eine Modellbevölkerung aus nutzenmaximierenden Wirtschaftssubjekten, die sich in Bezug auf ihre Präferenzen, angeborenen Fähigkeiten und Erstausstattungen mit Geldvermögen unterscheiden, konnten auf diese Weise Einkommens- und Vermögensverteilungen simuliert werden, deren Anatomie teilweise bis ins Detail den empirischen Verteilungen entspricht, wie sie beispielsweise für die Bundesrepublik Deutschland festzustellen sind.

Das mikroökonomische Simulationsmodell erlaubte, die Ursachen der in der Querschnittsbetrachtung meßbaren Einkommenskonzentration zu untersuchen. Danach sind etwa 16 Prozent der Konzentration auf unterschiedliche Präferenzen zurückzuführen, also von den Wirtschaftssubjekten durch freiwillige Entscheidungen herbeigeführt. Für weitere 19 Prozent sind differierende angeborene Fähigkeiten verantwortlich; sie sind quasi naturgegeben. Lediglich 1.7 Prozent der Konzentration der Periodeneinkommen rührt aus unterschiedlich hohen Erstausstattungen der Wirtschaftssubjekte mit Geldvermögen her. 63 Prozent der Konzentration aber würden auch dann nicht verschwinden, wenn alle Wirtschaftssubjekte bis auf ihr Alter identisch wären. Diese Ungleichverteilung resultiert bei gegebener Altersstruktur der Bevölkerung aus dem Verlauf der intertemporalen Faktorangebotsentscheidungen. Nach den Resultaten dieses Modells sind also fast zwei Drittel der Einkommenskonzentration in der Querschnittsbetrachtung auf solche life-cycle-Effekte zurückzuführen (1). Dies legt die Vermutung nahe, daß Lebenseinkommen sehr

---

(1) Bei der Vermögensverteilung sind nach diesem Modell sogar 98 Prozent der Konzentration über solche life-cycle-Effekte zu erklären.

viel gleichmäßiger als Periodeneinkommen verteilt sein müssen, denn bei der Betrachtung des ganzen Lebens spielen solche Lebenszyklus-Effekte keine Rolle mehr. In der Tat zeigt sich bei der Simulation der Verteilung der Lebenseinkommen, daß die Werte der Konzentrationsmaße zwischen 40 und 60 Prozent sinken.

Sind diese Ergebnisse richtig, so besteht für die Verteilungspolitik ein sehr viel geringerer Handlungsbedarf an interpersoneller Umverteilung als es die Periodeneinkommensverteilung suggeriert. Wenn weit über die Hälfte der Ungleichverteilung im Querschnitt lediglich daraus resultiert, daß die Wirtschaftssubjekte unterschiedlich alt sind und weitere 19 Prozent aus differierenden Präferenzen herrühren, so bleiben als Ansatz für interpersonelle Umverteilung nur noch etwa 20 Prozent übrig, die durch Unterschiede in den angeborenen Fähigkeiten und den Anfangsvermögen verursacht werden. Hinzu kommt, daß - so das Modell - über eine Egalisierung der materiellen Startchancen kein nennenswerter Beitrag zu einer gleichmäßigeren Einkommensverteilung erwartet werden kann.

Die Ergebnisse des Modells signalisieren aber einen großen Bedarf an intertemporaler Umverteilung individueller Einkommensströme: Das rationale Wirtschaftssubjekt finanziert seine Ausbildung teilweise über Kredite und spart während des Arbeitslebens Vermögen an, aus dem der Lebensunterhalt im Ruhestand und das Vermächtnis für die Erben bestritten werden. Dieser intertemporale Einkommensausgleich bereitet in der Modellwelt keine Schwierigkeiten: Der Kapitalmarkt ist als vollkommen unterstellt - es können stets die gewünschten Kredite geliehen werden -, und die Wirtschaftssubjekte handeln rational - es kommt nicht vor, daß künftige Bedürfnisse unterschätzt werden und zu wenig Vorsorge getroffen wird.

In der Realität sind diese beiden Voraussetzungen in aller Regel nicht gegeben. Zum einen existiert kein vollkommener Kapitalmarkt. Es ist zwar möglich, beliebige Beträge zu verleihen, aber es bereitet Schwierigkeiten stets die gewünschten Kredite zu borgen, wie sie gebraucht würden, um etwa eine Ausbildung zu finanzieren, denn Humanvermögen - und erst recht noch zu erwerbendes Humanvermögen - kann in der Realität kaum beliehen werden. Dies bedeutet, daß ein Wirtschaftssubjekt seinen nutzenoptimalen Lebensplan nicht verfolgen kann, weil es auf dem Kapitalmarkt rationiert wird. Hinzu kommt, daß Personen in der Realität oftmals versäumen, sich für das Alter freiwillig ausreichend abzusichern. Weil sie künftigen Nutzen fälschlich zu gering bewertet haben, müssen sie einen suboptimalen Lebensplan durchlaufen, obwohl sie bei korrekter Sicht einen besseren realisieren könnten.

Unvollkommener Kapitalmarkt und Minderschätzung künftiger Bedürfnisse - hier findet die Verteilungspolitik eine große Aufgabe vor: In der Verstetigung individueller Einkommensströme, wie sie in der gesetzlichen Rentenversicherung erreicht wird, wenn die Einkommen während des Erwerbslebens zugunsten von Rentenzahlungen im Ruhestand vermindert werden oder wie es in der Ausbildungsförderung dadurch geschieht, daß für die Zeit des Studiums rückzahlbare Transfers gewährt werden. Die Verteilungspolitik muß Instrumente bereitstellen, die es den Wirtschaftssubjekten erlauben, ihre Einkommen intertemporal so umzuverteilen, daß der optimale Lebenplan in der Realität verwirklicht werden kann. Auf diese Weise würde die Verteilung der Periodeneinkommen gleichmäßiger, ohne daß es zu interpersoneller Umverteilung kommt. Bedarf an interpersoneller Umverteilung läßt sich aus der Perspektive dieses Modells ohnehin nur über eine als ungerecht empfundene Verteilung der Lebenseinkommen, nicht aber der Periodeneinkommen begründen.

Das präsentierte Modell des intertemporalen Faktorangebots kann nicht nur für die Simulation der personellen Einkommens- und Vermögensverteilung genutzt werden. Es läßt sich beispielsweise, wie gezeigt, dazu verwenden, die Wirkungen von Lohnsteuern, Zinssteuern, Vermögenssteuern, Konsumsteuern und Bildungstransfers auf das intertemporale Arbeits- und Kapitalangebot zu untersuchen. Gleichzeitig macht es die Verteilungseffekte solcher Steuern und Transfers sichtbar. Die vorgeführte Analyse war ein erster Versuch, der sich auf proportionale Steuern beschränkte. Sie bescheinigte im übrigen der Konsumsteuer außer allokativen auch distributive Vorteile gegenüber den anderen Steuern.

Diese Untersuchungen könnten fortgesetzt werden. So ließe sich mit einem solchen Modell studieren, wie ein progressives Steuersystem oder wie Teilsystem der sozialen Sicherung - Arbeitslosenversicherung, Rentenversicherung, Krankenversicherung - das intertemporale Arbeits- und Kapitalangebot und die personelle Verteilung beeinflussen. Untersuchungen dieser Art sind so gut wie nicht angestellt worden.

Freilich müssen die Simulationsergebnisse mit der nötigen Vorsicht betrachtet werden. Schließlich ist das verwandte Modell nur ein Partialmodell. Es

erklärt nur das optimale Faktorangebot der Haushalte, läßt aber die Faktornachfrage der Unternehmen außer acht. Für bestimmte Fragestellungen kann
dies von Übel sein, etwa bei der Untersuchung distributiver und allokativer
Wirkungen von Steuern und Transfers. Das Modell müßte daher um die Nach-
frageseite ergänzt werden. Dies wäre insbesondere auch im Hinblick auf eine
allgemeine Theorie der Einkommensverteilung nützlich: Wenn über Faktorangebot und Faktornachfrage die Faktorpreise endogen bestimmt werden könnten,
so wäre ein großer Schritt in Richtung einer Integration von funktioneller
und personeller Einkommensverteilung getan.

Und noch in anderer Hinsicht könnte das Modell verbessert werden. Gegenwär-
tig unterstellt es eine Welt der vollkommenen Information: Die Wirtschaftssubjekte kennen zu Beginn ihres Lebens bereits die Zukunft. In dieser Welt
genügt es, einmal einen optimalen Plan für das ganze Leben aufzustellen,
der sich auch realisieren läßt. Insbesondere gibt es keine Schwierigkeiten,
die richtige Ausbildung zu wählen und zu finanzieren, denn Arbeitslosigkeit
existiert nicht und der Kapitalmarkt ist vollkommen - künftiges Humanvermögen kann voll beliehen werden.

Die Wirtschaftssubjekte der Realität indes handeln unter Unsicherheit und
Ungewißheit. Die Entscheidungen über Ausbildung, Arbeitszeit, Konsum und
Ersparnis werden dadurch komplizierter. Es ist nicht mehr möglich, zu Beginn
des Lebens einen optimalen Plan bis zum Lebensende aufzustellen. Stattdessen muß über kürzere Perioden geplant werden, sind Irrtümer und Plan-
revisionen unumgänglich. Um der Realität gerecht zu werden, mußte das präsentierte Modell des intertemporalen Faktorangebots durch ein Modell mehr-
stufiger Entscheidungen unter Unsicherheit oder Ungewißheit ersetzt werden,
das den Lebensverlauf eines Menschen als Folge riskanter Einzelentschei-
dungen darstellt. Es müßte statt eines Gleichgewichtsmodells ein Ungleich-
gewichtsmodell des intertemporalen Faktorangebots gefunden werden. Dies
wäre zweifellos ein besserer Baustein für die mikroökonomische Simulation
der personellen Einkommens- und Vermögensverteilung und für die Untersuchung der Wirkungen von Steuern und Transfers auf Allokation und Distribution.

Aber dahin scheint der Weg noch weit zu sein.

G. Literaturverzeichnis

Adams, J.D. (1980): Personal Wealth Transfers, in: Quarterly Journal of Economics 80.

Aitchison, J. / Brown, J.A.C. (1957): The Lognormal Distribution, Cambridge (Mass.).

Arrow, K.J. (1970): Essays in the Theory of Risk Bearing, Amsterdam/London.

Arrow, K.J. / Kurz, M. (1969): Optimal Consumer Allocation over an Infinite Horizon, in: Journal of Economic Theory 1.

Ashworth, J.S / Ulph, D.T. (1981): Endogeneity I: Estimating Labour Supply with Piecewise Linear Budget Constraints, in: C.V. Brown (Hrsg.), Taxation and Labour Supply, London.

Atkinson, A.B. (1975): The Economics of Inequality, London.

Atkinson, A.B. (1971): Capital Taxes, the Redistribution of Wealth and Individual Savings, in: Review of Economic Studies 38.

Atkinson, A.B. (1970): On the Measurement of Inequality, in: Journal of Economic Theory 2.

Atkinson, A.B. / Stiglitz, J.E. (1976): The Design of Tax Structure: Direct versus Indirect Taxation, in: Journal of Public Economics 6.

Ballerstedt, E. / Wiegand, E. (1977): Einkommensverwendung und Versorgung, in: W. Zapf (Hrsg.), Lebensbedingungen in der Bundesrepublik. Sozialer Wandel und Wohlfahrtsentwicklung, Frankfurt/New York.

Barten, A.P. (1969): Maximum Likelihood Estimation of a Complete System of Demand Equations, in: European Economic Review 1.

Baumol, W.J. (1977): Economic Theory and Operations Analysis, 4. Auflage, New Jersey.

Becker, G.S. (1975), Human Capital, 2. Auflage, New York.

Becker, G.S. (1965): A Theory of the Allocation of Time, in: Economic Journal 75.

Becker, G.S. (1964): Human Capital, 1. Auflage, New York.

Becker, G.S. (1962): Investment in Human Capital: A Theoretical Analysis, in: Journal of Political Economy 70.

Beckmann, M.J. (1974): Personelle Einkommensverteilung in hierarchischen Organisationen, in: G. Bombach, B.S. Frey und B. Gahlen (Hrsg.) Neue Aspakte der Verteilungstheorie, Tübingen.

Beckmann, M.J. (1971): Klassen, Einkommensverteilung und die Struktur bürokratischer Organisationen, in: Kyklos 24.

Benavie, A. (1970): The Economics of the Maximum Principle, in: Western Economic Journal 8.

Bender, D. (1977): Angebot des Haushalts I: Arbeitsangebot, in: Handwörterbuch der Wirtschaftswissenschaft, Band 1, Stuttgart/New York/Tübingen/Göttingen/Zürich.

Ben-Porath, Y. (1970): The Production of Human Capital over Time, in: W.L. Hansen (Hrsg.), Education, Income, and Human Capital, New York.

Ben-Porath, Y. (1967): The Production of Human Capital and the Life Cycle of Earnings, in: Journal of Political Economy 75.

Bjerke, K. (1961): Some Income and Wage Distribution Theories: Summary and Comments, in: Weltwirtschaftliches Archiv 86.

Blaug, M. (1976): The Empirical Status of Human Capital Theory: A Slightly Jaundiced Survey, in: Journal of Economic Literature 14.

Blinder, A.S. (1974): Toward an Economic Theory of Income Distribution, Cambridge (Mass.)/London.

Blinder, A.S. / Kristol, J. / Cohen, W.J. (1980): The Level and Distribution of Economic Well-Being, in: M. Feldstein (Hrsg.), The American Economy in Transition, Chicago/London.

Blinder, A.S. / Weiss, Y. (1976): Human Capital and Labor Supply: A Synthesis, in: Journal of Political Economy 84.

Blinder, A.S. / Weiss, Y. (1974): Human Capital and Labor Supply: A Synthesis, Working Paper 55, Industrial Relations Section, Princeton University.

Block, M.K. / Heineke, J.M. (1973): The Allocation of Effort under Uncertainty: The Case of Risk-averse Behavior, in: Journal of Political Economy 81-I

Blomquist, N.S. (1981): A Comparison of Distributions of Annual and Lifetime Income: Sweden around 1970, in: The Review of Income and Wealth 27.

Blümle, G. (1975): Theorie der Einkommensverteilung, Berlin/Heidelberg/New York.

Blümle, G. (1974): Theoretische Ansätze zur Erklärung der personellen Einkommensverteilung, in: G. Bombach, B.S. Frey und B. Gahlen (Hrsg.), Neue Aspekte der Verteilungstheorie, Tübingen.

Blümle, G. (1972): Vermögensbildung, personelle Einkommensverteilung und Wirtschaftswachstum, in: Kyklos 25.

Blundell, R.W. / Walker, J. (1981): The Demand for Goods and Leisure with Female Labour Supply and Rationing: Testing for Separability, University of British Columbia, mimeo.

Böhm-Bawerk, E. von (1959): Capital and Interest. Vol 2. Positive Theory of Capital, South Holland / Ill.

Boissevain, C.H. (1939): Distribution of Abilities Depending upon Two or More Dependent Factors, in: Metron 13.

Boskin, M.J. (1975): Notes on the Tax Treatment of Human Capital, in: Conference on Tax Research, U.S. Treasury.

Boskin, M.J. (1973): The Economics of Labor Supply, in: G.G. Cain und H.W. Watts (Hrsg.), Income Maintenance and Labor Supply, New York/San Francisco/London.

Bronfenbrenner, M. (1971): Income Distribution Theory, London/Basingstoke.

Brown, C. (1976): A Model of Optimal Human-Capital Accumulation and the Wages of Young High School Graduates, in: Journal of Political Economy 84.

Brown, C.V. (1980): Taxation and the Incentive to Work, Oxford.

Brown, C.V / Levin, E. / Ulph, D.T. (1981): The Basic Model, in: C.V. Brown (Hrsg.), Taxation and Labour Supply, London.

Brown, J.A.C. (1976a): Mathematical and Statistical Theory of Income Distribution, in: A.B. Atkinson (Hrsg.), The Personal Distribution of Incomes, London.

Brown, J.A.C. / Deaton, A. (1972): Surveys in Applied Economics: Models of of Consumer Behavior, in: Economic Journal 82.

Brümmerhoff, D. (1977): Zur Beeinflussung der Verteilung der Jahres- und der Lebenseinkommen durch die Finanzpolitik, Tübingen.

Bryson, A. / Ho, Yu-Chi (1969): Applied Optimal Control, Waltham (Mass.).

Bulirsch, R. (1971): Die Mehrzielmethode zur numerischen Lösung von nichtlinearen Randwertproblemen und Aufgaben der optimalen Steuerung, Vortrag im Lehrgang Flugbahnoptimierung der Carl-Cranz-Gesellschaft e.V.

Byron, R.P. (1968): Methods for Estimating Demand Equations Using Prior Information: A Series of Experiments with Australian Data, in: Australian Economic Papers 7.

Calvo, G.A / Wellisz, S. (1979): Hierarchy, Ability, and Income Distribution, in: Journal of Political Economy 87

Carliner, G. (1982): The Wages of Older Men, in: Journal of Human Resources, 17.

Champernowne, D.G. (1978): The Place of Stochastic Models of Income Distribution amongst other Models of it, in: Z. Grilliches, W. Krelle, H.-J. Krupp und O. Kyn (Hrsg.), Income Distribution and Economic Inequality, Frankfurt/Main.

Champernowne, D.G. (1953): A Model of Income Distribution, in: Economic Journal 63.

Champernowne, D.G. (1952): The Graduation of Income Distributions, in: Econometrica II.

Clement, W. / Tessaring, M. / Weißhuhn, G. (1980): Zur Entwicklung der qualifikationsspezifischen Einkommensrelationen in der Bundesrepublik Deutschland, in: Mitteilungen aus der Arbeitsmarkt- und Berufsforschung, Jahrgang 13.

Cohen, M.S. / Stafford F.P. (1974): A Life Cycle Model of the Household's Time Allocation, in: Annals of Economics and Social Measurement 3/3.

Craig, C.C. (1936): On the Frequency Function of XY, in: Annals of Mathematical Statistics VII.

Creedy, J. (1977): The Distribution of Lifetime Earnings, in: Oxford Economic Papers 29.

Creedy, J. (1972): Economic Cycles in the Life of Individuals and Families, B. Phil. thesis, Oxford University.

Creedy, J. / Hart. P.E. (1979): Age and the Distribution of Earnings, in: The Economic Journal 89.

Cremer, R. (1982): Das Arbeitsangebot privater Haushalte, in: Wirtschaftswissenschaftliches Studium 11.

Cromwell, J. (1977): The Size Distribution of Income: An International Comparison, in: Review of Income and Wealth 23.

Croxton, B.F.E. / Cowden, D.J. / Klein, S. (1967): Applied General Statistics, Englewood Cliffs.

Dalton, H. (1920): The Measurement of the Inequality of Incomes, in: Economic Journal 30.

Davies, J.B. (1979): On the Size Distribution of Wealth in Canada, in: Review of Income and Wealth 25.

Deaton, A. (1977): Equity, Efficiency, and the Structure of Indirect Taxation, in: Journal of Public Economics 8.

Deaton, A.S. (1972): The Analysis of Consumer Demand in the United Kingdom, 1900 - 1970, Cambridge University Department of Applied Economics working paper, mimeo.

Dietz, J.L. / Leigh, P.J. (1981): Investment in Education in the Absence of Capital Markets, in: Atlantic Economic Journal 9.

DIW (1983): Einkommensschichtung der privaten Haushalte in der Bundesrepublik Deutschland 1981. Das Einkommen sozialer Gruppen vor und nach der Umverteilung, in: Wochenbericht des DIW 30/83.

DIW (1982): Methodische Aspekte und empirische Ergebnisse einer makroökonomisch orientierten Verteilungsrechnung. Schriften zum Bericht der Transfer-Enquête-Kommission "Das Transfersystem in der Bundesrepublik Deutschland", Textband und Tabellenband, Stuttgart/Berlin/Köln/Mainz.

DIW (1973): Einkommensverteilung und -schichtung der privaten Haushalte in der Bundesrepublik Deutschland 1950 bis 1970, in: Wochenbericht des DIW 25/73.

Dörfel, H.-J. (1977): Möglichkeiten zur Schätzung von Lebenseinkommensverläufen aus Querschnittsdaten, Diss., Darmstadt.

Dorfman, R. (1969): An Economic Interpretation of Optimal Control Theory, in: American Economic Review 59.

Drazen, A. (1978): Besprechung von Blinder (1974), in: Journal of Business 51.

Driffill, E.J. (1980): Life-Cycles with Terminal Retirement, in: International Economic Review 21.

Driffill, E.J. (1979): The Individual's Supply of Skill and Hours of Work, and Demand for Training, in: Recherches Economiques de Louvain 45.

Driffill, E.J. (1977): Essays in Human Capital Accumulation and Labor
        Supply, Ph. D. thesis, Princeton University.
Driffill, E.J. / Rosen, H.S. (1981): Taxation and Excess Burden: A Life-
        Cycle Perspective, Working Paper No. 698, National Bureau of
        Economic Research, Cambridge (Mass.).
Eaton, J. / Rosen, H. (1980): Taxation, Human Capital, and Uncertainty, in:
        American Economic Review 70.
Edgeworth, F.Y. (1924): Untried Methods of Representing Frequency, in:
        Journal of the Royal Statistical Society 87.
Evans, O.J. (1983): Tax Policy, the Interest Elasticity of Saving, and
        Capital Accumulation: Numerical Analysis of Theoretical Models,
        in: American Economic Review 73.
Feldstein, M. (1976): On the Theory of Tax Reform, in: Journal of Public
        Economics 6.
Fellner, W. (1967): Operational Utility: The Theoretical Background and a
        Measurement, in: W. Fellner u.a. (Hrsg.), Ten Economic Studies
        in the Tradition of Irving Fisher, New York/London/Sidney.
Fisher, I. (1907): The Rate of Interest, New York.
Fisher, I. (1927): A Statistical Method for Measuring Marginal Utility and
        the Justice of a Progressive Income Tax, in: Economic Essays
        Contributed in Honor of John Bates Clark, London.
Frank, G. (1980): Eine mikroökonomische Untersuchung der Steuern auf das
        Einkommen. Maße und Ergebnisse zur Quantifizierung der Pro-
        gressivität und der Umverteilung, Arbeitspapier Nr. 21, Sonder-
        forschungsbereich 3, Frankfurt/Mannheim.
Franz, W. (1977): Die Lebenszyklushypothese der Konsumfunktion: Eine em-
        pirische Überprüfung für die Bundesrepublik Deutschland, in:
        Jahrbücher für Nationalökonomie und Statistik 191.
Franz, W. / König, H. (1984): "Habit Persistance" und intertemporale Allo-
        kation des Arbeitsangebots, Referat gehalten beim Symposium
        "Intertemporale Allokation" des Sonderforschungsbereichs 5 am
        20./21. Februar 1984 an der Universität Mannheim.
Friedman, M. (1957): A Theory of the Consumption Function, New York.
Friedman, M. (1953): Choice, Chance, and the Personal Distribution of In-
        come, in: Journal of Political Economy 61.
Frisch, R. (1959): A Complete Scheme for Computing all Direct and Cross
        Demand Elasticities in a Model with Many Sectors, in: Econo-
        metrica 27.
Frisch, R. (1932): New Methods of Measuring Marginal Utility, Tübingen.
Fullerton, D. / Gordon, R.H. (1981): A Reexamination of tax Distortions in
        General Equilibrium Models, Working Paper No. 673, National
        Bureau of Economic Research, Cambridge (Mass.).
Gäfgen, G. (1963): Theorie der wirtschaftlichen Entscheidung, 2. Auflage,
        Tübingen.
Galler, H.P. (1980): Konzeption einer mikroanalytischen Verteilungstheorie,
        Habilitationsschrift, Frankfurt.
Galton, F. (1879): The Geometric Mean in Vital and Social Statistics, in:
        Proceedings of the Royal Society of London 29.
Gandolfo, G. (1980): Economic Dynamics: Methods and Models, 2. überarbei-
        tete Auflage, Amsterdam/New York/Oxford.
Ghez G. / Becker, G. (1975): The Allocation of Time and Goods over the
        Life Cycle, New York.
Gibrat, G. (1931): Les Inégalités Economiques, Paris.
Göseke, G. (1974): DIW-Modell der Einkommensverteilung und -schichtung der
        privaten Haushalte in der Bundesrepublik, in: G. Fürst (Hrsg.),
        Stand der Einkommensstatistik, Göttingen.
Goldman, S.M. (1969): Consumption Behavior and Time Preference, in: Jour-
        nal of Economic Theory 1.

Greenhalgh, A.C. (1979): Male Labour Force Participation in Great Britain, in: Scottish Journal of Political Economy 26.

Griliches, Z. (1977): Estimating Returns to Schooling: Some Econometric Problems, in: Econometrica 45.

Griliches, Z. (1976): Wages of Very Young Men, in: Journal of Political Economy 84.

Hackmann, J. (1983): Zu einer verteilungspolitisch ausgerichteten Theorie einer indirekten Besteuerung der Leistungsfähigkeit, in: D. Pohmer (Hrsg.), Zur optimalen Besteuerung, Schriften des Vereins für Socialpolitik, N.F. 128, Berlin.

Hackmann, J. (1979): Die Besteuerung des Lebenseinkommens, Tübingen.

Haldane, J.B.S. (1942): Moments of the Distributions of Powers and Products of Normal Variates, in: Biometrika 32.

Haley, W. (1976): Estimation of the Earnings Profile from Optimal Human Capital Accumulation, in: Econometrica 44.

Haley, W.J. (1973): Human Capital: The Choice Between Income and Investment, in: American Economic Review 63.

Hansen, A. (1980): Einkommensverteilung III: Statistik, in: Handwörterbuch der Wirtschaftswissenschaft, Band 2, Stuttgart/New York/Tübingen/Göttingen/Zürich.

Harberger, A.C. (1971): Three Basic Postulates for Applied Welfare Economics: An Interpretive Essay, in: Journal of Economic Literature 9.

Harberger, A.C. (1964): Taxation, Resource Allocation and Welfare, in: J. Due (Hrsg.), The Role of Direct and Indirect Taxes in the Federal Revenue System, Washington.

Hartog, J. (1981): Personal Income Distribution. A Multicapability Theory, Boston/Den Haag/London.

Hartog, J. (1976): Age-Income Profiles, Income Distribution and Transition Proportions, in: Journal of Economic Theory 13.

Heckman, J. (1976): A Life-Cycle Model of Earnings, Learning, and Consumption, in: Journal of Political Economy 84, Supplement.

Heckman, J. (1976a): Estimates of a Human Capital Production Function Embedded in a Life Cycle Model of Labor Supply, in: N. Terleckyj (Hrsg.), Household Production and Consumption, Studies in Income and Wealth, Vol. 40, New York.

Heckman, J. (1974): Life Cycle Consumption and Labor Supply: An Explanation of the Relationship Between Income and Consumption over the Life Cycle, in: American Economic Review 64.

Heckman, J. / Killingsworth, M.R. / MaCurdy, T. (1981): Empirical Evidence on Static Labour Supply Models: A Survey of Recent Developments, in: Z. Hornstein, J. Grice und A. Webb (Hrsg.), The Economics of the Labour Market, London.

Heckman, J. / Polachek, S. (1974): Empirical Evidence on the Functional Form of the Earnings-Schooling Relationship, in: Journal of the American Statistical Association 69.

Helberger, C. (1983): Der Einfluß der Berufsbiografie auf den Lebenseinkommensverlauf von Erwerbstätigen, in: W. Schmähl (Hrsg.), Ansätze der Lebenseinkommensanalyse, Tübingen.

Helberger, C. (1982): Auswirkungen öffentlicher Bildungsausgaben in der Bundesrepublik Deutschland auf die Einkommensverteilung der Ausbildungsgeneration, Stuttgart/Berlin/Köln/Mainz.

Helberger, C. (1980): Veränderungen der bildungsspezifischen Einkommensunterschiede zwischen 1969/71 und 1978, Arbeitspapier Nr. 51 des Sonderforschungsbereichs 3, Frankfurt/Mannheim.

Helberger, C. / Wagner, G. (1981): Beitragsäquivalenz oder interpersonelle Umverteilung in der gesetzlichen Rentenversicherung ? - Analyse auf der Grundlage von Lebenseinkommen, in: P. Herder-Dorneich (Hrsg.), Dynamische Theorie der Sozialpolitik, Berlin.

Helberger, C. / Wagner, G. (1980): Interpersonelle und intertemporale Um-
          verteilung in der gesetzlichen Rentenversicherung. Referat für
          die Tagung des sozialpolitischen Ausschusses der Gesellschaft
          für Wirtschafts- und Sozialpolitik am 25./26. September 1980
          in Wien.
Henderson, J.M. / Quandt, R.E. (1983): Mikroökonomische Theorie, 5. über-
          arbeitete Auflage, München.
Henke, K.-D: (1977): Öffentliche Gesundheitsausgaben und Verteilung, Göt-
          tingen.
Hill, C.R. (1973): The Determinants of Labor Supply from the Working Urban
          Poor, in: G.G. Cain und H.W. Watts (Hrsg.), Income Maintenance
          and Labor Supply, New York/San Francisco/London.
Hoa, T.V. (1968): Inter - regional Elasticities and Aggregation Bias: A
          Study of Consumer Demand in Australia, in: Australian Economic
          Papers 7.
Houthakker, H.S. (1960): Additive Preferences, in: Econometrica 28.
Intrilligator, M.D. (1971): Mathematical Optimization and Economic Theory,
          Englewood Cliffs.
Irvine, I. (1978): Pitfalls in the Estimation of Optimal Lifetime Consump-
          tion Patterns, in: Oxford Economic Papers 30.
Johansen, L. (1968): Explorations in Long-term Projections for the Nor-
          wegian Economy, in: Economics of Planning 8.
Johnson, H.G. (1973): The Theory of Income Distribution, London.
Johnson, N.L, Kotz, S. (1970): Continuous Univariate Distributions, Vol. I,
          Boston.
Kaldor, N. (1955): An Expenditure Tax, London.
Kalecki, M. (1945): On the Gibrat Distribution, in: Econometrica 13.
Kapteyn, J.C. (1903): Skew Frequency Curves in Biology and Statistics,
          Groningen.
Killingsworth, M.R. (1981): A Survey of Labor Supply Models: Theoretical
          Analyses and First-Generation Empirical Results, in: R.G. Eh-
          renberg (Hrsg.), Research in Labor Economics, Vol.4, Greenwich.
King, M.A. / Dicks-Mireaux, L.-D.L. (1982): Asset Holdings and the Life-
          Cycle, in: Economic Journal 92.
Klanberg, F. (1981): Paradigmen in der Erklärung der Einkommensverteilung,
          in: F. Klanberg und H.-J. Krupp (Hrsg.), Einkommensverteilung,
          Königsstein/Ts.
Klanberg, F. (1978): Armut und ökonomische Ungleichheit in der Bundesrepu-
          blik Deutschland, Frankfurt/Main/New York.
Kolm, S.-C. (1976): Unequal Inequalities I,II, in: Journal of Economic
          Theory 12.
Kondor, Y. (1975): Value Judgements Implied by the Use of Various Measures
          of Income Inequality, in: Review of Income and Wealth 21.
Kosters, M. (1969): Effects of an Income Tax on Labor Supply, in: A.C. Har-
          berger und M.J. Bailey (Hrsg.), The Taxation of Income from
          Capital, Washington.
Krelle, W. / Shorrocks, A. (1978) (Hrsg.), Personal Income Distribution,
          Amsterdam/New York/Oxford.
Krupp, H.-J. (1978): The Contribution of Microanalytic Simulation Models
          to the Theory of Income Distribution and Economic Inequality,
          in: Z. Griliches, W. Krelle, H.-J. Krupp und O. Kyn (Hrsg.),
          Income Distribution and Economic Inequality, Frankfurt.
Krupp, H.-J. (1968): Theorie der personellen Einkommensverteilung, Berlin.
Krupp, H.-J. / Wagner, G. (1982): Grundlagen und Anwendung mikroanaly-
          tischer Modelle, Arbeitspapier Nr. 72 des Sonderforschungsbe-
          reichs 3, Frankfurt/Mannheim.

208

Krupp, H.-J. / et. al. (1981) (Hrsg.), Alternativen der Rentenreform '84, Frankfurt/New York.

Kuznets, S. (1976): Demographic Aspects of the Size Distribution of Income: an Exploratory Essay, in: Economic Development and Cultural Change 25.

Kuznets, S. (1974): Demographic Aspects of the Distribution of Income Among Families: Recent Trends in the United States, in: Econometrics and Economic Theory: Essays in Honor of Jan Tinbergen, hrsg. von W. Sellekaerts, London.

Layard, R. (1977): On Measuring the Redistribution of Lifetime Income, in: M.S. Feldstein und R.P. Inman (Hrsg.), The Economics of Public Services, London/Basingstoke.

Lee, J.K. (1981): Distributional Implications of Imperfect Capital Markets, Working Paper No. 663, National Bureau of Economic Research, Cambridge, (Mass.).

Levhari, D. / Sheshinski, E. (1972): Lifetime Excess Burden of a Tax, in: Journal of Political Economy 80.

Levhari, D. / Srinivasan, T.N. (1969): Optimal Savings under Uncertainty, in: Review of Economic Studies 36.

Liefmann-Keil, E. (1961): Ökonomische Theorie der Sozialpolitik, Berlin.

Lillard, L.A. (1977): Inequality: Earnings vs. Human Wealth, in: American Economic Review 67.

Lillard, L.A. (1977a): The Distribution of Earnings and Human Wealth in a Life-Cycle Context, in: F.T. Juster (Hrsg.), The Distribution of Economic Well-Being, Cambridge (Mass.).

Lipsey, R.G. (1962): Can there be a Valid Theory of Wages?, in: B.J. McCormick, E.O. Smith (Hrsg.), The Labour Market, Baltimore.

Littmann, K. (1970): Ein Valet dem Leistungsprinzip, in: H. Haller, L. Kullmer, C.S. Shoup und H. Timm (Hrsg.), Theorie und Praxis des finanzpolitischen Interventionismus, Tübingen.

Lluch, C. (1971): Consumer Demand Functions, Spain, 1958 - 64, in: European Economic Review 2.

Luckenbach, H. (1979): Grundzüge der Theorie des Arbeitsangebots, in: Wirtschaftswissenschaftliches Studium 8.

Lüthi, A.P. (1981): Messung wirtschaftlicher Ungleichheit, Berlin/Heidelberg/New York.

Lydall, H.F. (1981): Theorien der Verteilung von Arbeitseinkommen, in: F. Klanberg und H.-J. Krupp (Hrsg.), Einkommensverteilung, Königstein/Ts.

Lydall, H.F. (1968): The Structure of Earnings, Oxford.

Lydall, H.F. (1959): The Distribution of Employment Incomes, in: Econometrica 27.

Lydall, H.F. (1955): The Life Cycle in Income, Saving, and Asset Ownership, in: Econometrica 23.

Maital, S. / Maital, S. (1977): Time Preference, Delay of Gratification and the Intergenerational Transmission of Economic Inequality: A Behavioral Theory of Income Distribution, in: O.C. Ashenfelter und W.E. Oates (Hrsg.), Essays in Labor Market Analysis, New York/Toronto/Jerusalem.

Maital, S. (1973): Public Goods and Income Distribution: Some Further Results, in: Econometrica 41.

Mandelbrot, B. (1962): Paretian Distribution and Income Maximization, in: Quarterly Journal of Economics 76.

Mandelbrot, B. (1961): Stable Paretian Random Functions and the Multiplicative Variation of Income, in: Econometrica 29.

Mandelbrot, B. (1960): The Pareto-Lévy Law, and the Distribution of Income, in: International Economic Review 1.

Mayer, T. (1960): The Distribution of Ability and Earnings, in: Review of Economics and Statistics 42.

McAlister, D. (1879): The Law of the Geometric Mean, in: Proceedings of the Royal Society of London 29.

McCabe, P.J. (1983): Optimal Leisure-Effort Choice with Endogenously Determined Earnings, in: Journal of Labor Economics 1.

Mc Cabe, P.J. (1975): An Analysis of the Qualitative Properties of the Demand for Consumption, Leisure and Education, Ph. D. dissertation, Northwestern University.

Menchik, P.L. (1980): The Importance of Material Inheritance: The Financial Link Between Generations, in: J.D. Smith (Hrsg.), Modelling the Distribution and Intergenerational Transmission of Wealth, Chicago.

Menchik, P.L. / David, M. (1983): Income Distribution, Lifetime Savings, and Bequests, in: American Economic Review 73.

Mera, K. (1969): Experimental Determination of Relative Marginal Utilities, in: Quarterly Journal of Economics 83.

Merton, R.C. (1969): Lifetime Portfolio Selection Under Uncertainty: The Continuous-Time Case, in: Review of Economics and Statistics 51

Mierheim, H. / Wicke L. (1978): Die personelle Vermögensverteilung in der Bundesrepublik Deutschland, Tübingen.

Mincer, J. (1981): Fortschritte in Analysen der Verteilung des Arbeitseinkommens nach dem Humankapital-Ansatz, in: F. Klanberg und H.-J. Krupp (Hrsg.), Einkommensverteilung, Königstein/Ts.

Mincer, J. (1976): Progress in Human Capital Analyses on the Distribution of Earnings, in: A.B. Atkinson (Hrsg.), The Personal Distribution of Incomes, London.

Mincer, J. (1975): Education, Experience and the Distribution of Earnings and Employment: An Overview, in: F.T. Juster (Hrsg.), Education, Income and Human Behavior, New York.

Mincer, J. (1974): Schooling, Experience, and Earnings, New York.

Mincer, J. (1970): The Distribution of Labor Incomes: A Survey, in: Journal of Economic Literature 8.

Mincer, J. (1962): On-the-Job-Training: Costs, Returns and some Implications, in: Journal of Political Economy 70.

Mincer, J. (1958): Investment in Human Capital and Personal Income Distribution, in: Journal of Political Economy 66.

Modigliani, F. / Brumberg, R. (1954): Utility Analysis and the Consumption Function: An Interpretation of Cross-Section Data, in: K. Kurihara (Hrsg.), Post Keynesian Economics, New Brunswick.

Morgan, J. (1962): The Anatomy of Income Distribution, in: Review of Economics and Statistics 44.

Morgenstern, O. (1972): Descriptive, Predictive and Normative Theory, in: Kyklos 25.

Moss, M. (1978): Income Distribution Issues Viewed in a Lifetime Income Perspective, in: Review of Income and Wealth 24.

Naust, H. (1982): Direkte Steuern und intertemporale Allokation. Eine wohlfahrtstheoretische Betrachtung, Köln/Berlin/Bonn/München.

Neumann, M. (1982): Theoretische Volkswirtschaftslehre III. Wachstum, Wettbewerb und Verteilung, München.

Okun, A.M. (1975): Equality and Efficiency, The Big Trade-off, Washington.

Olson, M. / Bailey, M. (1981): Positive Time Preference, in: Journal of Political Economy 89.

Oniki, H. (1973): Comparative Dynamics (Sensitivity Analysis) in Optimal Control Theory, in: Journal of Economic Theory 6.

Oniki, H. (1972): Comparative Dynamics (Sensitivity Analysis) in Optimal Control Theory, Technical Report NO. 10, Harvard University.

Oniki, H. (1970): On Deriving the Individual's Demand Function for Educational Investment, Harvard Institute of Economic Research, discussion paper no. 154, Cambridge (Mass.).

Oniki, H. (1969): Comparative Dynamics in the Theory of Optimal Growth, in: Tohoku Economic Journal 30.

Oniki, H. (1968): A Theoretical Study on the Demand for Education, Ph. D. dissertation, Stanford University.

Orcutt, G. (1957): A New Type of Socio-Economic System, in: Review of Economics and Statistics 39.

Orcutt, G. / u.a. (1961): Microanalysis of Socioeconomic Systems: A Simulation Study, New York.

Orcutt G. / u.a. (1976): Policy Explorations through Microanalytic Simulation, Washington.

Osberg, L. (1977): Stochastic Process Models and the Distribution of Earnings, in: Review of Income and Wealth 23.

Ott, G. (1981): Einkommensumverteilungen in der gesetzlichen Krankenversicherung. Eine quantitative Analyse, Frankfurt/Bern.

Paglin, M. (1975): The Measurement and Trend of Inequality: A Basic Revision, in: American Economic Review 65.

Palmer, E.E. (1981): Determination of Personal Consumption, Stockholm.

Pareto, V. (1896): La courbe de la répartition de la richesse, in: Recueil publiè par la Facultè Droit, Lausanne.

Pestieau, P. / Possen, U.M. (1979): A Modell of Wealth Distribution, in: Econometrica 47.

Peter, A. (1969): Die Messung der personellen Einkommensverteilung, Bern.

Pfaff, M. / Fuchs, G. / Kohler, R. (1977): Alternative Konzepte zur Berechnung einer Akademikersteuer (Manuskript), Augsburg.

Phelps, E.S. (1962): The Accumulation of Risky Capital: A Sequential Utility Analysis, in: Econometrica 30.

Philps, L. (1978): The Demand for Leisure and Money, in: Econometrica 46.

Philps, L. (1974): Applied Consumption Analysis, Amsterdam.

Piesch, W. (1975): Statistische Konzentrationsmaße, Tübingen.

Pigou, A.C. (1960): The Economics of Welfare, 4. Auflage, London.

Pitchford, J.D. / Turnovsky, S.J. (1977) (Hrsg.), Applications of Control Theory to Economic Analysis, Amsterdam/New York/Oxford.

Pohmer, D. (1970): Leistungsprinzip und Einkommensumverteilung, in: H. Haller, L. Kullmer, C.S. Shoup und T. Timm (Hrsg.), Theorie und Praxis des finanzpolitischen Interventionismus, Tübingen.

Polachek, S.W. / Kniesner, T.J. / Harwood, H.J. (1978): Educational Production Functions, in: Journal of Educational Statistics 3.

Pontrjagin, L.S. / u.a. (1964): Mathematische Theorie optimaler Prozesse, München/Wien.

Powell, A.A. (1966): A Complete System of Consumer Demand for the Australian Economy fitted by a Model of Additive Preferences, in: Econometrica 34.

Powell, A.A. (1965): Post-war Consumption in Canada: a First Look at the Aggregates, in: Canadian Journal of Economics and Political Science 31.

Powell, A.A. / Hoa, T.V. / Wilson, R.H. (1968): A Multi-sectoral Analysis of Consumer Demand in the Post-war Period, in: Southern Economic Journal 35.

Pratt, J.W. (1964): Risk Aversion in the Small and in the Large, in: Econometrica 32.

Pryor, F.L. (1973): Simulation of the Impact of Social and Economic Institutions on the Size Distribution of Income and Wealth, in: American Economic Review 63.

Pryor, F.L. (1969): The Impact of Social and Economic Institutions on the
    Size Distribution of Income and Wealth: A Simulation Study,
    paper presented at the December 1969 meetin of the American
    Economic Association in New York.
Ramsey, F.P. (1928): A Mathematical Theory of Saving, in: Economic Journal
    38.
Ranadive, K.R. (1978): Income Distribution. The Unsolved Puzzle, Bombay/
    Oxford/New York.
Reder, M.W. (1969): A Partial Survey of the Theory of Income Size Distri-
    bution, in: L. Soltow (Hrsg.), Six Papers on the Size Distri-
    bution of Income and Wealth, New York.
Rettig, R. / u.a (1979): Struktur und Verteilung des Vermögens in Groß-
    britannien, Italien und Frankreich, Köln.
Roberts, C.C. (1980): Verteilungstheorie und Verteilungspolitik, Köln.
Rose, M. / Wiegard, W. (1983): Zur optimalen Struktur öffentlicher Ein-
    nahmen unter Effizienz- und Distributionsaspekten, in: D. Poh-
    mer (Hrsg.), Zur optimalen Besteuerung, Schriften des Vereins
    für Sozialpolitik N.F. 128, Berlin.
Rosen, H.S. (1980): What is Labor Supply and Do Taxes Affect it?, in:
    American Economic Review, Papers and Proceedings 70.
Rosen, H.S. (1978): The Measurement of Excess Burden with Explicit Utility
    Functions, in: Journal of Political Economy 86.
Rosen, S. (1977): Human Capital: A Survey of Empirical Research, in: R.G.
    Ehrenberg (Hrsg.), Research in Labour Economics, Vol.1, Green-
    wich (Conn.).
Rosen, S. (1976), A Theory of Life Earnings, in: Journal of Political Eco-
    nomy 84.
Rosen, S. (1972): Learning and Experience in the Labor Market, in: Journal
    of Human Resources 7.
Rosen, S. (1972a): Learning by Experience as Joint Production, in: Quarter-
    ly Journal of Economics 87.
Roy, A.D. (1951): Some Thoughts on the Distribution of Earnings, in: Oxford
    Economic Papers 3.
Roy, A.D. (1950): The Distribution of Earnings and of Individual Output,
    in: Economic Journal 60.
Ruffell, R.J. (1981): Endogeneity II: Direct Estimation of Labour Supply
    Functions with Piecewise Linear Budget Constraints, in: C.V.
    Brown (Hrsg.), Taxation and Labour Supply, London.
Ruggles, N.D. / Ruggles, R. (1977): The Anatomy of Earnings Behavior, in:
    F.T. Juster (Hrsg.), The Distribution of Economic Well-Being,
    Cambridge (Mass.).
Ruggles, R. (1970): Income Distribution Theory, in: Review of Income and
    Wealth 16.
Rutherford, R.S.G. (1955): Income Distributions - A New Model, in: Econo-
    metrica 23.
Ryder, H.E. / Stafford, F.P. / Stephan, P.E. (1976): Labor, Leisure and
    Training over the Life Cycle, in: International Economic Re-
    view 17.
Sahota, G.S. (1978): Theories of Personal Income Distribution: A Survey,
    in: Journal of Economic Literature 16.
Sahota, G.S. (1976-77): Besprechung von Blinder (1974), in: Southern Econo-
    mic Journal 43.
Samuelson, P.A. (1969): Lifetime Portfolio Selection by Dynamic Stochastic
    Programming, in: Review of Economics and Statistics 51.
Sargan, J.D. (1957): The Distribution of Wealth, in: Econometrica 25.
Sawyer, M. (1976): Income Distribution in OECD-Countries, in: Occasional
    Studies, OECD Economic Outlook.
Schellhaaß, H.-M. (1978): Einkommenstransfer in frühere Perioden, Dis-
    kussionsbeiträge, Fachbereich Wirtschaftswissenschaft der Uni-
    versität des Saarlandes.

Schenone, O. (1975): A Dynamic Analysis of Taxation, in: American Economic Review 65.

Schmähl, W. (1983): Lebenseinkommensanalysen - Einige methodische und empirische Fragen im Überblick, in: W. Schmähl (Hrsg.), Ansätze der Lebenseinkommensanalyse, Tübingen.

Schmähl, W. (1981): Lebenseinkommens- und Längsschnittanalysen. Methodische und empirische Fragen sowie ihre verteilungs- und sozialpolitische Bedeutung, in: P. Herder-Dorneich (Hrsg.), Dynamische Theorie der Sozialpolitik, Schriften des Vereins für Socialpolitik, N.F. 123, Berlin.

Schmähl, W. / Göbel, D. (1983): Lebenseinkommensverläufe aus Längsschnittsdaten der Rentenversicherungsträger, in: W. Schmähl (Hrsg.), Ansätze der Lebenseinkommensanalyse, Tübingen.

Schmitz, R.J. (1979): The Life Cycle of Saving and Consumption, in: G.M. von Furstenberg (Hrsg.), Social Security versus Private Saving, Cambridge (Mass.).

Schnitzer, M. (1974): Income Distribution. A Comparative Study of the United States, Sweden, West Germany, East Germany, the United Kingdom and Japan, New York/Washington/London.

Seidman, L.S. (1983): Taxes in a Life Cycle Growth Model with Bequests and Inheritances, in: American Economic Review 73.

Sen, A. (1973): On Economic Inequality, Oxford.

Sgontz, L.G. (1982): Does the Income Tax Favor Human Capital, in: National Tax Journal 35.

Sheshinski, E. (1968): On the Individual's Lifetime Allocation between Education and Work, in: Metroeconomica 20.

Shorrocks, A.F. (1975): On Stochastic Models of Size Distributions, in: Review of Economic Studies 42.

Siebert, H. (1984): Intertemporale Interdependenzen wirtschaftlicher Entscheidungen, Referat gehalten beim Symposium "Intertemporale Allokation" des Sonderforschungsbereichs 5 am 20./21. Februar 1984 an der Universität Mannheim.

Simon, H.A. (1957): The Compensation of Executives, in: Sociometry 20.

Smith, J.P. (1977): Family Labor Supply over the Life Cycle, in: Explorations in Economic Research, Vol. 4, Occasional Papers of the National Bureau of Economic Research.

Solow, R.M. (1951): Some Long-Run Aspects of the Distribution of Wage Incomes, in: Econometrica 19.

Soltow, L. (1965): Towards Income Equality in Norway, Madison.

Spånt, R. (1981): The Development of the Distribution of Wealth in Sweden, in: Review of Income and Wealth 27.

Staehle, H. (1943): Ability, Wages, and Income, in: Review of Economics and Statistics 25.

Statistisches Bundesamt (1983): Fachserie 15, Einkommens- und Verbrauchsstichprobe 1978, Heft 6: Einkommensverteilung und Einkommensbezieher in privaten Haushalten, Stuttgart/Mainz.

Statistisches Bundesamt (1982): Fachserie 15, Einkommens- und Verbrauchsstichprobe 1978, Heft 4: Einnahmen und Ausgaben privater Haushalte, Stuttgart/Mainz.

Statistisches Bundesamt (1981): Fachserie 15, Einkommens- und Verbrauchsstichprobe 1978, Heft 2: Vermögensbestände und Schulden privater Haushalte, Stuttgart/Mainz.

Steindl, J. (1965): Random Processes and the Growth of Firms: A Study of the Pareto Law, New York.

Stephan, P.E. (1976): Human Capital Production: Life-Cycle Production with Different Learning Technologies, in: Economic Inquiry 14.

Stephan, P.E. (1975): The Impact of Income Taxes on Labor's Productivity: A Human Capital Approach, in: Public Finance Quarterly 3.

Stoer, J. / Bulirsch R. (1973): Einführung in die Numerische Mathematik II, Berlin.

Stolz, I. (1981): Konzeption einer Ex-post-Umverteilungsanalyse, Arbeitspapier Nr. 43, Sonderforschungsbereich 3, Frankfurt/Mannheim.

Strotz, R. (1955-56): Myopia and Inconsistency in Dynamic Utility Maximization, in: Review of Economic Studies 23.

Summers, L.H. (1981): Capital Taxation and Accumulation in a Life Cycle Growth Model, in: American Economic Review 71.

Takayama, A. (1974): Mathematical Economics, Hindsdale.

Taubman, P. (1981): Die Verteilung von Gesamteinkommen und von Arbeitseinkommen, in: F. Klanberg und H.-J. Krupp (Hrsg.), Einkommensverteilung, Königstein/Ts.

Taubman, P. (1976): Personal Characteristics and the Distribution of Earnings, in: A.B. Atkinson (Hrsg.), Personal Distribution of Incomes, London.

Taubman, P. (1975): Sources of Inequality of Earnings, Amsterdam.

Thatcher, R.A. (1976): The New Earnings Survey and the Distribution of Earnings, in: A.B. Atkinson (Hrsg.), The Personal Distribution of Incomes, London.

Theil, H. (1971): Principles of Econometrics, Amsterdam.

Theil, H. / Brooks, R.B. (1970): How does the Marginal Utility of Income Change when Real Income Changes?, in: European Economic Review 2.

Thurow, L. (1975): Generating Inequality, New York.

Tinbergen, J. (1975): Income Distribution. Analysis and Policy, Amsterdam.

Tinbergen, J. (1971): A Positive and a Normative Theory of Income Distribution, in: Review of Income and Wealth 16.

Tinbergen, J. (1957): Welfare Economics and Income Distribution, in: American Economic Review, Papers and Proceedings 47.

Tinbergen, J. (1956): On the Theory of Income Distribution, in: Weltwirtschaftliches Archiv 77.

Tinbergen (1951): Some Remarks on the Distribution of Labour Incomes, in: International Economic Papers 1.

Tomes, N. (1982): On the Intergenerational Savings Function, in: Oxford Economic Papers 34.

Tomes, N. (1981): The Family, Inheritance and Intergenerational Transmission of Inequality, in: Journal of Political Economy 89.

Uzawa, H. (1968): Time Preference, the Consumption Function, and Optimum Asset Holding, in: J.N. Wolfe (Hrsg.), Value, Capital and Growth: Papers in Honour of Sir John Hicks, Edinburgh.

Wagner, G. (1979): Mikroanalytische Arbeitszeiterklärung, Arbeitspapier Nr. 8, Sonderforschungsbereich 3, Frankfurt/Mannheim.

Wagner, M. (1978): On Comparison of Distribution Processes, in: W. Krelle und A.F. Shorrocks (Hrsg.), Personal Income Distribution, Amsterdam/New York/Oxford.

Walter, H. (1982): Lohnhöhe und Arbeitsangebot, in: WISU 3/82.

Wegner, E. (1981): Die personelle Verteilung der Arbeitseinkommen. Betriebliche Herrschaft und Lohnstruktur, Frankfurt/New York.

Weisbrod, B.A. / Hansen, W.L. (1968): An Income-Net-Worth Approach to Measuring Economic Welfare, in: American Economic Review 59.

Weiss, Y. (1972): On the Optimal Lifetime Pattern of Labour Supply, in: Economic Journal 82.

Weiss, Y. (1971): Learning by Doing and Occupational Specialization, in: Journal of Economic Theory 3.

Weissel, E. (1968): Umverteilung und wirtschaftliche Entwicklung, Berlin.

Weißhuhn, G. (1977): Sozioökonomische Analyse von Bildungs- und Ausbildungsaktivitäten, Berlin.

214

Weizsäcker, C.C. von (1978): Annual Income, Lifetime Income and other In-
come Concepts in Measuring Income Distribution, in: W. Krelle
und A. Shorrocks (Hrsg.), Amsterdam/New York/Oxford.
Weizsäcker, C.C. von (1967): Training Policies and Conditions of Technical
Progress: A Theoretical Treatment, in: Mathematical Models in
Educational Planning, Paris: Office of Economic Cooperation and
Development.
Wildasin, D.E. (1977): Distributional Neutrality and Optimal Commodity
Taxation, in: American Economic Review 67.
Williams, J.T. (1979): Uncertainty and the Accumulation of Human Capital
over the Life Cycle, in: Journal of Business 52.
Williams, J.T. (1978): Risk, Human Capital, and the Investor's Portfolio,
in: Journal of Business 51.
Wold, H.O.A. / Whittle, P. (1957): A Model Explaining the Pareto Distri-
bution of Wealth, in: Econometrica 25.
Wolff, E. (1981): The Accumulation of Household Wealth over the Life-Cycle:
A Microdata Analysis, in: Review of Income and Wealth 27.
Wolff, E. (1979): The Distribution Effects of the 1969 - 1975 Inflation on
Holdings of Household Wealth in the United States, in: Review
of Income and Wealth 25.
Wolff, R. (1981): Neoklassische Modelle der Investitionsallokation, König-
stein/Ts.
Wolfson, M.C. (1979): Wealth and the Distribution of Income, Canada 1969-70
in: Review of Income and Wealth 25.
Woll, A. (1981): Allgemeine Volkswirtschaftslehre, 7., völlig überarbeitete
und ergänzte Auflage, München.
Wood, A. (1976): Besprechung von Blinder (1974), in: Economic Journal 86.
Yaari, M. (1965): Uncertain Lifetime, Life Insurance, and the Theory of the
Consumer, in: Review of Economic Studies 32.
Yaari, M. (1964): On the Consumer's Lifetime Allocation Process, in: Inter-
national Economic Review 5.
Ziemes, G. (1982): Das Theorem der optimalen Einkommenssteuer I,II,III, in:
WISU 1/82, 2/82, 3/82.
Zimmermann, H. / Henke, K.-D. (1978): Einführung in die Finanzwissenschaft,
2. Auflage, München.